Christine Neder

40 FESTIVALS IN 40 WOCHEN

VON EINER, DIE AUSZOG, DAS FEIERN ZU LERNEN

SCHWARZKOPF & SCHWARZKOPF

INHALT

ES FÄNGT JETZT ECHT AN.
ICH WILL NICHT MEHR!

Alles in meinem Körper schreit »Nein!«, wehrt sich, strampelt. Ich möchte doch einfach nur den Rest meines Lebens im Bett liegen, Trash-TV glotzen und Eis essen. Ich habe null Bock. Das ist immer so, kurz bevor es losgeht.

Ich sitze auf einer Gymnastikmatte in einem Elf-Quadratmeter-Zimmer in München-Schwabing und packe. Alles fängt immer damit an, dass ich versuche, möglichst systematisch irgendwelche Sachen möglichst platzsparend in einen Koffer zu schichten. Heute packe ich unter erschwerten Bedingungen. Ich sehe kaum etwas. Draußen ist es dunkel und drinnen brennt nur eine kleine Funzel neben dem Bett. Die Deckenleuchte ist kaputt. Platz ist auch nicht wirklich. Überall stehen sperrige Kartons und Kleinscheiß rum.

Ich klappe den Deckel meines roten Koffers auf und fange an, den Boden mit T-Shirts auszulegen. Die brauche ich. Viele davon. Der Online-Wetterdienst meldet über 30 Grad. Was noch? Ich packe meinen Koffer und nehme mit: T-Shirts, Tops, kurze Hosen, Röcke, eine lange Hose (falls es abends kalt wird), eine Strumpfhose, bequeme Schuhe, Ballerinas, Strandtuch, Bikini, schicke hohe Schuhe, Kosmetikbeutel, Kamerastativ, Kameratasche – Moment! Stichwort »Kamera«. Da war doch noch irgendein Punkt auf meiner To-do-Liste …

Ich strecke meinen Arm Richtung Schreibtisch aus, um mein Notizbuch zu schnappen. Der Vorteil eines kleinen Zimmers – alles nur eine Elle entfernt. Da steht es schwarz auf weiß: »Batterien für Kamera«. Blick auf die Uhr – 18.40 Uhr.

Schaff ich nicht mehr. Scheiß München. Scheiß Nordschwabing. In Berlin, da könnte ich mich jetzt schön gemütlich anziehen und zum Späti um die Ecke laufen, um Batterien zu kaufen. Und Milch und Eier und Müllbeutel und alles, was ich will. Einer der Gründe, warum ich einfach noch nicht nach München ziehen kann.

Ich versuche, mein Mobiltelefon (seit ich 25 bin und mich alt fühle, sage ich nicht mehr Handy, sondern Mobiltelefon. Das hört sich irgendwie erwachsener an) unter den Klamotten zu orten.

»Hallo, Paul?«

…

»Bist du schon auf dem Weg nach Hause?«

…

»Super, dann geh mal in den Drogeriemarkt und kauf mir Batterien.«

…

»Ganz normale Batterien.«

…

»Ja, wie für deine Fernbedienung und den Wecker.«

…

»Was? Wie, die haben zu? Es ist doch noch vor 19 Uhr!«

…

»18 Uhr? Um 18 Uhr machen die zu? Wo sind wir denn? Das kann doch nicht sein!«

…

»Oh Mann! Kannst du noch woanders hinfahren?«

…

»Wie, du hast keine Lust? Das ist *lebensnotwendig* für mich!«

…

»Ja, ich hätte die den ganzen Tag besorgen können, das weiß ich auch. Aber ich habe es einfach vergessen und morgen um 4 Uhr, wenn ich zum Flughafen fahre, hat bestimmt nix offen.«

…

»Ach, leck mich.«

Ich vermisse es manchmal, dass man nicht wie früher mit voller Wucht den Hörer auf die Gabel schmeißen kann. Aber das hätte jetzt auch nichts gebracht. Meine Augen werden feucht, meine Atemzüge hektisch und schon kullern die Tränen. Sie tropfen auf die Gymnastikmatte, die in wenigen Stunden ein letztes Mal mein Schlafplatz sein wird. In Pauls 1,20-Meter-Bett kann man einfach nicht zu zweit schlafen. Deswegen ziehe ich nachts immer auf den Boden. Das sind meine Vorbereitungsmaßnahmen für das kommende Jahr. Irgendwie muss man sich ja auf den Wahnsinn vorbereiten.

Ich sitze und weine, wegen der Batterien und wegen Paul. Ich sollte nicht immer so oberarschig sein. Vor allem nicht jetzt. Wer weiß, wie oft wir uns dieses Jahr sehen. Und er hat selbst gerade so viel zu tun. In den Kartons, die das Elf-Quadratmeter-Zimmer in ein Fünf-Quadratmeter-Zimmer verwandeln, ist sein Hab und Gut, mit dem er nächste Woche in eine wunderschöne Wohnung in der Nähe vom Englischen Garten zieht. In die ich eigentlich mit einziehen sollte. Von Berlin nach München, damit wir endlich mal wieder in derselben Stadt leben. Ich habe gehört, das soll gut für eine Beziehung sein, Nähe und so. Ich kann aber nicht umziehen. Nicht zu ihm.

Nicht nach München. Ich hatte da nämlich wieder so eine Idee …

Es war letztes Jahr im Juli. Mein erstes Mal. Das erste Mal ist immer unvergesslich. Alles ist so neu und aufregend. Man weiß gar nicht, was auf einen zukommt. Ich kann mich noch ganz genau daran erinnern. Es war heiß. Mein Körper war feucht, als ich morgens nach vier Stunden Schlaf aufwachte, von Kopf bis Fuß in Schweiß gebadet. Mein blondes Haar klebte mir strähnenweise an der Wange. Ich bekam kaum Luft. Also kroch ich aus meinem Schlafsack, öffnete den Reißverschluss vom Zelt und hörte schon die ersten Beats, die mir zusammen mit der frischen Luft entgegenkamen. Elektronische Beats.

Ich fühlte mich wie einmal gegessen und wieder ausgekotzt. Die Nacht durchgetanzt, bei Sonnenaufgang nach Hause gewankt, den Alkohol rausgeschwitzt und jetzt in einer Art scheintotem Zustand wieder aufgewacht. »Morgen. Na, Bierchen?« Die Nachbarn hatten es sich schon auf ihren Campingstühlen bequem gemacht und schlürften das erste Konterbier. Sehr nett hier alle, wie eine große Familie. Mir war mehr nach Wasser als nach Bier. Viel Wasser. Nicht nur für meine Kehle, auch für meinen Körper. Also anstehen. Ungefähr eine Stunde lang, nur um duschen zu dürfen.

Ich war das erste Mal auf einem Festival, dem Melt!. Ich war 25 Jahre alt. Echt spät dran für das erste Mal. Ich habe mich immer dagegen gesträubt, derartige Massenveranstaltungen mit Suffis und Druffis zu besuchen. Stundenlang eingequetscht zwischen Menschenmassen zu einer Band hüpfen, dann nachts auf einem harten Zeltboden schlafen, mich mit vollgeschissenen Dixi-Klos rumärgern und dazu die ganzen Idioten um mich herum.

Dann wollte ich es doch einmal ausprobieren. Erst in der Lightversion, auf dem VIP-Campingplatz und so. Ich war sofort verliebt. Verliebt in das Leben als Camper. Verliebt in vollgekotzte Menschen. Verliebt in fettige Pommes, fettige Haare, den Geruch von Cannabis und das Ausbrechen aus der Normalität. Ein Wochenende Ausnahmezustand. Rumlaufen wie der letzte Assi, tanzen, grölen, sich treiben lassen und überall glückliche Menschen um einen herum, die grinsen, als gäbe es kein Morgen mehr. Ich merkte schnell, Festivals sind frei von Tabus und Zwängen. Das Leben spielt sich zwischen Pizzabäcker, Zelt und Bühne ab, man hängt einfach so rum und vergisst sich selbst.

Was hatte ich in den letzten zehn Jahren nur verpasst! Ich wollte das nachholen und noch einmal flüchten vor der Monotonie des Alltags. Nach 90 Nächten in fremden Betten hatte ich mich eigentlich entschieden, ein »normales« Leben zu führen. Fester Wohnsitz, fester Job, geregeltes Einkommen. Mutti war stolz. Genau nach 90 Tagen war es jedoch wieder vorbei mit dem festen Job. Man brauchte mich nicht mehr. Arbeitslos? Deprimierender Start in das »normale« Leben.

Also warum nicht noch einmal auf die Kacke hauen? Noch einmal ausbrechen und leben. Hemmungslos. Wo kann man das besser als auf Festivals? Aber nicht nur für ein Wochenende, sondern für ein ganzes Jahr!

40 Festivals in 40 Wochen. Was für eine schöne Alliteration. Ich würde durch Deutschland und die Welt reisen, die unterschiedlichsten Festivals besuchen, mein Leben mit der Community verbringen, Bierbong trinken und mir die Füße wund tanzen. Zu Punkrock, zu Countrymusik, zur Panflöte!

Ich fragte Paul, ob das in Ordnung für ihn sei oder ob er mich verlassen würde, wenn ich die Idee mit den 40 Festivals verwirklichte, seine Antwort war: »Wenn ich nicht mit muss …«

Ich deutete das als »Ja, ist in Ordnung« beziehungsweise »Nein, ich verlasse dich nicht« und fing an, wie eine Wilde den Begriff »Festival« in Verbindung mit »2012«, »England«, »Italien«, »USA« und allem, was mir spontan einfiel, in die Suchmaschine einzutippen. Innerhalb von zwei Monaten hatte ich meinen 40-Festivals-Masterplan: Er berücksichtigt Festivals auf mehreren Kontinenten und deckt neben skurrilen Highlights fast alle Musikrichtungen ab.

*

Und nun sitze ich hier, 8.000 Kilometer und 22 Stunden von meinem ersten Festival, dem Strawberry Festival in Florida, entfernt und mache mir fast in die Hosen. Ich habe wahnsinnige Angst. Angst, morgen die Bushaltestelle vom Shuttle zum Flughafen nicht zu finden. Wo ist der Check-in? Wie viel Gepäck darf ich da noch mal mitnehmen? Wie komme ich zum Festivalgelände? Kann man da parken? Sind die nett? Oder hassen die Deutsche? Sprechen die mich auf Hitler an? Sollte ich mir noch ein paar Zahlen und Fakten zurechtlegen? Ist Paul wirklich mit meinen Plänen einverstanden? Wo bekomme ich jetzt diese blöden Batterien her? Habe ich alle Kontakte? Und sollte ich vielleicht endlich mal aufhören zu denken? Ja, sollte ich! Ich muss nur ankommen. Sonst nichts. Ein paar Bilder machen, ein bisschen plaudern und beobachten. Kann ich. Ansonsten habe ich keinen Auftrag. Nur erleben! Und überleben!

»I LIVE MY DREAM« – STRAWBERRY FESTIVAL

Christine, freust du dich auf dein nächstes Festival? – Ich bezweifle, dass ich jemals ankommen werde. Das ist irgendwo in der amerikanischen Provinz und ich habe nicht einmal ein Navi im Mietwagen.

Robin füllt noch einmal frisches Wasser in den Trog. Heftiges Aneinanderdrücken und Reiben, lautes Quietschen. Jeder will noch einmal saufen, sich stärken, bevor es gleich um alles geht.

Nicht um die Wurst, aber um den Oreo-Keks. Während im Käfig getrunken wird, legt Robin eine Kassette in den Rekorder ein. Ja, so ein Plastikquader mit zwei Löchern drin und weißen Plastikzahnrädern. Trompetenmusik erklingt. Die Tribüne ist voll. Die letzten Zuschauer drängen sich an mir vorbei. Robin beginnt, in seinem perfekten Südstaaten-Kaugummi-Englisch die Zuschauer anzuheizen: »Und diese kleinen Schweine hier sind acht Wochen alt und werden irgendwann bis zu 500 Pfund wiegen. Wie jeder im Leben brauchen auch sie ein bisschen Ansporn und was eignet sich dafür besser als eine kleine, süße Belohnung. Applaus für unsere Rennschweine aus Yorkshire!«

Woraufhin die Schweine aus dem Käfig gelassen und in die Startboxen bugsiert werden. Ein verzücktes »Ohhhhhh« geht durch die Menge. Vier rosarote Ferkel stehen nebeneinander in den Startboxen und sind scharf auf den Oreo-Keks, der am Ende der Rennbahn auf den Schnellsten wartet.

»Und, wer ist für Nummer vier? Nummer vier, unsere entzückende Britney Spareribs!«, ruft Robin den Zuschauern zu und deutet dabei auf eines der Ferkel. Die Hände schnellen hoch. Jeder möchte sein Glück versuchen. Jedoch nur einer bekommt die Chance, auf Britney Spare-

ribs zu setzen. Robin entscheidet sich für einen kleinen Jungen, der aufgeregt in der ersten Reihe auf und ab hüpft. Dasselbe Prozedere wiederholt sich noch dreimal, dann werden die letzten Vorbereitungen getroffen. Die Ferkel bekommen ihre Startnummern auf den Rücken geklebt und der Oreo-Keks wird hinter die Ziellinie gelegt.

»Möge der Beste gewinnen!«, eine Klingel, wie man sie aus dem Boxring kennt, ertönt, die Startboxen gehen auf und die Ferkel rennen los. Die Menge jubelt, klatscht in die Hände und pfeift, jeder schreit die Startnummer seines Favoriten. 15 Sekunden später ist das Rennen entschieden. »Nummer zwei«, brüllt Robin. Snoop Poggy Pog hat das Rennen gemacht. »Der glückliche Gewinner kann sich nun seinen Preis abholen«, verkündet Robin.

Eine ältere Dame mit gelber Schildmütze bewegt sich schleichend in Richtung Robin, um ihren Preis entgegenzunehmen, »einen Verzehrgutschein für Hotdogs im Wert von 5 Dollar! Tja, wenn man nicht schnell genug rennt, dann wird man eben zu Wurst verarbeitet«, lacht Robin. Finde ich nicht witzig. Die Zuschauer stehen auf und gehen weiter, es gibt schließlich viel zu sehen auf dem Strawberry Festival in Plant City. »Das Gelände ist so groß, dass man 3,5 Millionen Erdbeerpflanzen darauf anpflanzen könnte«, erklärte mir Farmer Matt heute Morgen. Aber noch mehr Erdbeeren braucht Plant City nicht. Es hat schon die größte Ernte von ganz Florida eingefahren. Und das wird eine Woche lang gefeiert.

*

Heute ist Montag, Seniorentag. In Anerkennung des demografischen Wandels, nehme ich an. Nirgendwo sonst wird auf

Online: bit.ly/z0QHHp

die Bedürfnisse der älteren Generation so eingegangen wie hier. Gleich hinter den Eingangstoren gibt es eine Vermietung für Gehhilfen: Rollstühle, manuell oder elektrisch, Krücken, Rollatoren. Damit kann man losziehen, um in den großen Messehallen einzukaufen. Hier gibt es alles, was das Kitschherz begehrt, von geklöppelten Tischdecken über Standuhren aus furnierter Eiche und Windspiele mit Elfenfiguren bis hin zum Whirlpool für den Garten.

Ich gehe an den unzähligen Fressständen vorbei, die die vordere Hälfte des Geländes einnehmen. Die Buden bringen internationales Flair auf das Festival. Pizza aus Italien, Gyros aus Griechenland, Burritos aus Mexiko. Ich rechne auch mit einem blau-weißen Traum von Stand, an dem es Leberkäse und Käsespätzle gibt, doch nichts. Das einzig Deutsche auf diesem Festival bin ich, mal abgesehen von dem deutschen Senf, den sie an einer Hotdog-Bude als Delikatesse anbieten.

Die Budengasse ist ein schmuckes Fressparadies, die meisten Stände, so bunt und fröhlich sie auch aussehen, ziehen jedoch nicht gerade viel Kundschaft an. Deswegen

müssen die Speisen ausgiebig beworben werden. Viele Läden haben die Gerichte der Speisekarte vor ihrem Stand ausgestellt: weiße Plastikteller mit Schildern, auf denen »Small Super Nachos« oder »Large Fries« steht. Das Essen selbst sieht so aus, wie es wohl auch ist, eingestaubt und ausgetrocknet – in meinen Augen nicht sehr förderlich für Werbezwecke.

Zwischen den farbenfrohen Imbissbuden gibt es vereinzelt schlichte weiß-rote Verkaufsstände. Weiß ist der Stand, rot die Ware – Erdbeeren. Erdbeer-Cookies, Erdbeer-Kuchen, Erdbeermarmelade, Erdbeer-Senf, Erdbeer-Brownie, Erdbeeren mit Schokolade überzogen, Erdbeeren mit Schokoladen-Schinken-Dip, Erdbeeren mit Sahne, Erdbeer-Pralinen auf Cupcakes und, wenn man Glück hat, auch einfach pur.

Das steuern die Amerikaner zur kulinarischen Vielfalt bei, Erdbeeren, Steaks – und den Deep-Fried-Stand. Einmal frittieren. Alles, bitte. Snickers, Milky Way, Oreos – das wäre bestimmt auch was für die Schweine –, Butter, Eis und natürlich, dem Festival zu Ehren – Erdbeerkuchen. Frittierter Erdbeerkuchen! Ich will un-

bedingt mal wissen, wie so ein frittiertes Stück Butter aussieht oder ein frittiertes Snickers, also stelle ich mich unauffällig an eine Ecke des Standes mit Blick auf die Essenausgabe. Man erkennt nichts. Alles, was über die Budentheke geht, ist unförmig, braun und glänzend.

*

Hinter den Fressständen kommt die Spielhölle. Hier gibt es Schießbuden und Elektrobullen. Als Gewinn winken rosarote Stoffaffen oder überdimensional große Bananen im Bob-Marley-Look mit Rastahaaren und Reggae-Mütze.

Und hinter den Spielbuden liegt eine weitere, große Messehalle mit Warnschildern: »Essen verboten – Trinkflaschen müssen am Eingang abgegeben werden.« Interessant. Was verbirgt sich wohl in einer Halle, in der man dem Amerikaner verbietet zu essen? Ich betrete die geheimnisvolle Halle durch die schwere Eisentür und sehe – Käfige.

Eine 30 Meter lange Reihe mit an die 50 Käfigen. Links mit Hühnern als Insassen, rechts mit Nagern. Vom ganz normalen Stallhasen bis hin zum explodierten Hamster sieht man hier alles. In jedem Käfig liegt eine andere Rasse zusammengekauert in der Ecke oder nuckelt an der Wasserflasche. Löwenkopfkaninchen, Rote Neuseeländer, Blaue Wiener. Am Ende der Käfigreihe befindet sich eine Verbindungstür zur zweiten Halle. Schweine.

Schweine und Kühe in kleinen Einzelboxen, die von ihrem Besitzer gestriegelt, gebürstet und mit in Fett getränkten Lappen poliert werden. Aufregung liegt in der Luft. Überall stehen Jugendliche mit blauen Cordjacken und weißen Hemden herum. »Das schaffst du!«, »Toi, toi, toi!«, wird durch die Halle gerufen, man klopft sich aufmunternd auf die Schultern.

Ich schaue erst mal dumm, weil ich keine Ahnung habe, was hier vor sich geht.

Dann finde ich heraus, dass in wenigen Minuten die große Jugend-Schweineshow anfängt. Die jungen Menschen aus Florida haben nämlich ein besonderes Hobby. Sie zeigen vor einer Jury, wie gut ihr Schwein dressiert ist und neben ihnen herlaufen kann. Als Hilfsmittel haben sie eine Gerte. Und ganz wichtig: Immer schön lächeln, wenn man vor die Jury tritt! Je unnatürlicher und aufgesetzter, desto besser. Ich spüre ein bisschen Bedauern, dass ich dieses Spektakel nicht weiter miterleben kann, aber ich muss weiter. Termine.

*

»Es ist das schönste Gefühl, das man haben kann«, sagt die schöne Blonde. Sie zieht die Schultern hoch, legt ihren Kopf auf die rechte Seite und hat ein perfektes Lächeln auf den Lippen. »Ich bin so stolz darauf, Plant City zu repräsentieren.«

Ich freue mich, dass ich Chelsea treffen darf. Ich habe mir erklären lassen, dass jedes Mädchen zwischen 16 und 18 Jahren in Plant City diesen einen Traum hat. Sie hat es geschafft. Chelsea ist Strawberry Queen. Sie hat sich gegen 35 Teilnehmerinnen durchgesetzt.

Es war nicht Glück, was dafür gesorgt hat, dass sie heute mit ihrem strahlenden, einstudierten Lächeln vor mir sitzt. Es war harte Arbeit. Disziplin. Wochenlanges Training. Die letzten Monate ist Chelsea zweimal die Woche von Plant City nach Orlando gefahren, zu ihrem Coach. Der Coach hat mit ihr geübt, wie man richtig redet, gute Antworten gibt, welches das perfekte Casual-Outfit ist, wie die Haare zu sitzen haben und wie das Make-up aufgetragen wird.

Heute trägt sie einen roten Lippenstift. Erdbeerrot. Passend zu ihrem Titel und passend zu ihrer Schärpe. Aber nicht nur das: Rote Lippen machen die Zähne weißer und das Lächeln strahlender, und ein strahlendes Lächeln, das braucht die

Queen. Und einen Court braucht sie auch. Chelsea gibt es nur im Fünfer-Pack. Immer mit dabei sind ihre First Maid und ihr Court, bestehend aus drei weiteren Mädchen. Sie sind alle identisch gekleidet. Schwarze Tops mit Glitzer-Erdbeere am Saum, weiße Caprihosen mit gestickten Erdbeeren auf den Gesäßtaschen und rote Schuhe mit weißen Füßlingen. Lediglich der Schriftzug auf ihren Schärpen variiert – »Queen«, »Maid«, »Court« – und natürlich hat Chelsea die Krone auf dem Kopf.

Wir plaudern ein bisschen über ihr Dasein als Erdbeer-Königin, darüber, wie überglücklich sie ist, und drehen dabei eine Runde über das Festivalgelände. Chelsea muss gleich den nächsten Liveact ankündigen. Eine von vielen Aufgaben, die man als Repräsentantin von Plant City ausüben muss. Der Weg zur Bühne ist lang und beschwerlich. Immer wieder müssen wir anhalten, weil Chelsea für Fotos posieren muss. Mit Kindern, Familien, jungen Männern und Senioren. »Das ist auch ein Qualitätsmerkmal der Königin – sie muss mit allen Generationen gut umgehen können«, erklärt sie mir.

Das kann Chelsea. Sie hat eine große Familie, viele Cousins und Cousinen, mit denen sie viel Zeit verbringt. Familie ist ihr wichtig. Deswegen möchte sie auch für immer in Plant City bleiben. »Es ist ein wunderbarer Ort, um eine Familie zu gründen.« Chelsea ist 17 Jahre alt. Ich finde es etwas irritierend, dass eine zehn Jahre jüngere, nicht einmal volljährige junge Dame die Worte »Familie« und »Kinder« in 30 Minuten öfter in den Mund nimmt als ich in meinem ganzen bisherigen Leben.

Zum Schluss erzähle ich auch ein bisschen von mir. Meinem Projekt, meinen 40 Festivals, meiner Reisesucht und überhaupt meinem Leben. Das findet sie alles sehr spannend und bekommt große Augen. Aber Plant City verlassen? Ne, lieber nicht.

Chelsea betritt die große Showbühne und winkt mit einem perfekten Schönheitsköniginnen-Lächeln dem Publikum zu. Sie strahlt dabei wie ein Atomkraftwerk. Sie ist wieder überglücklich. Überglücklich, hier zu sein, überglücklich, ihren Court vorzustellen, und überglücklich, diese wunderbare Band anzukündigen – die Oak Ridge Boys. Nach zwei Minuten dackelt sie mit ihrem Court von der Bühne und die Boys fangen an zu spielen. Mir fällt auf, dass der Sänger ganz schön viel Ähnlichkeit mit Gandalf, dem Zauberer aus *Der Herr der Ringe,* hat. Er hat einen überdurchschnittlich langen grauen Bart und dazu ebenfalls langes graues Haupthaar. Anstelle des Zauberhuts trägt er einen schwarzen Cowboyhut.

Mich verzaubert er mit seinem Lied, ich sitze ganz andächtig da und höre zu. »I live my dreeeeeaaaaaammmmmm. Wuhu! Thanks!« Tosender Applaus der Menge, die Senioren sind begeistert. Wer kann, steht auf und schwingt das künstliche Hüftgelenk; wer hat, nimmt die Mütze vom Kopf und wedelt sie hin und her. Scheint wohl ein echter Country-Hit zu sein, den die Oak Ridge Boys da gerade gesungen haben. Aber war ja auch schön. »I live my dream«.

Ja, Träume gibt es hier viele. Von einem Whirlpool im Garten, davon, das gehorsamste Schwein zu besitzen, die Schönste in der Stadt zu sein oder die meisten Erdbeeren zu ernten. Träume braucht der Mensch. Träume habe ich auch. Und wie ich da so sitze, muss ich feststellen, dass nicht nur Chelsea überglücklich ist. Ich bin es auch, denn ich habe endlich angefangen. Ich habe mich getraut, ins kalte Wasser zu springen. Jetzt muss ich anfangen zu schwimmen. Immer schön in Bewegung bleiben, immer in Bewegung bleiben und schwimmen, sonst saufe ich ab.

»SOMEONE LIKE YOU« – WINTER PARTY FESTIVAL

Christine, freust du dich auf dein nächstes Festival? – Oh ja, es soll die heißeste Winterparty sein!

Bacardi and Coke, please!«, ich stelle mich an das Geländer des VIP-Bereichs, von dem aus man einen wundervollen Blick auf das Geschehen hat. Ich kann gar nicht glauben, dass ich wirklich angekommen bin. Die Zugfahrt von Tampa nach Miami, einmal quer durch Florida, war ein Albtraum.

Schon die Fahrt zum Bahnhof ist der reine Nervenkitzel: Marathon in Tampa. Straßen gesperrt und überall Stau. Ein Rennen gegen die Zeit, das ich ganz knapp gewinne. Gerade noch rechtzeitig husche ich in die Vorhalle des Bahnhofs. Meine Sorge, dass ich hilflos herumirren werde, nicht wissend, wo ich hin muss, löst sich zum Glück in Luft auf: Es gibt nur einen Schalter, an den ich mich brav anstelle, um mein Ticket zu lösen.

»Hello Madam, how are you? You want to take the train to Miami?«

»Yes.«

»I am sorry, it's five hours late.«

Ha, die Bahnangestellten haben ja richtig Humor hier. Hätte diesen Witz ein Mitarbeiter der Deutschen Bahn gemacht, hätte er sich einen gehässigen Monolog anhören müssen oder den ersten Stein an den Kopf bekommen.

»Yes, it's really late. We are sorry.«

Oh. Das ist kein Scherz. Die meint das ernst. Die meint es ich-schwör-auf-meine-Mudder-ernst. Ich kann nicht sagen, dass man mich nicht gewarnt hätte. Schon bei der Buchung des Zuges: »Es kann zu erheblichen Verspätungen kommen.« Aber was ist schon erheblich? Ich dachte an ein bis zwei Stunden. Nicht an fünf. Im Endeffekt sind es sogar acht Stunden. Und das alles nur, weil irgendein Vollidiot eine Mülltonne auf die Gleise gelegt hat. Irgendwann in der Nacht komme ich schließlich in Miami an.

*

Und jetzt stehe ich hier in der Mittagssonne am Strand vom Miami South Beach. Vor mir zappelt ein schmächtiger Jüngling auf einem Podest herum, er trägt einen pinkfarbenen Schlüpfer mit der Aufschrift

Online: bit.ly/x2o7p0

»Action is hot« auf dem Arsch, der sich so schnell hoch und runter und hin und her bewegt, dass ich mit den Augen gar nicht nachkomme. Ich kann mir ein Grinsen nicht verkneifen, denn der Jüngling hat außerdem zwei Engelsflügel auf den Rücken geschnallt, mit denen er aussieht, als würde er gleich abheben, wobei der Po sein Propeller ist.

Ich schaue mich weiter um und mir wird bewusst: Ich bin hier auf einer Hardcore-Schwulenparty gelandet, komplett mit Fickbetten, auf denen Kondome und Gleitgel rumliegen. Alle Männer auf der Tanzfläche sehen mördergut aus, sie sind ziemlich prächtig gebaut, haben braun gebrannte, durchtrainierte Körper, gepflegte Haare, tragen verspiegelte Sonnenbrillen und Shorts, die so sitzen, dass man immer die Marke der Unterhose sehen kann und den Ansatz des Leistenmuskels. Dazu tragen sie Basecaps auf dem Kopf und Goldkettchen um den Hals sowie jede Menge Tätowierungen: »Fuck you« quer über den Rücken, den Hollywood-Schriftzug und nackte Pin-up-Girls auf den Rippen, Rosenranken auf der Halsschlagader und einmal die Flora und Fauna rauf und runter, vom Tannenbaum bis hin zur zähnefletschenden Bulldogge.

Gestern noch inmitten des Spießertums von Plant City, auf einem Festival, bei dem es nicht mal Bier gab, und heute auf der heißesten Winterparty am Strand von Miami South Beach, zwischen 500 halb nackten Typen, die mich nicht mal mit dem Arsch anschauen. Was für ein Trauerspiel.

Wenigstens gibt es Alkohol. »Bacardi and Coke, please!«

Ich fotografiere die tanzende Menge und besonders die schönen Lederaccessoires: Geschirre und Oberarmgürtel, wohin das Auge blickt. Dann eine Männerbrust, an der eine Silberkette mit Glitzerkrone zwischen zwei unfassbar erregten Brustwarzen baumelt. Die sind so steif, dass man daran Parmesankäse reiben könnte. Ich brauche eine Abkühlung. »Bacardi and Coke, please!«

Der Typ möchte nun das Foto sehen, das ich von ihm gemacht habe. Natürlich habe ich nicht gefragt, ob ich seine endsteifen Nippel fotografieren darf, sondern so getan, als ginge es mir um die wunderschöne Gangsterkette. Als er jetzt das Foto sieht, springen ihm natürlich die zwei gut einen Zentimeter langen Stöpsel auf seiner Brust ins Auge. »Oh, my God – I am horny«, lacht er und klopft mir mit einer typischen Schwulettenbewegung auf die Schulter. »And where is this picture for?«

»Sind Sie Deutscher?«, frage ich zurück, weil dieses Englisch auf eine Art und Weise falsch ist, wie es nur ein Deutscher falsch sprechen kann.

»Ja! Sag bloß, du a?«

»Ja.«

»Ja, mei – Wahnsinn. Ich bin der Klaus.« Er küsst meinen Handrücken. »Darauf müssen wir einen trinken. Bacardi and Coke, please!«

Klaus schiebt seinen zitronengelben Fächer auf und wedelt sich frische Luft zu. Dann erzählt er mir in 20 Minuten seine Lebensgeschichte: harte, weil konservati-

ve Kindheit in Oberbayern, Outing mit 18, Umzug nach Berlin mit 20. Dort betreibt er seit 22 Jahren eine Regenbogenbar. Anschließend schwärmt er weitere zehn Minuten von seinem »hotten Boyfriend« und seinen Qualitäten als Liebhaber. Dann nimmt er wieder meine Hand und zieht mich mit in die Menge der mörderisch gut aussehenden Männer. Die Sonne knallt mir auf den Kopf und ich merke, dass ich den letzten Bacardi vielleicht nicht hätte trinken sollen, denn langsam fällt es mir schwer, Dinge zu fixieren. Egal.

Denn wo ich auch hinsehe, erblicke ich sowieso immer das gleiche: nackte Haut, Muskeln, Tattoos, halbe Erektionen in engen Shorts und Menschen, die noch fit genug sind, sich wild aneinanderzureiben, während ich völlig erledigt bin. Das war ein harter Alkoholabend für mich. Beziehungsweise war das ja noch nicht einmal der Abend, sondern nur ein zweistündiger Nachmittag. Und später soll es noch weitergehen, auf der Boiling Point Party, Motto »Rom«. Lauter Transen in sexy Kriegerinnen-Outfits, Männer in Gladiatoren-Rüstungen oder mit Lederleibchen um den Lotusbereich sowie Lorbeerkränzen auf dem Kopf.

Ich bewege mich in der tanzenden Menge auf und ab und starre immer wieder fasziniert den Gogo-Tänzer an, der sich umgezogen hat und nun mit Lederhöschen und Federboa bekleidet ist. Als dann ein Dance-Remix von Adeles *Someone Like You* aus den Lautsprechern erklingt, verändert sich das Verhalten der Schwulen. Es ist ein Ausbruch von großen Gefühlen, fast wie

bei *Titanic*. Ich zünde mir eine Zigarette an, »Bacardi and Coke, please!«

Klaus' Begleitung, die vom Alter her mein Großvater sein könnte, streichelt ihm zärtlich die Oberarme und beißt ihm in die Stöpsel. Da kuschelt sich Klaus in die grauen Brusthaare, legt seine Wange auf Herzhöhe, schließt verliebt die Augen und knetet die Pobacken des alten Mannes. Überall hält man Händchen, knabbert sich gegenseitig an den Ohrläppchen herum oder knutscht. Bullige Männer ohne Hals liegen einander in den Armen, Louis-Vuitton-Taschen schmusen mit Sportbeuteln, die Luft ist voller Androgene. Der Gogo-Tänzer auf dem Podest schaut neidisch auf die Menge und ärgert sich, dass er da oben allein rumzappeln muss.

Ich rauche, beobachte und bin begeistert. Meer blau, Himmel blau, ich blau. Es kann losgehen. »One last Bacardi and Coke, please!«

*

Ich wache in meinem Hotelzimmer auf und frage mich, ob ich das alles wirklich erlebt oder nur geträumt habe. Auf der Rom-Party ging es richtig ab. Da hat Jupiter mehrfach seinen Stab geschwungen. Und diese ganzen Männer am Strand. War das echt? Ich bin mir wirklich nicht mehr sicher. Aber da baumelt ein pinkfarbenes Band an meinem Handgelenk, auf dem »Winter Party Festival« steht. Jetzt weiß ich schon mal, wofür Festivalbänder gut sind: als Beweisstück, dass man wirklich dabei war, auch wenn man sich am nächsten Tag an fast nichts erinnern kann.

»HER HAIR AS YELLOW AS THE GOLD« – ST. PATRICK'S FESTIVAL

Christine, freust du dich auf dein nächstes Festival? – Ja, auch wenn ich nichts Grünes zum Anziehen habe und keinen Schimmer, was eigentlich gefeiert wird.

Eine steinerne Wendeltreppe mit schwarzem schmiedeeisernen Geländer führt zum ersten Stock des Pubs. Ich betrete einen Saal mit mächtigem Kronleuchter an der Decke. Bordeauxfarbene Brokat-Tapeten, mit weichem Samt bezogene Stühle und lange Tafeln mit weißen Tischdecken. Es wird schon fleißig getrunken und gegessen. Die langen Tische fangen bei der Bar an und enden vor der kleinen Bühne. Hier steht ein cognacfarbenes Ledersofa, auf dem es sich eine Gitarre und eine Geige bequem gemacht haben. Daneben steht eine Harfe, ein Akkordeon ist auf einem Samtstuhl platziert. »Einmal Fish and Chips, bitte«, bestelle ich bei der Bedienung.

*

Am selben Morgen. Flughafen Schönefeld, Terminal D, Fluggesellschaft Aer Lingus. Noch nie davon gehört. Aber irgendwie hat der Name was. »Lingus« erinnert mich an »Longus« und das wiederum an die eine Szene aus dem Film *Das Leben des Brian*, in der Caesar mit seinem Sprachfehler von seinem guten alten Freund Schwanzus Longus erzählt. Ich glaube, ich bin die Einzige, die von einer irischen Fluglinie die Überleitung zum männlichen Geschlechtsteil findet.

Aber Aer Lingus erinnert mich an noch etwas – an mein bevorstehendes Festival. Das Logo ist grün – ein Kleeblatt. Vor mir in der Schlange des Check-in haben fünf junge Männer das gleiche Ziel wie ich. Sneakers mit grünen Schnürsenkeln, grünes Sweatshirt und grüne Regenjacke verraten sie. Und schnell stellt sich heraus, dass nicht nur ich und die fünf Jungs, sondern 95 Prozent der Flugzeuginsassen das gleiche Ziel haben – wir alle wollen nach Dublin zum St. Patrick's Day. Der Nationalfeiertag der Iren, für seine feuchtfröhliche Stimmung fast ebenso bekannt wie das Oktoberfest in München. Das Flugzeug ähnelt einem Après-Ski-Partybus. Kaum einer schafft es, auf seinem Hosenboden sitzen zu bleiben. Alle wollen sich bewegen. Und wenn die Bewegung darin besteht, ein Glas Richtung Mund zu führen.

Es ist auch das erste Mal, dass ich vor dem Flug die Durchsage höre: »Das Trinken von mitgebrachten Spirituosen ist strengstens verboten.« Ich mache es mir bequem im grünen Partyflugzeug, glücklicherweise am Fenster und zufälligerweise neben zwei der fünf Partyjungs vom Check-in, die ich erst einmal, wie es sich für eine Reporterin gehört, ausquetsche, in der Hoffnung auf Erkenntnisgewinn.

»Na, fahrt ihr auch zum St. Patrick's Day?«, will ich wissen.

Mein Sitznachbar, der mit den grünen Schnürsenkeln in den Sneakern, schaut mich verwirrt an. Scheint nicht oft vorzukommen, dass ihn eine fremde Frau im Flugzeug anspricht. Ich glaube, er hat Angst, dass ich mit ihm flirten will, und fühlt sich der Situation nicht gewachsen.

»Jo«, sagt er, schaut mich kurz an und dann wieder starr nach vorne, auf die Stewardess, die gerade vorführt, wie man die Atemmaske richtig auf den Mund setzt.

»Darf ich dich was fragen?«, bohre ich weiter.

Verwirrt und offenbar verunsichert, ob er mir oder dem Flugpersonal zuhören soll, antwortet er nach sichtlichem inneren Kampf: »Emm, jo.«

»Warum fährst du nach Dublin? Nur für den St. Patrick's Day?«

»Emm, jo.« Sehr wortkarger junger Mann. »Wir sind eigentlich zu fünft«, das weiß ich doch, hab euch doch schon beim Check-in abgecheckt, »und ich habe am Montag Geburtstag. Und da wollten wir ein Wochenende wegfahren. Also wir fünf Jungs.«

»Wisst ihr eigentlich, was da gefeiert wird?«

»Emm, nö.« Er rutscht etwas nervös auf seinem Sitz hin und her und schaut zu seinem Nachbarn, dem Kumpel mit dem grünen Sweatshirt. Kreuzverhör, mein Junge, und ohne Fluchtweg. Da kann dir dein Freund auch nicht helfen.

»Oder wisst ihr, was dieser St. Patrick eigentlich gemacht hat?«

»Nö. Auch nicht.«

»Oder warum alle Grün tragen? Und was da so passiert, das ganze Wochenende lang?«

»Emm, nö.«

Gut. Damit sind wir auf dem gleichen Wissensstand. Ich habe auch keine Ahnung.

»Aber ihr habt doch bestimmt irgendwelche Erwartungen«, zwinkere ich ihm zu und hoffe insgeheim, dass er mich in irgendwelche versauten Vorhaben einweiht und ich einen kleinen Einblick in so ein »Männerwochenende« bekomme.

»Emm. Nö.«

Okay, ich gebe auf. Gespräch hiermit beendet. Aus dieser Nase ist nichts mehr rauszuziehen. Ich wünsche den jungen Männern zum Abschied noch viel Spaß und dann trennen sich unsere Wege.

*

Eine junge Kellnerin stellt mir den Teller mit meinen Fish and Chips vor die Nase und gleichzeitig betreten vier junge Musiker die Bühne. Drei Männer und eine Frau. Die Männer tragen einheitlich karierte Hemden, die Frau ein roséfarbenes Chiffonkleid. Die lockige blonde Mähne hält sie sich mithilfe zweier Strähnen, die am Hinterkopf zu einem Knoten verschlungen sind, aus dem Gesicht. Kaum sitzen die vier auf der Bühne, geht es los. Das Quartett aus Geige, Gitarre, Akkordeon und Dudelsack fängt an zu spielen.

Ich komme in den Genuss eines irischen Hausabends mit traditioneller Musik, traditionellem Essen und garniert mit einer bezaubernden Stimmung. Während sich draußen auf den Straßen die Touristen den Verstand wegsaufen und sich die Köpfe einschlagen, wird hier irische Kultur zelebriert. Ich schiebe mir die letzte Pommes in den Mund, lehne mich zurück und lausche, lasse mich verzaubern und berühren von der Musik.

Ich gebe es zu, bis vor Kurzem habe ich mich nicht sonderlich für Musik interessiert. Ich habe meine Lieder, die ich im Auto höre, meine Playlist fürs Joggen und weiß, was ich abends hören möchte, wenn ich ausgehe. Aber Ahnung von Musik habe

ich nicht. Titel und Interpreten vergesse ich meistens. Liedern ein Genre zuzuordnen funktioniert nur mangelhaft.

Aber ich höre gern Musik, habe meinen eigenen Geschmack und kann schnell sagen, ob mir etwas gefällt oder nicht. Ob es mich berührt. Das klappt sehr gut, der emotionale Aspekt. Musik ist ein perfekter Katalysator für meine Emotionen. Fühle ich mich gut, gibt mir der richtige Song den Push zu zappeln, bin ich traurig, gibt er mir den letzten Kick, meine Tränenschleusen zu öffnen.

Wenn mich ein Lied ergreift, dann erzeugt es eine Stimmung, Gefühle, und die speichere ich in meinem Kopf ab. Und jedes Mal, wenn ich das Lied wieder höre, öffnet sich in meinem imaginären Liederspeicher eine Schublade und wie auf Knopfdruck schießen die abgespeicherten Stimmungen wieder durch meinen Körper. Freude, Schmerz, Wut, Ekstase. Ein bunt gemischter Gefühls-Cocktail. Es spielt meistens eine Rolle, wann und wo ich ein Lied das erste Mal gehört habe. Aber manchmal ist es auch die Emotionalität der Interpretation selbst, die die Atmosphäre schafft und mich mit auf die Reise nimmt. Das ist, wie wenn dich ein netter Mensch fragt: »Sollen wir jetzt zusammen ans Meer fahren?« Wer sagt da schon Nein.

Ich schließe die Augen, höre und fühle. Spüre das Gefühl von Freiheit in mir aufkommen. Ich renne durch ein Weizenfeld, berühre mit den Innenseiten meiner Hände die stachligen Spitzen der Weizenähren und strecke mein Gesicht Richtung Sonne.

Der Himmel strahlt. Ich renne schneller und schneller. Stolpere, fange mich wieder, renne weiter. Mein Herz pocht, springt gleich aus dem Brustkorb, so schnell schlägt es, bis ich die Arme ausbreite, mich rückwärts auf den Boden fallen lasse und sanft vom Weizenfeld aufgefangen werde. Erschöpft und glücklich liege ich da. Es riecht nach modriger Erde, Kornblumen und Freiheit.

»Her lips were red as roses, her eyes a deep sky blue, her hair as yellow as the gold«, ertönt es von der Bühne. Meine Lippen sind rot wie die Mohnblumen, meine Haare so gelb wie das Weizenfeld und meine Augen grün! Grün wie alles am St. Patrick's Day in Dublin. Die Menschen malen sich Kleeblätter auf die Wangen, tragen ulkige Lamettaperücken oder grüne Ganzkörperanzüge. Es wird gefeiert und viel getrunken. Natürlich Guinness und wer kann, kommt morgen zur riesigen Parade, die einmal durch die ganze Innenstadt zieht, um dann, am Abend, weiterzufeiern – mit Guinness im Pub.

Und dieser St. Patrick, dieser Heilige, für den man das alles macht, der hat irgendwann einmal wie Harry Potter seinen Zauberstab geschwungen und alle Schlangen aus dem Land vertrieben. Mehr weiß ich immer noch nicht. Aber dafür weiß ich jetzt, wie Freiheit klingt – hier und jetzt wie irische Volksmusik. So liege ich noch ein bisschen im Weizenfeld rum und schaue in den Himmel, bevor mich die Realität wieder ins Flugzeug setzt und nach Hause fliegt.

»NO FEAR« – POGORAUSCH

Christine, freust du dich auf dein nächstes Festival? – München und Punkrock kann ich mir irgendwie gar nicht vorstellen.

Ich verlasse Pauls Wohnung und mache mich auf den Weg zum Backstage-Werk im Münchner Westend, zwecks ... nennen wir es »musikalische Weiterbildung« beziehungsweise »sportliche Betätigung«. Ich gehe auf ein Punkrock-Festival. Punkrock? Richtig. Punkrock beim Pogorausch Festival. Erste Erfahrungen mit dem Genre habe ich bereits gesammelt. Mit 16 war ich beim Toten-Hosen-Konzert auf dem Coburger Schlossplatz. Die Weichen sind also gestellt.

Ich nehme die U-Bahn und dann die S-Bahn, Haltestelle Hirschgarten geht es raus. Über die Brücke, Treppen runter, einen staubigen Kiesweg an den Gleisen entlang und man ist da. Der Weg ist einfach zu finden, auch wenn man keinen Plan hat. Einfach den Leuten folgen, die so aussehen, als würden sie Punkrock hören. Die habe ich schon am Marienplatz am Kleidungsstil erkannt und mich still und heimlich drangehängt. Weinrote Chucks oder schwarze Doc Martens, schmale Jeans mit hochgeschlagenem Saum, schlammgrüne Schirmmütze von Opa, kurze dreckige Lederjacken oder lange schwarze Regencapes. Und irgendwo spitzt immer eine Tätowierung hervor oder ein Stück Metall. Ort des Geschehens erreicht. Und jetzt?

Ich setze mich auf einen Holzbalken vor dem Backstage-Werk. Beobachten. Der erste Schritt der Annäherung ist die Beobachtung. Genau hinsehen und analysieren. In den 20 Minuten, die ich das bunte Treiben observiere, versammeln sich stereotype Vertreter sämtlicher Subgenres auf dem Kiesplatz vor dem Backstage.

Punks, Drunks, Skins, Psychos, Metaller, Rock'n'Roller, Hardcore-Kids und Mods.

Große Männer mit bunten Iros und gebleichten Skinny-Jeans, kleine Männer mit Nietenwesten und »Gegen Nazis«-Buttons. Mittelgroße Männer mit langen Zöpfen und Bandshirts. Viele Brillen, überwiegend mit breiten schwarzen Rahmen und dicken Gläsern, die den Eindruck eines leichten Schielens erwecken. Frauen mit kurzen Röcken und Netzstrumpfhosen.

Sie laufen über den Kiesplatz mit Burgern in der Hand, schließlich braucht man eine gute Grundlage für den Abend, und ziehen mit ihren Springerstiefeln schlurfend eine Staubwolke auf dem Kiesweg hinter sich her, was dem ganzen Szenario eine Wildwest-Ästhetik verleiht.

Ich fühle mich etwas flau im Magen. Ich habe Angst. Stachelnieten und Aufnäher mit Stinkefinger schüchtern mich ein. Ich fühle mich durch und durch als Außenseiterin. Ich spüre die Blicke, die mir von vereinzelten Grüppchen zugeworfen werden. Diese misstrauischen Was-macht-denn-Blondie-da-Blicke mit leicht zusammengekniffenen Augen. Das Einzige, was mich und den Rest der Menschen hier ein bisschen vereint, ist die Farbe meiner Jacke – Weinrot. Bingo. Richtige Wahl. Jetzt weiß ich, wie sich Moritz von Uslar in Oberhavel gefühlt hat. Nur habe ich es hier nicht mit Nazirock, sondern mit Punkrock zu tun.

Nach der ausführlichen Warm-up-Phase traue ich mich nun endlich in die Konzerthalle. Ich hoffe, mich hier näher über das Genre »Punk« informieren zu können. Und wer könnte mir da wohl mehr erzählen als der Barmann, zu dem ich folglich zielstrebig hinüberschlendere.

Ich stelle mich an den Tresen und bestelle einen Weißwein, der mir in einem

0,5-Liter-Plastikbecher, halb gefüllt, ausgehändigt wird. Die Bar ist leer. Ich habe noch ein wenig Hemmungen, auf mein Anliegen zu sprechen zu kommen, aber Barmänner sind es ja gewohnt, vollgeblubbert zu werden. Bei mir hat er immerhin noch Glück, ich erzähle nicht, ich will wissen. Also beginne ich das Gespräch ganz neutral: »Na, was machst du hier?«

Was für eine dumme Frage, merke ich, noch während ich sie stelle. Ein Barmann arbeitet natürlich hinter der Bar. Was soll er sonst hier machen? Ich schieße also schnell die nächste Frage hinterher. »Arbeitest du immer hier?« Dabei lehne ich mich so lässig wie möglich auf die noch saubere Theke, um den Worten des Barmannes zu lauschen.

Student. Deutsch und Geschichte. Arbeitet nebenbei für eine Band – Auf- und Abbau der Bühne – und hier im Backstage-Werk. Musik ist seine Leidenschaft. Und schon sind wir beim Thema Festivals. Er fängt an zu schwärmen. Das Highfield soll toll sein, auf dem Appletree Garden war er letztes Jahr, auf das Immergut will er dieses Jahr. Er schwärmt von großartigen Line-ups, vom Leben auf Festivals – drei Tage Flucht vor dem Alltag, drei Tage nur Musik! Um zehn Uhr aufstehen und von Bühne zu Bühne gehen, um sich möglichst viele Bands anzuhören. Endgeil! Und was hält er von Punks und dem Festival hier?

»Nicht so mein Ding. Ich möchte keine Vorurteile haben, aber natürlich kennt man den einen oder anderen Punk und ich mag deren Attitüde nicht. Dieses ganze No-Future-Ding und wenn das Bier wichtiger ist als die Musik, da hört bei mir das Verständnis auf.« Währenddessen wird es immer voller, links und rechts von mir drängen sich Menschen. Der unbeschwerte Plausch ist vorbei. Der Barmann muss arbeiten und ich weiterziehen, mir mein eigenes Bild machen.

Ich setze mich an den Rand der Bühne auf die Treppe. Die Tanzfläche ist der tiefste Punkt im Raum, sodass man von allen Seiten einen guten Blick hat. Vereinzelt stehen schon ein paar Fans vor der Bühne. Die Tanzbewegungen sind noch zurückhaltend. Die Köpfe werden ein bisschen geschüttelt, die Füße wippen. Schritt nach links. Schritt nach rechts. Ich nenne es die Ruhe vor dem Sturm. Das nervöse Pferd, das mit den Hufen scharrt und aus den Nasenlöchern bläst, bevor es anfängt zu steigen und wie wild um sich zu treten.

Es ist ja erst halb acht. Ich lege mir mein Notizbuch auf den Schoß und notiere ein paar Eindrücke. Ich bin ganz ins Schreiben versunken, als ich plötzlich von meinem Sitznachbarn angesprochen werde, einem Skinhead par excellence, mit Drei-Millimeter-Frisur, schwarzer Lonsdale-Bomberjacke, Jeans und Springerstiefeln mit roten Schnürsenkeln.

»Schreibst du den Songtext mit?«, fragt er mich.

Der Geruch von Mann und Bier schlägt mir mit seinem Atem entgegen.

»Nee, ich verstehe ja bei dem Geschrei gar nix. Du denn?«

Er dreht seinen Kopf Richtung Bühne und blickt konzentriert auf die Band.

»Ich weiß gar nicht, ob die deutsch oder englisch singen«, stellt er fest, nachdem er 20 Sekunden lang sichtlich angestrengt der Musik gelauscht hat.

Das Englisch habe ich schon rausgehört und fühle mich dem Skinhead überlegen. Wir sitzen nebeneinander und schauen beide gespannt auf die Bühne. Ich lege eine Schreibpause ein.

Sein Kopf dreht sich nach ein paar Minuten wieder zu mir und mit einer feuchten Aussprache fragt er mich: »Vom Verfassungsschutz bist du aber nicht, oder? Weil du hier sitzt und dir Sachen aufschreibst?«

»Nein.«

»Okay.«

Schweigen.

»Die singen da gerade was von Liebe. Frauen und so«, sagt er.

»Aha. Danke.«

Dann steht der Skinhead auf, nickt mir freundlich zu und verschwindet. Ich konzentriere mich weiter auf die Liedtexte und verstehe endlich zwei Wörter: »No fear«.

Stimmt. Ich glaube, ich brauche gar keine Angst vor den Leuten hier zu haben. Ich glaube, die haben mehr Angst vor mir. Die Frau mit dem Notizbuch und der Kamera, die Weißwein trinkt und den Anschein erweckt, vom Verfassungsschutz zu sein. Komischer Vogel, diese Frau.

Dann habe ich eine Verabredung mit Master Brille. Wir treffen uns vor der Eingangstür, und obwohl wir uns vorher noch nie gesehen haben, erkenne ich ihn sofort. Mag an der Menschentraube liegen, die ihn umzingelt: »Super Brille, geiler Abend!«, »Master, da hast du wieder was auf die Beine gestellt!« Man klopft ihm auf die Schultern und drückt seine Hände, er wird gegrüßt und beglückwünscht.

Master Brille ist der Veranstalter des Abends, geschätzte 45 Jahre alt. Der Iro sitzt, im linken Ohr steckt eine Sicherheitsnadel, verschiedene Tattoos schauen hervor: eine Schwalbe, die drei Spielkarten hinter sich herzieht, am Halsansatz, Flammen im Nacken, ein Totenkopf an der Schläfe und das Wort »Guilty« vorne am Brustausschnitt. Groß und kräftig ist Master Brille, und seit über 30 Jahren in der Szene.

Es fing an in Ost-Berlin, da war er 13, 14 Jahre alt. Er hörte im Erlebnispark Plänterwald das erste Mal Punk und war sofort begeistert. Zum Entsetzen seiner Eltern und seiner Oma. »So asozial darfst du niemals werden, Junge«, redeten sie auf ihn ein. Das machte das Ganze noch interessanter für ihn. Irgendwann packte er so richtig old-school-mäßig Nadel und Tusche aus und tätowiert sich selbst ein kleines Kreuz auf den Oberarm und auf den Unterarm eine Spinne.

Nachdem die Grenzen offen waren, zog er ins Allgäu, lernte dort die ersten Skins kennen, »böse Skins«, und schlitterte in die Neonazi-Szene rein. »Ich weiß, das schockt jetzt, bin auch nicht stolz drauf. Ist aber leider so und ich gehe mit meiner scheiß Vergangenheit offen um!« No fear. Schocken tut mich wenig und ich bin ein Freund von Offenheit.

Er hörte weiter Punk und Oi! und irgendwann machte es dann klick. Er verließ die Neonazi-Szene und begann noch mal von vorne, zog nach München und widmete sich wieder den Wurzeln des Punks. Punk sei eine Art zu leben, betont er. Musik, Konzerte, langjährige Freundschaften. Die Szene hat einen bestimmten Ruf. Klischees werden bedient und die Leute bleiben größtenteils unter sich. »Also hat man als Punk nur Punkfreunde?«, frage ich Master Brille.

»Mir persönlich ist es egal, was jemand für Musik hört, ich entscheide nicht nach der Musik, ob ich jemanden mag oder nicht. Aber es ist auch klar, dass man durch den Musikgeschmack und durch den Freundeskreis vorwiegend mit einer bestimmten Gruppe von Leuten zu tun hat. Passiert ja schon durch solche Sachen wie Facebook und Co: Man hört einen Song bei einem Bekannten auf dem Profil und findet das gut, will die Band live erleben und beim nächsten Konzert lernt man dann auch die Leute aus dem Umfeld kennen. Ich habe, denke ich, zu 90 Prozent Freunde und Bekannte aus dem Punkbereich, kenne aber auch Leute, und da sind enge Freunde dabei, die damit gar nichts zu tun haben. Viele entwickeln sich auch weiter, beginnen vielleicht als Punk und gehen jetzt gern zu einem Musical oder in die Oper.«

Also, von der Gattung habe *ich* noch keinen kennengelernt. Ich mag Master Brille. Seine Offenheit und Ehrlichkeit und natürlich seine Bereitschaft, mir auf alle Fragen Rede und Antwort zu stehen.

In der Zwischenzeit ist das Geschrei auf der Bühne immer lauter geworden, man versteht sein eigenes Wort nicht mehr. Ich verabschiede mich von Master Brille. Getrunken habe ich genug, eine Portion Pommes hat ebenfalls den Weg in meinen Magen gefunden, also wird es Zeit, Kontakt mit den Festivalbesuchern selbst aufzunehmen. Wenn man eine Kamera dabeihat, ist das relativ einfach. Man geht hin, fragt, ob man ein Bild machen darf, und dann kommt man schon irgendwie ins Gespräch.

So unterhalte ich mich also am Eingang mit ein paar Punkladys über die Plateauabsätze ihrer neuen Stiefel und darüber, dass Band-T-Shirts immer zu kurz sind, sodass man noch ein T-Shirt darunterziehen muss, um nicht bauchfrei gehen zu müssen.

Übrigens: Ich habe einer der Punkladys versprochen, dass ich in meiner Berichterstattung an die Industrie appellieren werde, doch bitte die T-Shirts von Punkbands für Frauen ein Stück länger zu designen. Appell also wie folgt: »Liebe Produktionsfirmen, bitte spart nicht an der Länge der T-Shirts. Die vier Zentimeter müssen doch noch drin sein für eure Fans! Denkt an die Gesundheit der Frauen: Wenn die halbe Niere rausschaut und es ist so ein kühler Tag wie heute, dann kann das eine Nierenbeckenentzündung zur Folge haben. Also, Shirts bitte länger machen!«

Als ich gerade an der Garderobe stehe, ein guter Ort, um Kontakt mit dem Volk aufzunehmen, da man nur dumm rumstehen und warten muss und es außerdem nicht so laut ist, spüre ich zwei Männerarme, die sich von hinten um meinen Oberkörper schlingen. Ich erkenne ein brennendes Skelett auf dem Unterarm, der sich um meinen Hals schlingt. Mein Puls erhöht sich schlagartig. Ich spüre den Atem des Fremden.

Was macht dieser Männerarm da um meinen Hals? Ich kann mich nicht daran erinnern, wann ich einem fremden Mann das letzte Mal so nah war, und muss sofort an Paul denken. Die zum Unterarm gehörende Hand streichelt mir zärtlich über die Wange.

»I hob di lieb«, flüstert mir eine tiefe Stimme in astreinem Bayerisch in mein

Ohr. Nun habe ich den Kopf des Fremden auf meiner Schulter und sein Iro sticht mir in mein rechtes Auge. »I bin so alloin«, sagt der Fremde und drückt mich noch einmal fest an sich ran. Ein spargeldünner Zwei-Meter-Punk in voller Nieten- und Kettenmontur hat mich liebevoll in seine Arme geschlossen.

So war das aber nicht geplant. Das Sonderling-Image fand ich eigentlich ganz gut. Anders aussehen, nicht angepasst sein und mit meinem Notizbuch ein bisschen intellektuell wirken. Ich habe kein Interesse daran, es gegen die Rolle als Mutter Theresa einzutauschen und einem einsamen, auf irgendwelchen Liebesdrogen hängen gebliebenen Punk die Nieten zu liebkosen.

»Hey, du bist doch gar nicht allein«, versichere ich ihm, befreie mich aus dem Würgegriff, streichle ihm einmal mütterlich über die Wange und schubse ihn ein Stück Richtung Punklady: »Schau mal, das ist Insa.« Und schon öffnet er seine liebeshungrigen Arme, um Insa damit zu umschließen. Die wirft mir einen enttäuschten Blick zu. Wir sind schließlich in den letzten zehn Minuten beste Freundinnen geworden und jetzt falle ich ihr in den Rücken, indem ich sie in die Arme dieses Irren dränge. Man soll gehen, wenn es am schönsten ist, und das ist genau jetzt!

Ich werfe einen letzten Blick auf die Tanzfläche. Dort ist die Pogoparty in vollem Gange. Es hat sich ein freier Kreis vor der Bühne gebildet, in dem hysterisch abgespackt wird. Man schubst sich gegenseitig mit voller Wucht, knallt gegeneinander und taumelt benommen umher. Kaum liegt einer am Boden, bleiben alle stehen, helfen ihm auf und weiter geht es. Pogen. Das soll einer verstehen. Na, wenn es Spaß macht. Der Weg zum Ausgang ist mühevoll. Mit jedem Schritt bleibe ich kurz mit meinen Stoffschuhen am Boden kleben, der sich, einmal mit Bier geflutet, jetzt wie eine klebrige Fliegenfalle anfühlt.

Manche werden bestimmt noch bis morgen Mittag hier hängenbleiben. Ich finde den Weg nach Hause auch ohne Geleit.

»ICH WILL KEINEN GOTT« – PUNK & DISORDERLY

Christine, freust du dich auf dein nächstes Festival? – Nein, irgendwie nicht. Ich gehöre einfach nicht dazu. Aber ich gebe mir Mühe, mich wenigstens optisch anzupassen …

Selbstbewusst komme ich an der Warschauer Straße an. Heimspiel. Ich bin in Berlin, nur fünf Minuten ist das heutige Festival, das auf dem ehemaligen RAW-Gelände in der Revaler Straße stattfindet, von meiner Wohnungstür entfernt. Punk and Disorderly. Diesmal bin ich gut vorbereitet. Ich habe versucht, mich anzupassen, zumindest optisch.

Es war ein hartes Kopf-an-Kopf-Rennen zwischen Netzstrumpfhose unter Rüschenminirock und Lederröhre. Es wurde die Lederhose, nicht nur wegen der Temperaturen, die sich um die zehn Grad bewegen, sondern auch wegen der Funktionalität. An der Lederhose prallt alles ab. Nieten, Schweiß und vor allem Bier, welches ja immer wieder den Weg in den Rachen verfehlt und stattdessen auf Klamotten und Haaren landet. Ich habe vom Pogorausch gelernt. Da bin ich nach fünf Stunden mit triefend nassen Stoffschuhen und getränkter Jeans nach Hause gelaufen und habe gestunken wie ein Alkoholfass – nach einer derben Mischung aus Bier, Jägermeister und Asbach-Cola.

Zu der Lederhose trage ich wieder meine weinrote Jacke. Darunter einen Push-up-BH, den dicksten, den ich in der Wäschekiste gefunden habe. Das habe ich auch schon gelernt. Push-ups sind super, die geben dem zarten und verletzlichen Gewebe Schutz vor gemeinen Ellenbogen. So ein Festival ist schließlich kein Spielplatz, sondern eher eine Nahkampfzone.

Ich bin ganz euphorisch bei meinem Styling. Ich überlege ernsthaft, ob ich nicht auch noch in den Gothicladen gegenüber meiner Wohnung gehen soll, um mir ein paar Netzhandschuhe zu kaufen. Oder ein nettes Eau de Parfum, »Drachenblut« oder »Alt romanischer Weihrauch«, ohne Patchouli. Das geht bestimmt auch mal für das Punkrock-Ding und würde ein bisschen frischen Wind in den Muff bringen.

Am Ende schminke ich mich einfach schwarz. Tiefschwarzer Eyeliner, rabenschwarzer Lidschatten, kohlschwarze Wimperntusche. Dazu pinke Lippen. Irgendwie muss man ja polarisieren und das Pink beißt sich so schön mit dem Weinrot der Jacke. Dann ziehe ich mir im Bad noch einen extremen Seitenscheitel und kämme eine Seite streng nach hinten, womit ich fast die Optik eines Sidecuts erziele, den wiederum ich zu guter Letzt noch mit Lebensmittelfarbe rot färbe. Das artet hier ja richtig aus. Eigentlich hätte ich mal auf Youtube schauen sollen. Da gibt es doch bestimmt ein Schmink-Tutorial »Professionelle Tipps für ein Punk-Make-up«.

Das hätte aber auch nichts gebracht, denn was sich bei meiner Ankunft an der Warschauer Straße schnell herausstellt, ist, dass hier ein ganz anderes Styling-Kaliber herrscht. In München hätte ich mit dem Outfit vielleicht als »dazugehörig« durchgehen können, hier – keine Chance. Underdressed von Kopf bis Fuß! Ich sehe aus wie ein armseliges Abziehbild aus den 80ern. Na toll, Selbstbewusstsein erst mal im Arsch.

Dabei habe ich mich extra von meinen Facebook-Freunden beraten lassen, wie man sich für ein Punkrock-Festival passend anzieht. Die einheitliche Antwort: Dresscode »Bier«. Nicht gerade hilfreich, aber doch mit einem sehr wahren Kern. Das Bier gehört zum Punk wie der Hut zu Ascot. Das habe ich schon in München zu spüren bekommen. Neben Haarspray für den Iro wird am meisten in Bier investiert.

Auch hier wird eifrig Becks, Jelen, Kulmbacher oder das gute 80-Cent-Sternburger vom Späti um die Ecke gekippt. Nur einer ist mehr an den Behältnissen als am Getränk interessiert, der Flaschensammler Ole. Der ist mir schon, als ich ankam, aufgefallen: Er ist der Einzige, der nicht wie angewurzelt in einem der kleinen Grüppchen im Innenhof herumsteht, er wuselt herum.

Flink und aufmerksam. Keine Flasche geht ihm durch die Lappen. Jeden Flaschenhals entdeckt er unter Bänken und Tischen. Mit leicht zusammengekniffenen Augen wandert er durch die bunte Menge. Sieht er eine einsam herumstehende leere Flasche, sammelt er sie ein und legt sie in seine gelbe Nettotüte. Die aus extrastarkem, reißfestem Plastik. Wenn die leere Flasche bei ihrem Besitzer steht, fragt er höflich, ob er sie mitnehmen darf.

»Tschuldigung, gehören Sie hier dazu?«, frage ich ihn, als er meine Flasche vom Boden aufhebt.

»Nein, ich bin allein hier.«

»Also sozusagen selbstständiger Flaschensammler?«

»Ja. So können Sie mich nennen.« Er lacht.

»Läuft Ihr Geschäft heute gut?«

»Ja, heute läuft's super. Gute Veranstaltung. Punks trinken immer viel Bier, das macht viele Flaschen. Und das Wetter ist gut. Darauf kommt es auch an. Bei schlechtem Wetter wird kein Bier draußen getrunken. Da gehen alle gleich rein.«

»Und bei welchen Veranstaltungen läuft es gar nicht gut?«

»Alles für Leute über 50 und so Kulturzeugs. Da wird wenig getrunken.«

»Na, dann ist ja heute Ihr Glückstag«, lächle ich ihn an.

Er ist ein großer Mann um die 40. Geht bei seiner Größe bestimmt aufs Kreuz, sich so oft zu bücken. Er hat graues Haar und einen Schnauzer. Seine Arbeitskleidung besteht aus einem grauen Troyer und Handschuhen. Richtige Arbeiterhandschuhe sind das, aus Kevlar-Strickgewebe. Damit kenn ich mich aus.

»Wie oft sind Sie denn hier?«, will ich noch wissen.

»Ach, so einmal die Woche.«

»Und wie viel verdienen Sie heute Abend?«

»Kommt drauf an, kann ich noch nicht sagen.«

»Ach, kommen Sie, so ungefähr? Das können Sie doch schätzen.«

»Ein Gentleman schweigt und genießt.« Er grinst und geht weiter. Die Arbeit ruft, neben uns hat gerade wieder jemand eine leere Flasche auf dem Boden abgestellt.

Ich verstehe. Er verweigert die Aussage. Vielleicht hat er Angst, dass ich auch bald herkomme und Flaschen sammle, wenn er mir verrät, wie lukrativ so ein Abend ist.

»Na dann, viel Erfolg«, rufe ich ihm noch hinterher.

Ole trägt seine Beute zu vier Einkaufswagen, die in Reih und Glied neben dem Eingang aufgestellt sind. Er stapelt die Flaschen, systematisch nach Größe sortiert, flach auf den Boden der Wagen, um diese, sobald sie voll sind, zum nächsten Getränkemarkt zu schieben.

Ich fange jetzt auch an zu sammeln. Eigentlich wollte ich heute rausfinden, wie viele Sozialempfänger ich bei dieser Veranstaltung finde, aber irgendwie ist mir das zu gefährlich. Und wie ich gerade gelernt habe, spricht man ja nicht über Geld. Aber irgendwie hätte es mich schon interessiert.

*

Nach der Taschenkontrolle und einem gründlichen Bodycheck bin ich endlich drin. Die Stimmung ist gut. Der Pegel wurde schon vorab auf ein Grundlevel gehoben und jetzt geht's weiter. Heute Fassbier für drei und Pfefferminzschnaps für einen Euro. Weißwein steht zwar auf der Karte, ist aber im Kühlschrank unauffindbar, als ich versuche, ihn zu bestellen. So muss ich mit Bier vorliebnehmen. Zum Bier kann man sich eine heiße Waffel mit Kirschen holen oder Knoblauchbrot, dessen Geruch sich beim Grölen vor der Bühne wunderbar mit dem von kaltem Rauch und Männerschweiß mischt. »Absolutes Rauchverbot« steht an der Eingangstür, aber das interessiert natürlich keinen. Der Punk ist ein Rebell, der hält sich doch nicht an irgendein Rauchverbot. Aber er zahlt brav seine Toilettenflatrate.

Denn nicht nur Ole hat ein Geschäftsmodell gefunden, sondern auch der Herr, der im weißen Kittel über die Toiletten wacht. Er sitzt breitbeinig in seinem barocken Sessel, mit einem Krönchen auf dem Kopf, und preist sein unschlagbares Angebot an: Flatratepinkeln für 50 Cent! Nach der Bezahlung gibt es einen Stempel auf die Hand, mit dem man so oft aufs Klo gehen darf, wie man möchte, und für die Damen gibt es obendrauf ein bisschen Toilettenpapier.

Die Musik wird mit der Zeit immer lauter. »Ich will keinen Gott«, brüllt der Sänger von OHL auf der Bühne. OHL steht für »Oberste Heeresleitung«. Danach singen sie ihren Song *Spionage*. Ich bin auch ein kleiner Spion, der nur hier ist, um herauszufinden, was so abgeht. Das habe ich nun getan und kann nach Hause gehen. Kräfte schonen. Schlafen. Ich trinke mein süffiges Bier aus, knalle mit einem pogenden Headbanger zusammen und torkle Richtung Ausgang. Irgendwie kann ich diesen ganzen Haufen nicht so recht ernst nehmen, aber auf ihre Art und Weise machen die Menschen hier bestimmt alles richtig.

*

Ich verlasse den Hochsicherheitstrakt und treffe ein letztes Mal auf Ole. »Na, läuft's gut?«, erkundige ich mich. »Ja, ja. Gut, gut! Trinken viel. Gehen Sie schon nach Hause?«

»Ja, es wird Zeit.«

»Sie sind auch beruflich hier, oder?«

»Ja, wieso?«

»Ach, merkt man. Sie sehen so anders aus.« So anders? Ich habe mir doch so viel Mühe gegeben und mich in eine Lederhose gepresst, komisches pinkes Zeug auf meine Lippen und in mein Haar geschmiert und mir einen Pseudo-Sidecut frisiert! Ich hätte mir doch noch das Fake-Piercing aus der *Wendy* in die Nase stecken sollen, das ich seit zwölf Jahren in meinem Schmuckkästchen aufbewahre. »Ja, stimmt. Da haben Sie recht.«

»Viel Glück noch!«

»Danke. Ihnen auch.«

»FICK DICH INS KNIE, MELANCHOLIE!« – ZERMATT UNPLUGGED

Christine, freust du dich auf dein nächstes Festival? – Ich glaube, das wird ziemlich irre! Abendessen mit Amy Macdonald, Konzert in 2.500 Metern Höhe und dann noch das Matterhorn vor der Tür.

Ich möchte alles. Das XXL-Menü mit großer Cola, Pommes, Mayo und Ketchup, extra Käse und dem Gratisglas. Und am besten noch danebenstehen, wenn es zubereitet wird. Nicht nur die verschiedensten Festivals mit den unterschiedlichsten Musikrichtungen will ich besuchen, ich will hinter die Kulissen schauen!

Als Besucher kommt man an, denkt sich »Wow, Party, Party, Party«, aber wie es einen Tag davor noch zugeht, was im Backstage so passiert und wie die Security oder die Barfrau den ganzen Wahnsinn wahrnehmen, davon bekommt man normalerweise nichts mit. Ich verfolge zielstrebig meinen Plan, auf jedem Festival eine interessante Person zu treffen, die mir ihre Sicht der Dinge erklärt. Auf meiner Wunschliste der Personen, die ich gern noch treffen möchte, stehen: der DJ, der Dealer, der Druffi, der Dixikloreiniger, der Sanitäter und der Fotograf.

Für das Zermatt Unplugged Festival ist meine auserkorene Person Gerrit Starczewski, der Fotograf. Helge, die Pressesprecherin vom Zermatt Unplugged, findet das aber nicht so gut:

»Liebe Christine, dass du Gerrit begleiten möchtest, finde ich zu introspektiv. Gerrit wird backstage gehen können, da kannst du dann nicht folgen. Auch in dem Hotel, in dem er sein Zimmer hat, gilt es, vorsichtig zu sein, denn Zermatt hat VIP-Gäste und wenn irgendjemand denkt, da läuft jemand paparazzimäßig herum, ist es in vielerlei Hinsicht aus und es gibt Ärger.

Und Zermatt Unplugged hat REIN GAR NICHTS mit Woodstock und Zelten und Ekstase zu tun, sondern ist ein VIP-Festival im 21. Jahrhundert.

Liebe Grüße,

Helge«

Ich habe noch nie zuvor von der Existenz von »Zermatt Unplugged« gehört. Ich habe einen Link von Gerrit bekommen mit den eindringlichen Worten »Da *musst* du hin«. Toll soll es sein. Atemberaubend schön und unvergesslich. Ich musste erst einmal googeln, wo Zermatt liegt. Ach, siehe da, in der Schweiz, vor den Bergen, am Fuß des Matterhorns. Jetzt habe ich Lust auf Toblerone. Die aus Vollmilch mit den weißen Gipfeln. Ich liebe Google. Drei Klicks und man ist ein bisschen schlauer, jedes Mal. Ist fast wie eine Droge. Dummheitserscheinungen – schnell eine Runde googeln und sich schlau fühlen.

Zurück zum Festival. Mir ist schon klar, warum das mit dem Zelten in Zermatt nichts wird. Durchschnittstemperatur im April: Drei Grad. Aber warum gibt es keine Ekstase? Und was ist ein VIP-Festival? Da kommt noch eine zweite Mail von Helge: »PS: Wer wäre dein Lieblingstischnachbar für den *Funky Kitchen Club?* (Ich hoffe, ich verspreche nicht zu viel)«

Online: bit.ly/IDY4UD

Nummer	Gästeliste Thomas	Gästeliste Heinz
1	Thomas Sterchi	Heinz Julen
2	Urs Leierer	Evelyne Julen
3	Paul Bettany	Gerold Biner
4	Jennifer Connelly	Sabine Biner
5	Ms. Lauryn Hill	Pirmin Zurbriggen
6	Begleitung Ms. Lauryn Hill	Moni Zurbriggen
7	Grégoire	Daniel Luggen
8	Begleitung Grégoire	Amy Macdonald
9	Chris de Burgh	Begleitung Amy Macdonald
10	Begleitung Chris de Burgh	

Mein Lieblingstischnachbar? Wie? Soll ich mit denen essen gehen? Mit Chris de Burgh und Amy Macdonald? Oder erlaubt sich Helge da einen kleinen Spaß? Und was ist der *Funky Kitchen Club*? Ich habe die Vorahnung, dass Zermatt irgendwie der Knaller wird.

1. KNALLER: ANREISE NACH ZERMATT

Die Anfahrt nach Zermatt ist ein Abenteuer für sich. Kaum zu glauben, dass ich fast genauso lange von Berlin in die Schweiz gebraucht habe wie von Frankfurt nach Florida. Los geht die Chose um 4 Uhr morgens. Der Wecker klingelt erbarmungslos: Aufstehen, schnell noch die Zahnbürste einpacken und ab zum Flughafen Schönefeld, von dem meine Maschine um 7 Uhr nach Köln losfliegt. Ich lande planmäßig um 8 Uhr und laufe im völligen Müdigkeitsdelirium einfach der Masse nach, die zielstrebig einem Schild mit der Aufschrift »DIRECT« folgt, bis mir plötzlich doch alles ein bisschen spanisch vorkommt.

Ich schaue noch einmal auf das Schild, das ich seit fünf Minuten ansteuere. Mist. Ich wollte doch zum direkten Weiterflug und nicht zum direkten Ausgang. Als mir das auffällt, ist es schon zu spät. Ich habe die erste Glastür Richtung »Direktausgang – Nur mit Handgepäck« passiert. Verdammter Mist. Mir wird ganz flau im Magen. Noch eine Tür und ich bin in Köln und kann meinen Anschlussflug vergessen. Also stürze ich mich, ohne lange nachzudenken, todesmutig durch die automatische Glasschiebetür zurück in den Flughafen. Error! Niemals eine Flughafentür in die falsche Richtung durchqueren. Sie wird versuchen, dich zu töten oder dir zumindest unvergessliche Schmerzen zuzuführen, sodass du es niemals wieder versuchst.

Die Glastür klemmt meine Hand ein und schrubbt ein paar Hautschichten von meinem Handrücken ab. Blut spritzt. Gleichzeitig ertönt eine schrille Sirene. Das ist ein bisschen viel für mich am frühen Morgen. Die anderen Passagiere schauen mich misstrauisch an. Entweder halten sie mich für völlig gaga, für betrunken oder für eine Terroristin. Ich habe Angst, dass jeden Moment irgendein Sicherheitskommando anrückt, um mich abzuführen. Dafür habe ich gerade wirklich keine Zeit. Also ziehe ich schön unauffällig die Hand aus der Tür, hinterlasse eine kleine Blutlache als Andenken und schleiche mich schnell Richtung Direktanschluss nach Zürich davon.

2. KNALLER: DINNER MIT FRIDA UND CHRIS

Dienstagabend, 18 Uhr. Das Festival wird offiziell eröffnet. Das Ganze gleicht dem feierlichen Ritual der Maibaumaufstellung. Nur dass man hier nicht eine Birke auf dem Dorfplatz aufstellt, sondern einen eigens gefertigten, überdimensional großen Kronleuchter, an dem neben Kristallen auch Geigen und Trompeten hängen, vom Hotel in das Hauptzelt des Festivalgeländes überführt. Dabei laufen die Künstler mit durchs Dorf und schauen wie gebannt auf den Kronleuchter, der mit einem Seil bis unter die Decke der Zeltbühne gezogen und dort befestigt wird.

Als der Leuchter endlich seinen Platz eingenommen hat, muss ich auch schon weiter. Denn um 20 Uhr ist es schon so weit. Der *Funky Kitchen Club*, zu dem mich Helge eingeladen hat, beginnt. Das Event, das mir schon den ganzen Tag weichen Stuhlgang beschert.

Ich hab mir Amy Macdonald oder Lauryn Hill als Sitznachbarn gewünscht. Am besten beide. Es ist nicht so, dass ich Schnappatmung bekomme, wenn eine bekannte Persönlichkeit vor mir sitzt. Eigentlich denke ich immer, dass das ja auch nur Menschen sind. So wie ich und du und all die anderen 7 Milliarden Menschen auf der Welt. Ich bin also absolut promiungeil. Aber da alle anderen so darauf abgehen, gehe ich einfach mal mit ab.

Aber ehrlich gesagt sind Amy und Lauryn neben Chris de Burgh die einzigen Personen auf der Liste, die ich wirklich kenne. Deswegen ist der erste Schritt, als ich im Hotel ankomme, Googeln. Ich liebe es. Innerhalb von zehn Minuten weiß ich alles. Thomas Sterchi – Festivaldirektor und Filmproduzent. Jennifer Connelly – Schauspielerin, Oscar-Preisträgerin und laut dem Magazin *People* einer der 50 schönsten Menschen. Urs Leierer – gehört zur Top 100 der Schweizer Kulturköpfe. Die gehören wohl alle in irgendwelche Listen. Dann gehöre ich eben zur Top 3 der Glückspilze des Abends.

Okay, Leute gegoogelt und Beruf plus ein, zwei interessante Fakten in mein Notizbuch geschrieben. Jetzt bleiben noch 40 Minuten für das Styling. Bei solch wichtigen Events werde ich so richtig zur Frau. Erstes Outfit: schwarzer Minirock mit Spitzenoberteil. Ich betrachte mich im Spiegel. Nein, zu dunkel, zu verspielt. Zweites Outfit: grünes COS-Kleid. Nein, zu sackig, zu unförmig. Man sieht ja im Fernsehen sowieso immer dicker aus – ach, das habe ich noch gar nicht erwähnt: Ich habe inzwischen herausgefunden, dass der *Funky Kitchen Club* eine Schweizer Kochsendung ist, die immer mittwochs um 20 Uhr auf dem Schweizer Pro7 läuft und in der TV-Koch René Schudel prominente Menschen bekocht, die dann ihr Statement zum Essen abgeben.

Drittes Outfit: Enges COS-Kleid. Schlicht, edel – gebongt! Jetzt muss nur noch mein Teint auch schlicht und edel aussehen. Der Tag in den Bergen ist nicht spurlos an mir vorbeigegangen. Ganz ehrlich, ich sehe aus wie nach einem Tag Ballermann ohne Sonnenschutz. Ich muss schon einiges an Concealer und Puder ins Gesicht hauen, um gesund und nicht beängstigend auszusehen.

Hoffentlich erkenne ich die Stars gleich alle. Ich kann mir nichts Peinlicheres vorstellen als: »Hello, I am Christine. And who are you?« Obwohl, vielleicht macht mich das auch wieder sympathisch? Was sage ich eigentlich, wenn mich jemand fragt, wer ich überhaupt bin? »Blogger«? Oder vielleicht einfach nur »Writer«. Oder »Author«? »And blogger and journalist.« Nein, lieber nicht Journalist. Sonst denken die, ich bin irgendwie paparazzimäßig unterwegs und das will ja hier keiner. Und dann reden die vielleicht auch gar nicht mit mir, weil sie denken, ich notiere mir alles heimlich in mein Notizbuch und verkaufe es an die BILD-Zeitung.

Es ist mittlerweile 19.30 Uhr. Um 19.45 Uhr will ich los, damit ich zehn Minuten vor Beginn da bin. Ich habe also noch genügend Zeit, um auf dem Balkon ein Zigarettchen zu rauchen. Sollte ich eigentlich nicht machen. Ich habe heute erst so wenig gegessen und dann steigt der Qualm direkt ins Großhirn und vernebelt da alles. Das ist bei mir mit dem Rauchen genauso wie mit dem Trinken. Das geht immer sofort ins Hirn und legt da ein paar Synapsen lahm.

Mensch, ich bin aber auch ganz schön nervös. Immer schön dran denken, es sind nur Menschen, nur Menschen. Menschen wie du und ich und die 7 Milliarden anderen auf der Welt. Menschen, die rein zufällig Oscarpreisträger, Genies, musikalische Wunderkinder, legendäre Popstars, Spitzensportler oder Multimillionäre sind.

Nach der Zigarette noch eine Schicht Lipgloss auftragen und schnell bei Facebook posten, dass ich gleich mit Amy und Lauryn zu Abend essen werde, freu! Ich muss unbedingt irgendwie schauen, dass ich ganz unpaparazzimäßig und ungroupiemäßig ein Beweisfoto machen kann. Sonst glaubt mir das ja kein Schwein. Sonst glaub ich das ja selbst nicht, wenn ich morgen aufwache.

Ich verlasse das Hotelzimmer und merke, dass ich ganz schön wackelig auf den Beinen bin, weiß aber nicht, ob es an der Aufregung liegt oder an den hohen Schuhen. Das Dinner ist glücklicherweise im Keller meines Hotels. Ich entscheide mich für die Treppe, um noch einmal richtig durchzuatmen. Als ich unten ankomme, stürzt sich Helge auf mich und fragt mich mit weit aufgerissenen Augen: »Christine, wo warst du?« Was? Wie, wo war ich? Ich bin doch hier.

»Das Dinner hat schon vor zwei Stunden angefangen!«

Waaaaaaaasssssssss?!

»Aber du hast doch 20 Uhr gesagt«, stottere ich mit zittriger Stimme.

»Nein! 18 Uhr! Vielleicht habe ich 8 mit 18 Uhr verwechselt.«

Ich kann nicht glauben, was ich da gerade höre. Ein Kellner mit einem kleinen filigranen Pudertörtchen und Fruchtgarnitur läuft an mir vorbei und stellt den Teller vor ABBA-Frida auf die weiß gedeckte Tafel. Die stand aber nicht auf der Liste.

Ich bin also wirklich zu spät, die Gäste schon beim Dessert und das Dinner zu Ende. Ich bin auch am Ende. Mein eben noch rotes Gesicht wird nun gorgonzolagrün, mir ist so schlecht, als hätte ich mir ein ganzes Stück des Käses in den Mund geschoben und auf ex runtergeschluckt. Das war die erste und letzte Chance meines Lebens, mit Amy Macdonald, ABBA-Frida und Chris de Burgh an einem Tisch zu sitzen.

Ich bleibe noch ein paar Minuten wie angewurzelt stehen, schaue auf die gedeckte Tafel und sehe die vielen glücklichen Menschen, bevor ich auf meinen Absätzen umdrehe und mit noch wackligeren Beinen als zuvor die Treppe wieder hoch gehe. Ich muss an das Matterhorn denken. Ich würde mich jetzt gern von ganz oben runterstürzen.

3. KNALLER: KRIMINELLE HANDLUNGEN

Es war einmal in Zermatt ... Das Dorf ist die ideale Kulisse für Märchen, egal ob mit gutem oder bösem Ende, ein Ort der unbegrenzten Möglichkeiten. Jetzt weiß ich auch, wie das mit dem VIP-Festival gemeint ist: Frida von ABBA läuft hier im Dorf rum, Clueso fährt mit der Kutsche vorbei und beim Bäcker lerne ich noch eben den Tourmanager von Amy Macdonald kennen. Er fragt mich, was ich da mache, als ich gerade mit meiner Kamera vor der Fensterscheibe des Bäckers knie. »Na, ein Brot filmen.« Das findet er wohl sehr erbärmlich und schreibt mich aus Mitleid auf die Gästeliste für das ausverkaufte Konzert.

Nach dieser Begegnung nehme ich die Seilbahn, um mir den Auftritt »meiner Jungs« in 2.580 Metern Höhe anzuschauen.

Die Jungs habe ich während des zweiten Teils meiner Anreise kennengelernt. Helge hatte arrangiert, dass mich die Schweizer Pop/Rap-Band Dabu Fantastic von Zürich aus in ihrem Tourbus nach Zermatt mitnimmt. Ich suchte mir also ein Plätzchen zwischen Kontrabass und Schlagzeug und dann ging die Reise erst richtig los: Durch Walliser Dörfer auf die Hochebene, dann mit dem Auto auf den Autozug und danach durch weitere Dörfer und über Serpentinen, bis wir kurz vor Zermatt waren.

Dort mussten wir den Tourbus an der Tankstelle stehen lassen, denn Zermatt ist autofrei. Also alles vom Tourbus in einen Van, mit dem Van bis zum Ortseingang,

und dann alles vom Van in zwei Elektroautos.

Nachdem ich fünf Stunden mit ihnen verbracht hatte, wollte ich natürlich wissen, wie Dabu Fantastic auf der Bühne so sind. Und nun stehe ich vor der Blue-Lounge-Bühne in 2.580 Metern Höhe, mit strahlend blauem Himmel und mit dem Matterhorn im Hintergrund. Ich verstehe wie immer nicht viel von den Songtexten, weil sie auf Schwyzerdütsch sind, aber sie sehen richtig gut aus, die Jungs, in dieser idyllischen Bergkulisse! Alle sind begeistert. Für die Engländer singen sie *Coffee to go*, für die Deutschen Gisbert zu Knyphausens *Fick dich ins Knie, Melancholie!*

*

Inzwischen ist es Abend. Ich sitze mit dem Fotografen Gerrit in einem kleinen Club irgendwo im Dorf und trinke einen Absacker. Wenn ich schon nicht herausgefunden habe, wie er arbeitet, dann wenigstens, wie er trinkt. Die Stimmung ist okay, wenn man den schweren Schicksalsschlag berücksichtigt, der mir gestern widerfahren ist. Ich habe meiner Wut und Traurigkeit gekonnt den Stinkefinger gezeigt und bin stattdessen mit der Gute-Laune-Welle davongerauscht.

Gerrit erzählt mir was. Ich versuche echt, ihm zuzuhören, aber es ist so schrecklich laut hier und so schrecklich viel los und mein Blick schweift immer wieder durch den Raum. Ich beobachte Grüppchen beim Tanzen, Pärchen beim Knutschen und sehe plötzlich eine befremdlich bekannte Gestalt durch die Tür gehen. Eine circa 1,65 Meter große, dunkelhäutige Frau mit kurzem Kraushaar.

»Ey«, ich packe Gerrit am Arm, »sag mal, das ist doch Lauryn Hill!« Gerrit dreht sich um und ist genauso erstaunt wie ich. Es passiert ja schließlich nicht jeden Tag, dass man einen Kräuterschnaps trinkt und Lauryn Hill den Raum betritt.

»Was macht die denn hier?«, wundere ich mich.

»Scheiße, hast du deine Kamera dabei?«, will Gerrit wissen.

Seit ich mir die Kamera vor drei Monaten gekauft habe, ist sie zu meinem Arschfortsatz geworden. Ich trage sie immer bei mir. Einmal schräg um den Hals gelegt, liegt sie auf meiner rechten Pobacke und wippt dort mit jedem Schritt, den ich durchs Leben mache, mit und ist immer einsatzbereit. Wirklich immer und überall ist sie dabei. Doch genau heute und genau jetzt, zum ersten Mal seit meiner Ankunft in Zermatt, habe ich sie nicht dabei.

»Nein.«

»Dann lass mal rennen. Ich habe meine auch nicht dabei.« Gerrit packt mich am Unterarm und schleift mich aus dem Club.

Zermatt ist winzig, aber natürlich liegt das Hotel genau am anderen Ende des Dorfes. Ich hechle und keuche hinter Gerrit her, der rennt, als ginge es hier um Leben und Tod. Schon nach 30 Sekunden Sprint bin ich fix und fertig und sehne mir ein Elektrotaxi oder ein herrenloses Fahrrad herbei. Im Hotel angekommen, rennen wir mit letzter Kraft die Treppen hoch und ho-

len unsere Kameras aus den Zimmern. Völlig außer Atem kommen wir gleichzeitig wieder unten an, stehen da und können nicht mehr. Ich muss unbedingt wieder ein bisschen Sport machen.

Gerade, als ich mir sicher bin, dass mein Herz gleich aus meinem Brustkorb hüpft, und Gerrit seines schon auf der Straße sucht, haben wir eine göttliche Erscheinung: Da steht mitten auf der Straße vor dem Hotel ein Fahrrad. Ein herrenloses Fahrrad, das Schloss um den Lenker gewickelt. Nirgends angeschlossen. Mutterseelenallein. Nur auf uns wartend. Und wenn mich nicht alles täuscht, höre ich eine Stimme, die mir leise zuflüstert: »Nimm mich.« Fehlt nur noch der helle Schein vom Himmel und das Ganze hätte wirklich eine überirdische Anmutung.

»Hopp, wir leihen uns das Rad«, schlägt Gerrit vor.

Ich überlege kurz.

»Das ist nicht Leihen, das ist Klauen«, wende ich dann ein.

»Wir stellen es ja wieder zurück. Später.«

»Ich weiß nicht.« Soll ich schon beim siebten Festival kriminell werden und Fahrräder klauen?

»Jetzt setz dich hinten drauf.«

Gerrit hat sich schon auf den Sattel geschwungen.

»Das ist kriminell«, möchte ich noch einmal kurz klarstellen.

»Ich nehme jetzt das Rad, und wenn du dich nicht draufsetzt, dann fahr ich halt ohne dich. Ich brauche diese Fotos

von Lauryn Hill.« Gerrit ist als Fotograf eigentlich spezialisiert auf die Schuhe von Rockstars, aber für das Zermatt Unplugged Festival wurde er angestellt, um die Künstler zu porträtieren und die Gigs zu dokumentieren.

»Okay.« Ich schwinge mich auf den Gepäckträger und wir düsen durch Zermatt. Als wir wieder in den Club hineinstolpern, betritt Lauryn gerade die Bühne und spielt ein paar Lieder. So spontan und unverhofft, dass jedem im Raum die Kinnlade runterfällt. Gerrit hält mit seiner Kamera voll drauf, während ich feststellen muss, dass ich in der ganzen Eile vergessen habe, meinen Akku aus der Ladestation zu nehmen …

Ich muss an meine Jungs denken und an den einzig verständlichen Satz ihres Auftritts von heute Morgen: »Fick dich ins Knie, Melancholie!« Genau, fick dich doppelt und dreifach ins Knie, du scheiß Melancholie!

*

PS: Wie sich herausstellte, gehörte das Fahrrad der Putzfrau des Hotels. Als sie uns damit wegfahren sah, wollte sie erst die Polizei rufen. Dann aber überwog ihr Glaube an das Gute im Menschen und sie beschloss, davon auszugehen, dass es sich um einen Notfall-Diebstahl handelte. Wir haben ihr das Fahrrad dann auch wieder zurückgestellt, mit einem Blümchen am Lenker. Das Blümchen haben wir aus einem Vorgarten geklaut.

»FEARLESS ON MY BREATH« – SOUND:FRAME

Online: bit.ly/IpXKGo

Christine, freust du dich auf dein nächstes Festival? – Geht es schon weiter? Ich muss doch erst mal Zermatt verarbeiten. Das war zu viel in den paar Tagen …

Ich stehe in einem Museum und stiere apathisch auf eine 15 Meter lange und drei Meter breite Leinwand, auf der ein Bananenmännchen mit seinem Hinterteil wackelt. Dazu wummert elektronische Musik durch den Raum und massiert sanft meine inneren Organe. Tatsächlich fühle ich die Musik mehr, als ich sie hören kann, denn seit dem Clueso-Konzert in Zermatt steckt ein Taschentuchfetzen in meinem linken Ohr fest. Wieder etwas gelernt.

Überhaupt war Zermatt das Mekka der Weisheit: 1. Geh niemals rückwärts durch eine Flughafentür. 2. Erkundige dich immer zweimal nach der richtigen Uhrzeit. 3. Steck dir keine Taschentücher als Ohropax-Ersatz in den Gehörgang, sie verschwinden darin und knistern bei jeder Bewegung wie Kaminfeuer.

Luft bekomme ich im Übrigen auch keine. Nase zu, voller Rotz. Ich glaube wirklich, ich bekomme eine Lungenentzündung. Ich zittere so komisch, während mir der Schweiß von der Stirn tropft. Zermatt hat mir neben dem Taschentuch im Ohr also noch ein weiteres Andenken mit auf den Weg gegeben.

Da stehe ich nun, auf dem sound:frame, einem Festival für audiovisuelle Kunst, inmitten der versammelten Hipster-Community der österreichischen Hauptstadt und fühle mich wie tote 70. Mir fehlen ungefähr 200 Kilowatt Lebensenergie. Vielleicht haben die Leute doch recht. Wie oft habe ich in der letzten Zeit gehört, dass ich nach meinem 40-Festivals-Projekt zehn Jahre älter aussehen werde, wie ein Stück

Dörrobst oder eine verhutzelte Bratwurst, mit tiefen Furchen unter den Augen. Aber dass ich mich schon nach sieben Festivals 40 Jahre älter fühle, das hat mir niemand prophezeit. Aber wahrscheinlich muss ich mich einfach noch eingrooven, dann flutscht das alles besser, ganz bestimmt.

Jetzt sind da überall Augen auf der Leinwand, die mit ihren Wimpern klimpern, außerdem ein fettes Männchen, das Gewichte hebt. An einem langen Tisch vor der Leinwand zappeln zwei VJs hinter ihren Laptops rum und tippen im Takt zur Musik darauf ein. Soll wohl Tanzen sein. Vielleicht haben sie aber auch einen epileptischen Anfall, so wie die sich winden. Das ist hier manchmal schwer zu unterscheiden. Am Eingang wurde schließlich gewarnt: »Achtung. Aufgrund einiger der verwendeten visuellen Effekte kann es bei manchen Personen zu Reaktionen wie epileptischen Anfällen oder Bewusstseinsstörungen kommen. Falls Sie oder ein Mitglied Ihrer Familie heftig reagieren sollten, holen Sie bitte ärztlichen Rat ein.«

Wäre ja witzig, wenn sich der VJ mit seinen eigenen Visuals ausknocken würde. Aber ich glaube, der ist einfach nur gerade voll in seinem Element, gepaart mit ein bisschen ADHS und vielleicht auch MDMA. Ein bisschen mehr Leben im Körper würde mir auch ganz guttun. Ich fühle mich wie ein toter Elvis. Kann meinen Weißen Gespritzten im Plastikbecher kaum halten. Dabei ist das hier alles hochintellektuell, die ganze Veranstaltung. Mit Message und Diskurs und so.

Themen wie Kulturökonomie, Positionierung im Kunstkontext oder Nachhaltigkeit werden in Hinblick auf das System »Festival« geprüft und im Rahmen von Ausstellung, Conference

und Rahmenprogramm zur Diskussion gestellt. Ökonomische, künstlerische, wie gesellschaftliche und ökologische Rahmenbedingungen werden aufgezeigt. Ein interner Blick des sound:frame Festivals sowie der Community wird dabei mit Betrachtungsweisen und übergreifenden Expertisen verwandter und scheinbar entfernter Disziplinen geschärft.[1]

Wenn das jetzt jemand beim ersten Lesen verstanden hat, ziehe ich den Hut und küsse ihm vor Ehrfurcht die Füße. Das ist mir alles viel zu hoch. Das kommt gar nicht bis in mein Gehirnstübchen, sondern bleibt irgendwo im Aufzug auf der Höhe der Nebenhöhlen im Schleim stecken. Das Einzige, was ich gerade analysieren kann, ist mein Zustand, der sich zwischen bedenklich und grenzwertig bewegt.

Sechs Wochen, sechs Festivals. Neun Mal ein Flugzeug betreten und 19 Mal innerlich gestorben, nämlich immer kurz vor dem Start beziehungsweise der Landung der Maschine und dann noch einmal vor ein paar Tagen, nachts in Zermatt.

Ich weiß immer noch nicht, was das war. Ich stand fünf Meter entfernt von der Büh-ne, auf der Newton Faulkner gerade *Teardrop* in das Mikrofon hauchte, und da fing es an. Volles Programm. Gliederschmerzen und Schweißausbrüche. Ich habe gezittert wie Espenlaub. Nach 20 Minuten musste ich gehen und mich ins Bett legen.

Entweder hat mir die Sonne auf 2.580 Metern das Hirn verbrannt oder ein fieser Virus liefert sich gerade eine Schlacht mit meinen Antikörpern. Jedenfalls kämpft da irgendetwas in Form von Schüttelfrost und Hitzewallung in mir drin und hat eine braune Schlammschlachtschicht auf meinen Bronchien hinterlassen.

Ich frage mich, wie ich da so entkräftet stehe, ob das Ganze nicht eine Nummer zu groß für mich ist. Dieses ganze Projekt. Bin ja schließlich nicht Superwoman, auch wenn ich es manchmal gern wäre. Aber 40 Festivals in 40 Wochen, verteilt über die ganze Welt – das ist schon heftig deftig. Ich beruhige mich schnell mit dem Gedanken, dass es mein letztes Abenteuer sein wird. Noch einmal! Wenn das vorbei ist, werde ich Kassiererin bei Aldi oder Backwarenverkäuferin. Dann dürfen die anderen mal ran. Dann backe ich Brot und ziehe Budweiser über den Scanner, damit

Ich möchte auf mein Leben zurückschauen und sagen können, ich habe gelebt und alles ausprobiert, was ich ausprobieren wollte, ohne Angst. Ich möchte nicht nur *ein* Leben, sondern 20, 30 Leben. Ich vergleiche es gern mit einer Tube Senf: Wenn das Leben eine Senftube wäre, dann würde ich sie bis aufs Letzte ausquetschen und dann noch aufschneiden, um den Rest aus den Ecken zu lecken, weil es so gut schmeckt. Ich will den Alltag gar nicht schön ruhig und ordentlich. Ich will lieber aufwachen und nicht wissen, wo ich bin, statt immer das Gleiche zu sehen. Chaos und Verwirrung und leben, leben, leben! Das passiert mir zur Zeit oft, das mit dem Aufwachen und nicht wissen, wo ich bin.

Ich sehe ein helles Licht am Ende des Tunnels, eine Hand, die sich auf mich zu bewegt und mich mit dem Zeigefinger lockt. Alles ist so warm und weich und hell. Ist es schon Zeit zu sterben? Ach nee, ich glotze ja immer noch wie paralysiert auf die Leinwand mit den Visuals. Ach Paul, wo bist du nur? Ich vermisse dich.

Wir haben uns das letzte Mal beim Pogorausch Festival in München gesehen. Es ist Sonntag. Serienabend. Du schaust jetzt *Navy CSI* und dann *Criminal Minds* und wäre ich bei dir, würde ich mich wie immer aufregen, weil ich Fernsehen scheiße finde und stattdessen viel lieber mit dir *leben* würde. Draußen durch die Straßen spazieren und Eis essen, statt dieses Piff-Paff-Puff-Zeugs anzuschauen, das du so magst.

Ich möchte jetzt auf deinem Schoß liegen, mit meinen wärmsten Wollsocken an den Füßen, und leise vor mich hin röcheln, während du mir die Haare hinter mein Ohr streichst und mir die Nase putzt. Aber du bist so weit weg und um mich herum sind überall diese gut aussehenden Hipstermänner, die sich für den »Diskurs von Substructionen« interessieren. Ich glaube, ich habe Bewusstseinsstörungen. Ich brauche ärztlichen Rat!

das Leben läuft, und die anderen dürfen sich selbst verwirklichen.

Eigentlich ist das ein ganz schön doofes Wort. »Selbstverwirklichung«. Wenn ich mich selbst erst verwirklichen muss, dann existiere ich ja vorher noch gar nicht. Und wo bin ich dann, wenn ich nicht existiere? Das sind schon wieder viel zu viele Gedanken.

Ehrlich gesagt glaube ich auch, das würde ich gar nicht schaffen, das mit Aldi und der Kasse und dem Brötchenbacken und so. Ich habe nämlich eine Neurose. Ich habe Angst, eines Tages aufzuwachen und alles verpasst zu haben, das Leben mit all seinen Chancen und Möglichkeiten. Man bekommt ja immer diese komische Lebensfrage gestellt: »Was willst du denn im Leben erreichen?« Ich muss dann immer erst einmal kurz nachdenken. Aber dann ist es eigentlich klar.

»EVEN THE BAD TIMES ARE GOOD« – SAINT LUCIA JAZZ

Christine, freust du dich auf dein nächstes Festival? – Fahr ich da jetzt wirklich hin?

Leide ich immer noch an einer Bewusstseinsstörung oder ist das wirklich wahr? Alles ging so schnell, dass mein Hirn es noch gar nicht aufgenommen und verarbeitet hat. Ich bin in der Karibik auf einer Insel namens Saint Lucia, von deren Existenz ich bis vor ein paar Wochen gar nichts wusste. Hierher treibt mich – natürlich – mal wieder ein Festival. »Einmal im Jahr hört man auf Saint Lucia überall Jazz«, berichtet John, mein Taxifahrer, während er schwungvoll in die Kurve einer Serpentine fährt, sodass sich mein Magen einmal umdreht. Frauen und Kinder sitzen auf Bänken vor kleinen Holzhütten. Ziegen stehen am Straßenrand und grasen, Hunde streunen über die Felder. Männer treffen sich zum Hahnenkampf.

Die Zeit für Jazz ist genau jetzt: in den ersten beiden Wochen im Mai. Dann liegt der Klang des Saxofons über der Insel und lockt zahlreiche Touristen auf das Jazz Festival. Wir fahren nach Vieux Fort zu Jazz in the South, eines von zahlreichen über die Insel verteilten Events. Ich gebe es zu, zum ersten Mal wäre ich lieber im Hotel geblieben, als zum Festival zu fahren. Nicht nur, weil mich Jazz melancholisch macht, sondern weil mein derzeitiges Zuhause das Paradies ist.

*

Ja, ich bin wirklich im Paradies, einem Paradies namens Jade Mountain, mit schwarzen Traumstränden aus Vulkansand, kristallklarem Wasser und Palmen überall. Ich müsste der glücklichste Mensch der Welt sein. Palmen, Sonne, Meer und Strand. Was will man mehr? Doch ich bin es nicht. Die karibische Sonne hat meinen Husten geheilt, dafür habe ich mir hier eine Art Herzschmerz eingefangen. Ich verstehe selbst nicht genau, warum ich so schwermütig bin.

Die erste Welle der Traurigkeit überkommt mich, als ich mittags im Infinity Pool plansche. Ich bin in einer Luxussuite untergebracht, mit Blick aufs Meer und zwei riesige Vulkanberge, die zum UNESCO-Weltnaturerbe gehören. Das kann man gar nicht beschreiben, das muss man sehen, so schön ist es hier. Vielleicht verkrafte ich so viel Schönheit, die ich mit niemandem teilen kann, einfach nicht. Alleine reisen ist normalerweise kein Problem für mich. Bei 90 Prozent aller Reisen freue ich mich, dass ich sie solo erlebe. Ich habe immer wieder diesen Nervenkitzel, bin stolz, wenn ich es allein schaffe und kann außerdem tun und lassen, was ich will.

Aber wenn es so unbeschreiblich schön ist wie auf Saint Lucia, möchte ich jeden Moment unmittelbar teilen, weil man ihn später einfach nicht in Worte fassen kann. Zumindest möchte ich allen zeigen, wo ich bin, in der Hoffnung, dass sie sich mit mir freuen. Denn eins ist sicher: Ich werde nie wieder hierherkommen können, einfach weil ich es mir nicht leisten kann. Außer ich heirate einen Scheich mit 600 Kamelen und zwei Millionen Hektar Wüste. Eine Nacht hier im Paradies kostet so viel, wie ich in einem Monat verdiene.

Bis jetzt konnte ich meine Inselerlebnisse über Facebook teilen. Doch hier bin ich total abgeschieden von der Welt – in einem

Resort, in dem es keinen Fernseher, kein Radio und natürlich auch keinen Internetempfang gibt, dafür grenzenlose Freiheit und Ruhe und viele glückliche Pärchen. Pärchen, die ihre Flitterwochen im Paradies verbringen. Die ganzen Turteltäubchen um mich herum, die aneinanderkleben und jede Nacht jede Menge lautstarken Spaß haben, verstärken das Gefühl von Einsamkeit, das sich mit Traurigkeit zu Herzschmerz vermengt. Wenn mich aus Nettigkeit doch einmal ein Herr anspricht, weil er sieht, dass ich die ganze Zeit allein rumhänge, wirft mir die dazugehörige Dame tödliche Blicke zu. Dabei tue ich niemandem etwas. Doch Singlefrauen scheinen im Flitterwochenparadies in etwa so willkommen zu sein wie Pest und Cholera auf einmal.

Allein den Strand entlanglaufen ist noch mühseliger, weil ständig irgendein Inselbewohner kommt und fragt, wie es mir geht und ob er mich mit dem Boot irgendwo hinfahren soll, ob ich mit ihm in den Sonnenuntergang reiten möchte oder gleich, ob ich ihn nicht heiraten will. Ich habe gehört, dass die Karibik für Frauen quasi das Gleiche ist wie Thailand für Männer. Allerdings habe ich ja ganz andere Intentionen.

Ich versuche, meine Stimmung aufzubessern, indem ich ein paar Nachrichten an liebe Freunde schreibe. Aber nicht so »mir geht's nicht so gut«, schluchz, jammer. Ich will gar nicht über mich reden, sondern wissen, wie es ihnen geht, mich vergewissern, dass es sie noch gibt und dass sie mich auch noch kennen. Ich schreibe Corinna und frage, ob sie sich den *Tatort* anschaut.

»Ne, habe noch Besuch«, schreibt sie zurück. Sonntags ist normalerweise bei ihr immer Dinner-und-*Tatort*-Abend. Es werden Freunde eingeladen, man kocht, trinkt Wein und redet. Meistens so lange, so viel und so gut, dass man den *Tatort* verpasst und ihn später nachträglich in der Mediathek anschaut. Ich schaue ihn immer nur nebenbei und verfolge die *Tatort*-Hashtags bei Twitter, was ein viel größerer Spaß ist als der *Tatort* selbst.

»Dann grüß mal alle lieb, falls ich jemanden kenne.«

»Ist nur noch eine Nachbarin da. Das ist so cool, die hat bei 45 verschiedenen Leuten gepennt, auch in 40 Wochen.«

Was man alles in 40 Wochen machen kann …

»Wow, aus Versehen?«

»Nein, Selbstfindung.«

»Aha. Und – gefunden?«

»Ja. Sie hat es auch gut erklärt: dass man zu sich selbst findet, wenn man nichts Materielles mehr hat, über das man sich definieren kann.«

Und auf einmal wird mir bewusst, was da gerade mit mir passiert. Ich verliere mich. Ich verliere mich zwischen all den verschiedenen Ländern und neuen Menschen. Auch wenn ich nichts Materielles mehr habe außer meiner Kamera und meinem iPhone. Es ging alles so wundervoll los, doch dann bin ich in die Stolperfalle getappt, habe gezweifelt und mir zu viele Gedanken gemacht, wofür das alles gut ist und wen das überhaupt interessiert. Darüber habe ich meine Leichtigkeit verloren, meine Intuition, die mich sonst immer wunderbar durchs Leben leitet.

Gleichzeitig fehlt mir eine Art Anker. Paul ist mein Anker. Er sichert mich, wenn ich in der Strömung hin und her treibe, reicht mir die Hand, wenn ich hinfalle, und überlässt mir seine Schulter und dazu ein Paket Taschentücher, wenn ich flennen muss. Wenn etwas nicht mit mir stimmt, riecht er den Braten meistens schon, bevor ich ihn in den Ofen schiebe. Auch wenn er mich oft nicht versteht, kann er mir helfen, indem er mir zeigt, wie die Dinge wirklich sind, und mich so von meinen fiktiven Problemen und dem Kopfwirrwarr befreit.

»Muss jetzt los. Und nicht verlieren. Auf das Wesentliche konzentrieren. Kuss Corinna.«

Auf das Wesentliche konzentrieren. Ich definiere mich gerade nur noch über meine Posts und Facebook-Statusmeldungen. Ja, so ist es. Nennen wir es beim Namen. Wenn ich etwas poste und nicht innerhalb von fünf Minuten 20 »Likes« habe, dann ist meine Stimmung im Keller. Ich sehe nur die negativen Kommentare, die vielen positiven nehme ich gar nicht mehr wahr,

weil ich total blind für Lob bin. Kaum habe ich einmal drei Tage lang keinen Kontakt zur Außenwelt, schon spüre ich mich nicht mehr. Ich teile nicht, also bin ich nicht. Es zählen nur noch »Likes« und »Retweets« und »Followers« … Schwachsinn! Schwachsinn! Schwachsinn!

Das alles ist nicht das Wesentliche. Ich darf nicht nur für meine virtuellen Profile da sein. Ich darf mich nicht darüber definieren. Das ist doch krank. Und das weiß ich. Und so bin ich eigentlich auch nicht. Ich habe nur kurzfristig das Gefühl dafür verloren, was wichtig und unwichtig, was richtig und unrichtig ist. Das kommt schon wieder.

*

Wir kommen in Vieux Fort an. »Kann ich dich hier rauslassen?«, fragt mich der Taxifahrer. »Klar«, antworte ich. »Okay, dann in zwei Stunden wieder hier?« – »Yep.«

Freitagabend in Vieux Fort. Der Geruch von Rauch und Grillfleisch liegt in der Luft. Freitag ist Barbecue-Tag auf der Insel. Überall werden Tische auf die Straße getragen und die Grills angeschürt. Barbecue gehört zu Saint Lucia wie die Pitons, die zwei Vulkanberge. Vor der Kirche, gegenüber vom Rudy John Beach Park, werden marinierte Hähnchenschlegel und Lammkeulen auf den Rost gelegt und anschließend auf Plastiktellern verteilt.

Nach dem Essen zieht man normalerweise weiter in eine Karaokebar, und nimmt selbst das Mikro in die Hand. Heute bleibt man still und hört lieber der Gruppe Sisterhood zu, die nacheinander die Bühne betritt. Erst vier Musiker, dann drei Background-Sängerinnen und zum Schluss vier Ladys – die Sisterhood. Bevor sie loslegen, wird die Nationalhymne angestimmt. »Das schönste Lied aller Lieder«, schwärmt mein Nebenmann. Ich bin froh, dass ich mein Paradies verlassen habe. Genau das habe

ich jetzt gebraucht: die Menschen, die Musik und die ansteckende Begeisterung. Man muss nur in Bewegung bleiben, dann passiert auch etwas. Dann kommt man auch wieder raus aus der Stolperfalle.

Allmählich verlagert sich das Treiben von der Straße in den Park. Es wird getanzt, in die Hände geklatscht und immer mal wieder ein Hähnchenschlegel verdrückt. »Go, Sisters, go!«

Die zwei Stunden vergehen wie im Flug. Dann fahre ich im Taxi zurück durch die Nacht und aus dem Radio kommt nicht Jazz, sondern Country-Western-Musik von George Jones: »I wouldn't change one thing about you if I knew that I could. Yes, even the bad times are good«, tralalala.

Zurück in meiner Suite setze ich mich an den Pool, schaue in die dunkle Nacht, sitze ruhig da und höre geduldig den Grillen zu. Ich wusste gar nicht, dass der Dschungel so laut ist. Und ich habe auch fast vergessen, wie es sich anfühlt, einfach mal eine Stunde ruhig dazusitzen und sich selbst auf Stand-by zu stellen: Gut, wirklich gut, und ich merke, wie es mir langsam doch leichter ums Herz wird und wie meine Gedanken klarer werden. Es ist egal, was hierbei herauskommt, egal, wo mich das alles hinführt, und egal, wie es endet. Es ist wird eine unvergessliche Zeit gewesen sein. Ich muss keine Erwartungen erfüllen, ich mache einfach, dann wird schon alles.

Es klingelt. Ich wusste gar nicht, dass meine Suite eine Türklingel hat. Ich laufe ans Ende des langen Korridors und öffne die schwere Holztür. Es ist mein hauseigener Butler.

»Em, ja?«

»Kann ich noch etwas für Sie tun, Madame?« Knicks und Verbeugung. »Ich habe gehört, Sie reisen morgen früh schon ab?«

»Kann ich vielleicht um zwei Monate verlängern?«

»GRIECHISCHER WEIN UND DIE ALTVERTRAUTEN LIEDER« – SANI GOURMET FESTIVAL

Christine, freust du dich auf dein nächstes Festival? – Ich fühle mich bereit – nach einer Woche Diät!

*

- *Karamellisiertes Kichererbsenpüree auf einem Orangen-und-Zitronen-Spiegel*
- *Cremesuppe vom Kürbis mit eingelegten Flusskrebsschwänzen*
- *Sautierte Tintenfische mit Rote-Bete-Sorbet*
- *Tintenfischrisotto mit jungem Knoblauch*
- *Eingelegter Oktopus auf Salatvariation in Bärlauchvinaigrette*
- *Gekochte Hartgrießröllchen mit einer Trauben-Nuss-Pastete*
- *Gerstennudeln mit Seeteufelkotelett auf Orangengelee*
- *Tarte von der Birne mit mariniertem Ziegenkäse und schwarzen Nüssen*
- *Pochierte Feigen mit Joghurtcreme und Dessertwein*

*

Es gibt nicht nur Musikfestivals. Ein Festival kann so viel mehr sein als Einweggrills und schwitzende Rockfans im Moshpit. Ich möchte zeigen, wie vielfältig und unterschiedlich man feiern kann und dass für jeden etwas Passendes dabei ist. Und *was* man alles feiern kann: Erdbeeren, die Farbe Pink, Kühe, das Leben, die Liebe, gelbe Koffer …

Ein Festival wird als wiederkehrende, meist mehrtägige Veranstaltung definiert, bei der Künstler auftreten. Ich unterteile Festivals in folgende Gattungen: Musikfestivals, Kulturfestivals, Spaßfestivals und volkstümliche Festivals wie das Oktoberfest. Manchmal vermischen sich zwei unterschiedlichen Gattungen – auch auf einem Spaß- oder Kulturfestival kann Musik gespielt werden.

Beim Sani Gourmet Festival stehen jedes Jahr zwei Wochen lang griechische Sterneköche für das Festivalpublikum am Herd. Für mich ist ein Koch auch ein Künstler und das Sani Gourmet ein Kulturfestival. Hier dreht sich alles um die griechische Esskultur. Zu einem Acht-Gänge-Menü gibt es jede Menge griechischen Wein, den ich dankbar in mich hineinschütte, wie der Typ in dem Schlager von Udo Jürgens versuche auch ich, damit meine Sehnsucht zu stillen, allerdings nicht nach der Heimat, sondern nach meiner zweiten Haut.

Ich genieße ein 48-Stunden-Frustfressen beim Gourmet Festival: Zum ersten Mal bin ich Opfer eines Kofferverlustes geworden und dann gleich zu einem Festival, bei dem man schicke Kleidung bräuchte. Da stand ich, am Flughafen in Thessaloniki, und starrte auf das graue, leere Fließband, das sich immer noch drehte, obwohl nichts mehr kam. Alle Reisenden waren verschwunden, nur ich wartete und wartete. Doch der Koffer blieb verschwunden – mitsamt meinem Abendkleid, das ich tragen wollte, während mir Sternekoch Chrysanthos Karamolegos die diesjährige Neuinterpretation des Döners kredenzt.

Nun gibt es statt schicker Abendgarderobe zwei Tage lang die gleichen Klamotten, dazu tausend Köstlichkeiten – und ordentlich Kilos auf die Hüfte.

Online: bit.ly/RzNKDb

»ICH LEBE UNERHÖRT SOLIDE« – SPRINGFESTIVAL

Christine, freust du dich auf dein nächstes Festival? – Ja, endlich bin ich mal nicht allein, sondern habe Begleitung. Corinna kommt mit!

Eine bumsvolle Kneipe um 7 Uhr in der Früh. So etwas habe ich noch nie gesehen. Nicht einmal in Berlin. Abgesehen von den Kellnern sind ausschließlich Betrunkene in der Kneipe, was einem schon beim Betreten derselben angenehm auffällt. Slow Motion ist angesagt.

Gesichter mit halb offenen, glasigen Augen wenden sich in Zeitlupe Richtung Tür, ein kaum erkennbares Kopfnicken signalisiert dem Eintretenden die Aufnahme im Kreis der Übernächtigten, bevor sein Blick auf ein mit Tesafilm an die Wand geklebtes Papier, direkt gegenüber dem Eingang, fällt: »Achtung! Neue Öffnungszeiten.« Darunter als Illustration ein Sektglas und eine Bierflasche. »Mittwoch bis Samstag schon ab 22.30 Uhr. Sonntag, Montag, Dienstag geschlossen.« Ansonsten sieht hier alles aus wie in einer ganz normalen Kneipe. Hässliche Holztische mit dunklen Eckbänken darum, eine Bar, die sich bis zur Küchenausgabe erstreckt und vor der silberne Hocker stehen. Zitronengelbe Wände mit Leuchtreklamekästen verschiedener Biermarken und ein paar nostalgischen Blechschildern – Werbung für hochprozentige Spirituosen.

Besonders ins Auge fällt die Jukebox gleich rechts neben dem Eingang, die man auf den ersten, meist etwas unscharfen Blick – man tritt ja vom Hellen in die finstere Kneipe und die Augen müssen sich erst an die Dunkelheit gewöhnen – mit einem Zigarettenautomaten verwechselt. Ich erfahre, dass auch schon manch ein Betrunkener wütend auf das Ding eingeschlagen hat, weil keine Kippen rauskamen, sondern *Raising my Family* von Steve Kekana. Wir setzen uns an den letzten freien Tisch.

»Tschuldigung, haben Sie eine Karte?«, will ich von der Bedienung wissen. Ich bin ein Mensch, der sich gern informiert.

»Wir haben Backhendl, Wiener Schnitzel und Eierspeisen«, rattert der Kellner das Angebot runter.

Schnitzel? Isst man hier zum Frühstück Schnitzel?

»Dann bitte ein Wasser für mich.«

»Sehr gern.«

Corinna bestellt ein Backhendl und Stefan, der uns in diese Spelunke geführt hat, ein Schnitzel, so wie es sich für einen echten Grazer gehört. »Herzlich willkommen in Beates Frühbar.« Stefan deutet auf die Räumlichkeiten und grinst.

Der Begriff »Frühbar« bezieht sich nicht auf den frühen Abend, sondern auf den frühen Morgen. Wir haben die Nacht in allen möglichen Springfestival-Locations verbracht, sind von Modeselektor in der Stadthalle weitergezogen in den Dom im Berg, von dort in die Postgarage und schließlich in das Parkhouse. Nun sitzen wir hier in Beates Frühbar, wo der Grazer seinen Abend mit einem kühlen Puntigamer und einer Parisienne beendet. Und einem Schnitzel, alternativ auch einem Backhendl oder eben, wenn er Vegetarier ist, einer Eierspeise.

»Das hier ist das kulturelle Runterkommen. Damit man nach dem ganzen Elektrozeug wieder weiß, wo man ist – in Österreich, der schönen Steiermark«, erklärt uns Stefan. Dem Land des Kernöls und der Grammerl. Ich habe heute Morgen auf dem Markt gelernt, dass Grammerl die Reste der ausgebratenen Speckteile aus dem Unterhautfettgewebe von Gänsen oder dem Rückenspeck von Schweinen sind. Also Fett aus und in Fett. Da verstehe ich nicht, wieso man sich über die frittierte Butter der Amis aufregt, wenn man in Österreich im Prinzip das Gleiche als Delikatesse auf dem Markt verkauft.

»Und woher kennt ihr euch?«, will Stefan wissen. Corinnas und meine Kennenlerngeschichte ist etwas kompliziert und nicht so einfach in einem Satz zusammenzufassen. Ich gönne mir ab und zu den Spaß und beantworte die Frage mit »Ich habe mal bei ihr geschlafen und da waren wir uns ganz sympathisch«. Besonders die Männer gucken dann ziemlich blöd und es wird ihnen ganz warm im Schoß, wenn sie sich das bildlich vorstellen.

*

Aber genau so war es. Ich nenne Corinna immer »das Überbleibsel meines letzten Projekts«. Das war wirklich das Beste, was mir die 90 Nächte in 90 Betten beschert haben – gute Freunde! Nicht nur einen,

sondern mehrere. Aber nicht alle trauen sich, an meinem 40-Festivals-Wahnsinn auch aktiv teilzunehmen. Darum freue ich mich so, dass ich Corinna dabeihabe. Es ist so schön, einmal nicht allein auf einem Festival zu sein! Um den Anlass zu würdigen, sind wir beide nachmittags, wie es sich für gute Touristen gehört, auf den Schlossberg gestiegen. Dort haben wir uns auf eine Wiese gelegt und ein bisschen in den Himmel gestarrt, während ich Corinna berichtete, wie es mir in den letzten Wochen so ergangen war, auch von meinen Selbstzweifeln und von dem Gefühl der Einsamkeit.

Ja, ich habe mich einsam gefühlt. Das ist immer so, wenn man vom Fischschwarm wegschwimmt, dann kommt einem erst einmal alles so groß und unendlich weit und einsam vor. Natürlich sieht man dann auch mal andere Fische, aber die schwimmen meistens nur vorbei und nicht mit einem mit. Deswegen ist es so schön, wenn ab und zu einer nebenher schwimmt. Dann kann man sich auch mal hinten an die Flosse dranhängen und ein bisschen

treiben lassen, Kraft für die Strecken allein sammeln.

Ich habe in den letzten Wochen gemerkt, dass es schon etwas anderes ist, wenn man ganz allein auf andere Menschen zugehen muss. Auf den Festivals gibt es meistens nur Gruppen und mich. Da fällt mir immer wieder auf, dass ich eigentlich doch ziemlich schüchtern bin, was mir keiner glaubt, aber es ist wirklich so.

Ich erzählte ihr also von meiner Fischtheorie und von meiner Schüchternheit und derweil fiel mir etwas ganz anderes auf. Corinna kann wirklich gut zuhören, ich merke immer, wie es bei ihr im Kopf rattert, wenn sie mir zuhört, und wie sie versucht, irgendetwas Schlaues und Weises zu sagen, das mir hilft, und das gelingt ihr auch meistens. Ich habe dieses Gefühl, dass sie mir wirklich gern und ernsthaft hilft. Nicht viele Menschen geben mir dieses Gefühl.

Während ich die Wolken betrachtete und versuchte, irgendwelche Formen darin zu erkennen, erklärte mir Corinna, was ich machen muss, um mal ein bisschen runterzukommen. Außerdem verordnete sie mir ein fettes Eis. Das Eis hat echt geholfen!

*

Der Kellner stellt Salz, Pfeffer, Zahnstocher und Ketchup auf den Tisch.

»Und woher kennt ihr euch jetzt eigentlich?«, will nun auch Corinna wissen, die ich nach der Party einfach mitgeschleppt habe. »Aus dem Internet«, antworte ich. Stefan und ich, wir treffen uns gerade zum ersten Mal. Blind Date sozusagen. Irgendwie haben wir über Facebook und Twitter kommuniziert und uns verrückterweise für Freitagmorgen 7 Uhr in Beates Frühbar verabredet. Normalerweise sitzen hier nur Einheimische, diese Location ist also ein absoluter Insidertipp. Aber manchmal, so wie beim Springfestival, verlaufen sich auch Touristen hierher.

Eine Gruppe von sechs Leuten, Männer und Frauen, sitzt im hinteren Bereich. Am Tisch daneben sitzen zwei Männer und am Tisch gegenüber zwei Frauen. Alle Augen auf Halbmast, die Haare zerzaust, die T-Shirts befleckt mit Bier, Asche und Sabber. Ein junger Mann, dunkle Haare und noch dunklere Augenringe, steht mit typischem Saufgesicht vor der Jukebox. Mit der einen Hand stützt er sich ab, mit der anderen versucht er, Geld aus seiner Gesäßtasche zu fischen und in den dafür vorgesehenen Schlitz zu stecken. Man sieht ihm die Anstrengung an. Die Augen fallen ihm immer wieder sekundenlang zu, dann muss er aufstoßen und zuckt zusammen, als würde ihn ein Elektroschock durchfahren. Mittlerweile hat er seinen schweren Kopf an die Jukebox gelehnt, um sich einen Song auszusuchen.

Das Schnitzel und das Backhendl kommen. Der Kellner stellt alles auf den Tisch: »Mahlzeit.« Mann, ist das pervers. Zwei panierte Scheiben Fleisch mit einer Scheibe Zitrone auf dem einen Teller. Auf dem anderen viele kleine panierte Stücke. Ob das jetzt Schwein, Pute oder Katze ist, kann hier sowieso keiner mehr schmecken. Neben den Tellern mit Fleisch steht jeweils ein Schälchen warmer, grünlicher Kartoffelsalat. Grün wegen des Kernöls. Kernöl ist hier überall drin, sogar im Frozen Yoghurt. Ich bekomme mein Wasser. Leitungswasser im Glas, dazu einen Löffel Kartoffelsalat, von Corinna in den Mund gesteckt.

Dann ertönt endlich ein Song aus der Jukebox: »Ich lebe unerhört solide, und habe nie ein Rendezvous«, trällert Trude Herr.

Der junge Mann lacht. Ein stolzes, überhebliches Lachen, er schwankt Richtung Tisch und zieht eine junge Frau in die Mitte des Raumes. Typische Tanzszene: Eine Mischung aus Walzer und Rock'n'Roll. Die junge Frau ist ebenso fertig und betrunken wie er. Nicht mehr zurechnungsfähig. Immer wieder versucht er, sie um die eigene Achse zu drehen, wobei sich ihre Arme ineinander verheddern. Beide können sich nicht mehr gerade in die Augen schauen, langen sich dafür aber umso mehr gegenseitig an den Arsch und halten sich an der Taille des anderen fest, um so Stirn an Stirn der Schwerkraft entgegenzuwirken. »Ich will keine Schokolade, ich will lieber einen Mann«, grölt der Betrunkene mit Trude im Duett und macht eine Pommesgabel mit der rechten Hand.

Ich glotze in die Gegend, Corinna kämpft mit dem Brechreiz. Stefan kaut fleißig und schluckt, Stück für Stück, sein Wiener Schnitzel. Alles schafft er trotzdem nicht. Den Rest in Alufolie einpacken lassen und mit nach Hause nehmen? Will er nicht. Ihm reicht es erst einmal mit Schnitzel.

Beate kommt persönlich an den Tisch und fragt, ob es geschmeckt hat. Beate Wagner ist eine Frau Mitte 50 mit einem rasanten Kurzhaarschnitt und dunkelblau geschminkten Lidern. Sie hat dieses einzigartige Zufluchtsimperium erschaffen. Einen Ort, an dem man alles bekommt, was man nach einer durchtanzten Nacht voll elektronischer Musik braucht – Bier, Zigaretten, Schnitzel und mit ein bisschen Glück auch ein wenig Liebe. Einen Ort für Alkoholleichen, für Hungrige, für unentschlossene Pärchen, die sich den ganzen Abend nicht entscheiden können, ob sie zu ihm oder zu ihr gehen sollen, und für Schaulustige wie mich.

Der betrunkene Tänzer will auch Liebe. Seine Hand greift an die großen Brüste des Mädchens und er drückt sie wie ein Kuheuter, in der Hoffnung, dass gleich Milch rausspritzt und seinen Brand in der Kehle löscht. Das Mädchen findet das gar nicht lustig. Es dauert ein paar Sekunden, bis sie die Situation begreift und die passenden Worte findet: »Spinnst du?« Sie schubst den Betrunkenen weg und setzt sich mit verschränkten Armen und beleidigter Miene wieder auf die Eckbank.

Da steht er nun. Er sieht traurig aus, zu müde und fertig mit der Welt, um weiter mitsingen zu können. Ich würde ihm gern ein bisschen Schokolade vor die Füße werfen. Oder ein Stück Schnitzel in den Mund stecken. Und wenn ich nicht solche Angst hätte, dass er jeden Moment losspeit, würde ich ihn auch kurz in den Arm nehmen.

Gegen halb 8 Uhr zieht die Müdigkeit gewaltig an. Ich setze die Sonnenbrille auf und folge gemeinsam mit Corinna dem grünen Schild mit der Aufschrift »Ausgang«, während die Jukebox »I will wieda hoam« singt. Ja, ich will jetzt auch heim. Heim in mein Hotel. Draußen ist es schon lange hell. Der Tag hat begonnen. Kinder trödeln zur Schule, Eltern hetzen zur Arbeit, Geschäfte öffnen ihre Türen. Als wir im Hotel ankommen, stehen die ersten Gäste in der Hotellobby. Frisch geduscht mit Rucksack, beiger Trekking-Hose und sportlichen Laufschuhen, um die Landschaft zu erkunden, während wir, nach Schnitzel und Rausch stinkend, an ihnen vorbei aufs Zimmer schleichen.

*

Das Springfestival hat es sich auf die Fahne geschrieben, das typische Festivalgefühl mit urbanen Einflüssen zu kombinieren. Klappt super. Schnitzel und Kernöl gehen mit Elektro und Visuals Hand in Hand und die Jungs von Modeselektor wären mit Beate aus der Frühbar ein perfektes Trio. Nach dieser Erfahrung weiß ich jedoch, warum normale Festivals am Arsch der Welt sind, abgeschottet von allen Normalos – es fällt einem unter Gleichgesinnten fernab der Zivilisation nicht so sehr auf, wie zerstört man gerade ist.

OFF-VENUE: BERLIN-TEGEL

Da stehe ich wieder. Vor dem grauen und trostlosen Fließband und warte auf meinen roten Koffer. Er kommt nicht. Kenne ich ja schon. Ich schlurfe zum Lost-and-Found-Schalter des Flughafens Berlin-Tegel und warte 45 Minuten lang.

Danach folge ich den Anweisungen der Schalterlady: »Ihr Koffer ist im Zoll gelandet. Gehen Sie aus dem Terminal. Wenn Sie davor stehen, mit dem Rücken zum Gebäude, dann laufen Sie rechts, am Gebäude, an der Treppe und dem Aufzug vorbei. Dann sehen Sie auch schon die grauen Container. Gehen Sie in den ersten auf der rechten Seite. Da ist niemand. Nur Sie und ein Telefon. Gehen Sie zum Telefon, wählen Sie 333 und sagen Sie ›Gras‹.«

»Gras?«

»Gras!« Graz meint die nette Frau natürlich, da komme ich gerade her. Sie gehört nur irgendeiner Nationalität an, die kein »z« aussprechen kann. Das stelle ich mir doch sehr witzig vor, im Zollcontainer zu stehen und »Gras« in das Telefon zu hauchen.

»Dann wird jemand kommen und Ihnen den Koffer überreichen.« Wow, das hört sich echt abenteuerlich an. Die Gute drückt mir noch einen Flughafenplan in die Hand, auf der sie den Weg markiert und die »333« einkreist. Ich finde den Container recht schnell, tue, wie mir befohlen, und schon wird mir mein Baby überreicht. Ich ziehe den Griff aus dem Koffer und rolle fröhlich aus dem Container in Richtung Bus. Jetzt reicht es aber mit den Kofferverlusten.

»ONLY FOR A WHILE« – ELDERFLOWER FIELDS

Christine, freust du dich auf dein nächstes Festival? – Jaaaaaa! Nicht nur auf das Festival, auch aufs Glampen!

Ich habe es mir extra bei Google Maps ausgedruckt – wir müssen zum Bentley Museum fahren«, versichert mir meine Fahrerin. Ich schaue sie zweifelnd von der Seite an. Ein Festival im Museum? Wir biegen von der Hauptstraße ab und folgen einer kurvigen Landstraße, fahren vorbei an Pferdekoppeln und kleinen Bauernhöfen. Kein Zeichen. Nichts. Ich würde meinen Arsch drauf verwetten, dass wir hier absolut falsch sind, und werde innerlich schon richtig stinkig. Zum Glück zeige ich es nicht, denn kurz nachdem wir die Durchfahrt zum Museumsgelände passiert haben, sieht man einen vollen Parkplatz und das Eingangsschild zum Festivalgelände.

»Gut, dann viel Spaß und wir sehen uns in drei Tagen wieder.« Die Fahrerin lässt mich aussteigen und stellt den Koffer neben mir auf die Wiese. Es fehlt nur noch, dass sie mir übers Haar streichelt, mir einen Kuss auf die Wange drückt und mir viel Spaß wünscht, wie das Mütter so machen, wenn sie ihre Lieben irgendwo abliefern. Ich fühle mich auch gerade so, als hätte man die kleine Christine im Wunderland abgeliefert, wo sie jetzt drei Tage spielen und toben darf. Hier bin ich also. Am Arsch der Welt, wo Festivals auch sein sollen. Das Bentley Wildfowl and Motor Museum ist ein wunderschönes altes Herrenhaus in der Grafschaft Sussex in England. Zu dem Gebäude gehört ein riesengroßer Garten, der anscheinend dieses Wochenende zum Festivalgelände umfunktioniert wird.

»Hallo Christine. Schön, dass du da bist. Ich bin Anita. Wir haben ja schon gemailt. Soll ich dir gleich dein Zelt zeigen?« Eine junge, dynamische Frau mit Walkie-Talkie am Hosenbund und Notizblock unter dem Arm begrüßt mich.

Auf dem Weg zum Zelt erzählt mir Anita, wie das Elderflower Fields Festival entstanden ist. Es klingt wie ein Märchen: Es war einmal vor langer Zeit, da lernte Anita ihren Traummann, Stuart, kennen und wollte ihn heiraten. Beide wünschten sich eine ganz besondere, wunderbare, unvergessliche Hochzeit, so wie jedes Hochzeitspaar, und sie schafften es wirklich, etwas Einzigartiges auf die Beine zu stellen. Ein »Weedstock«, eine Kombination aus Wedding und Woodstock. Eine Hochzeit als Festival: ein Wochenende lang Live-Bands sehen, feiern und heiraten. »Wir wollten damals einfach keine Gästeliste, sondern dass jeder kommen kann«, erzählt mir Anita. Grandiose Idee! Ich notiere mir das gleich in mein Notizbuch: »Falls ich mal heirate – Festival draus machen!« Paul wird schreien vor Freude ... Dieses Jahr haben sie sich dann mit Freunden zusammengetan, um ein richtiges Festival ohne Hochzeit zu organisieren.

Anita zeigt mir mein Zelt, ein wunderschönes Tipi, voll ausgestattet mit Luftmatratze, Schlafsack, Teelichtern und orientalischen Tischchen. »Glamping« nennt man das. Eine Kombination aus Campen und Glamour. Gefällt mir sehr gut. Eine sanfte Annäherung an die Hardcore-Campingzeit, die mich in den folgenden Wochen erwartet.

*

Am nächsten Morgen ist um 7 Uhr die Nacht vorbei. »Where is mummmmmmmy«, höre ich eine weinerliche Stimme mit 180 Dezibel über den Campingplatz schreien, noch bevor ich meine Augen aufschlagen kann. So ist das also, wenn man Kinder hat. Man brüstet sich auf einem Festival nicht mit der Anzahl von Bierflaschen, die man am Abend zuvor getrunken hat, sondern damit, wie lange das Kind geschlafen hat. Loser des Tages: die Erzeuger des Schreihalses da draußen.

Mit dem Weckruf hat sich meine Vermutung bestätigt. Das Elderflower Fields Festival ist ein Festival für moderne Hippie-Hipster-Ehepaare und ihre Kinder. Beim ersten morgendlichen Gang über das Festivalgelände zum Waschwagen komme ich mir vor, als würde ich in Berlin im Prenzlauer Berg über den Kollwitzplatz laufen. Überall liegen Kinder als Stolperfallen auf dem Boden. Wenigstens sind sie schön bunt gekleidet, im Batman-Ganzkörperanzug oder im Feentüllrock, sodass man sie rechtzeitig sieht. Allerdings nur bis mittags. Dann hat ihre Kleidung die grasgrünschlammbraune Farbe des Bodens angenommen und sie verschmelzen optisch mit ihm zu einer homogenen Masse. Zwischen dem Gekreuche und Gefleuche schieben Muttis in langen Wallekleidern

und mit Jackie-O-Sonnenbrillen auf der Nase Kinderwagen an den Zelten vorbei über die Wiese, während zumeist bärtige Vatis in gestreiften Marineshirts, mit Fischerhut auf dem Kopf und Kulturbeutel unter dem Arm, ihre süßen kleinen Jungen an der Hand Richtung Waschraum schleifen.

Ich folge dem Wegweiser zu den Toiletten und lande dabei in einem Zauberwald, den ich gestern noch gar nicht entdeckt habe. Hier stehen kleine Lehmhütten mit Reisigdach am Wegrand, die mit rosa- und orangefarbenen Schleifen geschmückt sind. Daneben lehnt an einem Baum eine Tafel, auf der das Tagesprogramm steht: 11 Uhr Zumba, 13 Uhr Yoga, 15 Uhr Lotte Berk, 16 Uhr Massage. Sieht nach einer Entspannungszone für gestresste Eltern aus. Ich gehe weiter, an der Waldbar vorbei, an der es Holunderblütencocktails in allen Variationen gibt, und schaue kurz in das Vinylzelt hinein, in dem nur ein Plattenspieler steht. Weiter hinten im Wald kommt eine Skaterrampe für Kinder, eine Hängemattenzone mit Blick in die Baumkronen und schließlich ein Café. Mitten im Wald steht unter einem bunten Pavillon ein langer Tisch mit allerlei Köst-

lichkeiten. Frisch gepresster Orangensaft, Popcorn, Cupcakes, Wundertüten. Davor stehen Tische mit Häkeldecken und Milchkannen mit Blumen. Bunte Fahnen und Lampions wehen im Wind und die Bedienungen haben Glitzertattoos im Gesicht und lange Röcke, die um ihre Beine wehen.

Ich stelle mich an, kaufe mir eine große Tasse Schokolade und einen Schokomuffin dazu. Doppelt hält besser und macht auch doppelt glücklich. Danach sitze ich rum und beobachte. Zum ersten Mal bei dem Festivalprojekt fühle ich so etwas wie Ruhe, mein Herz rast nicht mehr davon und meine Gedanken überschlagen sich nicht mehr. Ich glaube, die Entschleunigung setzt ein. Für ein paar Minuten beobachte ich eine Gruppe junger Menschen, alle um die 20 Jahre alt, die ein Saufspiel spielen. Fünf von ihnen stehen auf der einen Seite. Fünf auf der anderen. In der Mitte steht eine Flasche. Sie werfen einen Ball auf die Flasche, rennen dabei rum und trinken in Rekordzeit aus ihren Dosen. Komisches Spiel, verstehe ich nicht. Ich mache mir aber trotzdem Notizen: »Junge Leute spielen ein Saufspiel namens ›Flunkyball‹«. Die Gruppe ist mir von Anfang an aufgefallen. Die übliche Altersspanne hier beträgt zwei bis 16, beziehungsweise 32 bis 45 Jahre. Dazwischen sieht es ziemlich mau aus. Als ich gerade fleißig notiere, was ich so sehe, tippt mich jemand an.

»Hallo. Ich habe beobachtet, dass du die Leute hier beobachtest und fotografierst. Hast du ein paar gute Bilder machen können?«

»Ja, habe ich. Danke der Nachfrage.« Die Engländer bedanken sich ja immer für alles und jeden und deswegen habe ich mir das auch schon total angewöhnt und bedanke mich auch für jeden Pups.

»Ich habe mir erlaubt, eins von dir zu machen«, er hält mir sein iPhone unter die Nase.

»Oh wie schön. Danke. Kannst du mir das vielleicht schicken? Ich habe immer tausend Bilder von Fremden, aber keins von mir selbst.«

Er schickt es mir zu und fängt an zu plaudern. Natürlich ist er nicht allein hier, sondern in Begleitung eines Kindes. Seiner Tochter, er zeigt auf ein Mädchen, das in einer Gruppe von Kindern ein paar Meter entfernt sitzt. »Das Mädchen daneben ist ihre neue Freundin, die sie vor zwei Stunden kennengelernt hat. Ich finde es faszinierend, wie schnell Kinder Anschluss finden und sich dann auch schätzen lernen.«

Ja, recht hat er. Wie war das früher einfach: Da stand einfach jemand neben einem und man hat gefragt, ob man zusammen spielen will, und die Sache war geritzt. Jetzt muss man sich denjenigen erst einmal genau anschauen. Und dann muss man abwägen, ob man den ansprechen will. Und dann muss man sich auch noch überlegen, wie man den am besten anspricht und was man überhaupt sagt. Dann hat man so viel nachgedacht, dass der andere meistens schon wieder weg ist.

Der Unbekannte stellt sich als Brian vor und fragt, wo ich herkomme.

»Aus Deutschland.«

»Ach, wie schön. Mit Deutschen komme ich gut aus. Die sind immer so direkt und nicht so hyperfreundlich. Das mag ich, das Direkte.«

Ich auch. Brian war schon oft in Deutschland. In München und Berlin, Düsseldorf und Köln. Und Hamburg. Natürlich will ich gleich wissen warum.

»Für *James Bond* und *Mission: Impossible*. Ich war Stuntman. Na, eigentlich bin ich das immer noch, aber nicht mehr so wie früher. Ich versuche, drei Tage die Woche zu arbeiten und den Rest der Zeit mit meiner Tochter zu genießen. Von Kindern kann man viel lernen.« Er schaut zu seiner Tochter, die von ihrer neuen besten Freundin die Haare geflochten bekommt.

Ich denke eher, dass man sich von Kindern einige Eigenschaften abschauen kann, die man vergessen hat. Das waren noch klasse Zeiten, als man noch kein voll funktionsfähiges Gehirn hatte. Das hört sich jetzt vielleicht nach einem »Früher war alles besser«- Monolog an, soll es aber nicht werden. Aber Kind sein war schon toll. Das sorgenlose Dasein mit dem Urvertrauen, dass alles gut wird. Den Tag genießen, wie er ist, ohne an das Morgen zu denken. Irgendwann geht das verloren. Muss es ja auch. Das Leben ruft. Das Dasein als Erwachsener steht an. Aber Festivals rufen die Erinnerung an das unbeschwerte Leben eines Kindes wach, auch wenn man ohne Nachwuchs dort ist.

Mittlerweile hat sich etwas getan auf der Bühne. Sie ist von den Männern der Saufspielgruppe erobert worden, die sich »The Rash« nennen und wunderschöne Lieder singen. *Only for a While, Cold Cold Ground* und *Summer's End*. Zum Glück hat der Sommer gerade erst angefangen.

*

Der Höhepunkt des Festivals ist am nächsten Tag. Alle Festivalbesucher sollen um 12 Uhr mit einer Decke zur Main Stage kommen und sich in Gruppen zu je zehn Personen zusammenfinden. Keiner weiß, was genau passiert, aber alle sind ganz aufgeregt. Anita läuft mit dem Mikro rum und gibt Anweisungen. Ich sitze bei The Rash und ihren Freunden. Ich habe die Gruppe gestern kennengelernt, bei der Silent Disco im Wald, als ich mit Kopfhörern, über die Musik gespielt wurde, durch den bunt beleuchteten Wald getanzt bin. Mittlerweile weiß ich auch, wie Flunkyball funktioniert.

Als alle auf ihren Decken sitzen, bekommt jede Gruppe einen Picknickkorb mit Brot, Pesto, Hummus und allerlei Produkten aus der Umgebung, außerdem einen selbst gebackenen Schokokuchen. 1.800 Menschen picknicken zusammen auf einer Wiese in Sussex!

Ich bin begeistert von der Idee und der Umsetzung. Ich fühle mich ein bisschen wie Alice im Wunderland. Wir feiern alle unseren Nicht-Geburtstag. Wenn alle Campingfestivals so idyllisch und heimelig sind, mach ich aus den 40 Festivals einfach 80. Das ist großartig hier!

»HIGHWAY TO HELL« – ROCK AM RING

Online: bit.ly/LHDra9

Christine, freust du dich auf dein nächstes Festival? – Ich habe Angst! Ich war noch nie auf so einem großen Festival und muss auch zum ersten Mal richtig campen.

D ie Einfahrt ist überlastet. Bitte wenden Sie und weichen Sie auf die B 257 am Ende der Welt aus.« Das Auto steht. Ich sitze regungslos da und schaue mir das Ganze erst einmal in Ruhe an. Neben mir sitzt Karl, den ich über die Mitfahrzentrale gefunden habe und von Berlin zum Nürburgring mitnehme. Trampen 2.0 quasi.

Karl trampt sonst richtig. Das findet er irgendwie spannender, außerdem ist es für lau, aber heute hatte er es etwas eilig, weil sein Kumpel auf ihn wartet. Sonst hätte er sich an den Rasthof Michendorf gestellt, der perfekte Ort, um aus Berlin wegzukommen. Nach Hamburg, Stuttgart, München. Heutzutage braucht man auch kein braunes Pappschild mehr, das man in die Luft hält. Man muss nur Deutschland kennen oder einen Atlas dabeihaben und mit Autokennzeichen vertraut sein. Dann schnell kombinieren: F ist gleich Frankfurt am Main, fährt also die A9 entlang, dann auf die A7, weiter auf die A5, an Marburg vorbei. Da muss ich hin. Prima! Hingehen und ansprechen. Trampen geht also ganz ohne Cordschlaghose und Blume im Haar.

»Natürlich schwingt etwas Nostalgie mit, wenn man die Autotür aufmacht, sich auf den Beifahrersitz neben einen Fremden schwingt. Man fühlt sich so frei«, erzählt Karl. Im Vordergrund stehe aber die Ökologie. Karl ist so richtig drin in der Szene. Ein Tramper durch und durch, angemeldet bei Abgefahren e. V., dem ersten deutschen Tramper-Verein und Redaktionsmitglied der Tramper-Zeitung. Außerdem betreibt er einen Blog zu dem Thema. Im August möchte er beim Tramprennen mitmachen – von Deutschland nach Rumänien. Wer zuerst ankommt, gewinnt. Und die Tramp-Weltmeisterschaft steht auch noch aus. Könnte ich eigentlich auch mal ausprobieren, aber meine Mutter hat mir eingetrichtert: »Christine, steig nicht in fremde Autos!«

*

Als Karl aus dem Auto springt, um seine Freunde zu suchen, vergesse ich fast, mich von ihm zu verabschieden, so überwältigt bin ich von dem ganzen Spektakel um mich herum. Das ist also ein Großfestival! Alle hüpfen wie kleine Kinder euphorisch aus den Autos, reißen Beifahrertüren auf, öffnen Kofferräume und ziehen das erste Bier aus der Palette. Sie fangen an, Sackkarren oder sich selbst zu beladen mit allem, was man eben so braucht auf einem Festival: Faltpavillons, Paletten mit Dosen-Exportbier, Fanta, Cola, Isomatten, Waschkörbe voll Chips und Dosenravioli, dem kulinarischen Klassiker auf Festivals. Dazu Gaskocher, Einweggrill, Klopapier – scheiße. Ich hab mein Klopapier vergessen. Gummipuppen, Glätteisen und Bettzeug in Gelben Säcken. Wahnsinn.

Im Hintergrund schreien AC/DC *Highway to Hell*. Das ist toll, das passt, das hätte ich nicht besser beschreiben können. Der pure Wahnsinn hier. Kaum kommt man in die Nähe von Rock am Ring, hat die wunderschöne Eifel mit ihren Vulkanhügeln und buttergelben Blumen durchquert, sieht und hört man nur noch blaue Sirenen, abwechselnd von Polizei und Rettungswagen. Sofas auf dem Standstreifen. Massen total betrunkener und voll bescheuert verkleideter Menschen. 50.000 sind schon da und es ist erst Donnerstagabend.

Ich mache den Mund zu und suche mir einen Parkplatz. Einen Zeltplatz brauche ich nicht. Ich packe nichts aus. Ich penne heute im Kofferraum. Nach neun Stunden Autofahrt habe ich keinen Nerv mehr, tausend Sachen durch die Gegend zu schleppen. Und ehrlich gesagt habe ich auch keine Lust darauf, dass mir irgend so ein Vollassi an mein Zelt pinkelt, draufkotzt oder drüberstolpert. Da bleibe ich lieber schön sicher in meinem Auto. Es ist auch schon dunkel, ich bin hundemüde und es ist an der Zeit, all die Eindrücke im Schlaf zu verarbeiten. Schnell mit einem Feuchttuch das Gesicht reinigen, Zähnchen putzen und ab in die Heia, der mit Isomatten ausgelegte Kofferraum meines Autos.

Ich schlafe wirklich ausgezeichnet mit meiner Schlafmaske – bis mich ein gleichmäßiges Plätschern aus dem Dornröschenschlaf holt. Regnet es etwa? Ich öffne mühsam meine klebrigen Augen, ziehe die Maske vom Gesicht und schaue in einen blauen Himmel. Es ist schon wieder hell. Aus dem Augenwinkel sehe ich eine dunkle Gestalt am Autofenster vorbeihuschen.

Ich setzte mich aufrecht hin und fummle mir die Brille auf die Nase, höre und sehe jedoch nichts mehr von der Gestalt. Wird wahrscheinlich irgendein Betrunkener zu seinem Auto gegangen sein, um etwas zu holen oder das Handy aufzuladen. Parkplatz und Zeltplatz sind getrennt. Deswegen komme ich hier in den Genuss der absoluten Ruhe. Fühlt sich fast an wie auf dem Friedhof.

Plötzlich rattert es. Ein paar Sekunden lang. Es rattert so laut, dass ich zusammenzucke. Mein Puls erhöht sich. Läuft da draußen ein Amokläufer mit seinem Maschinengewehr rum? Schnell ducke ich mich, liege regungslos auf den umgeklappten Sitzen meines Autos und lausche. Das Geräusch hat sich verändert. Es ist kein lautes Rattern mehr, sondern ein dumpfes, gleichmäßiges Krachen.

Ich höre genau hin und versuche, das Geräusch zu orten. Es ist direkt vor meinem Kofferraum, nur einen halben Meter entfernt. Ich richte mich langsam auf und linse aus der Heckscheibe. Da erkenne ich einen Kopf mit dunklen kurzen Haaren, auf denen ein paar Schuppenflocken schweben. Ich sehe die Gestalt von oben, sie hockt. Am Ende des runden Rückens kommt ein nackter Arsch und aus dem kommt eine braune Wurst raus. Das kann doch nicht wahr sein! Da pupst und scheißt einer direkt vor mein Auto!

Ich bin für ein paar Sekunden im Schockzustand und starre wie gelähmt auf die Ritze des blanken Arsches. Doch dann packt mich die Wut. Ich penne extra im Auto, weil ich Angst habe, dass man mir ans Zelt pisst, und dann scheißt man mir vors Auto!

Ich klopfe gegen die Scheibe und fange an zu schreien: »Ey, du Arschloch!« Am liebsten würde ich aus dem Kofferraum springen, den Typen am Nacken packen und seine Nase tief in die Scheiße tunken. So wie man es bei Hunden macht, wenn sie noch nicht stubenrein sind. Am Nacken packen, Kopf schütteln und schimpfen: »Böser Junge. Ganz böser Junge. Man scheißt nicht vor fremde Autos.« Ich kann mein Gefährt aber nur aus der Fahrer- oder Beifahrertür verlassen. So sitze ich wie ein hysterisches Äffchen in meinem Kofferraumkäfig und klopfe weiter gegen die Scheibe.

Der Wildscheißer schaut mich jetzt auch an. Er ist vor Schreck umgefallen und liegt, mit einem Hosenbein in seinem Scheißhaufen, auf dem grünen Gras, während ich nicht aufhöre, Rambazamba in meinem Auto zu machen.

Wie ich ihn da so hilflos in seinen Exkrementen liegen sehe, bekomme ich ganz kurz Mitleid. Er sieht aus wie ein kompletter Volltrottel. Das ist bestimmt so ein Typ, der in der Kreissparkasse arbeitet und immer zu große Anzüge trägt, die sein Kreuz doppelt so breit wirken lassen, wie es eigentlich ist. Hauptmann bei der freiwilligen Feuerwehr ist er bestimmt auch, hat Poster mit nackten Weibern an der Klotür hängen und immer dann, wenn er einmal im Jahr sein Dorf verlässt, um Urlaub bei Rock am Ring zu machen, denkt er, er kann die Sau rauslassen – oder in diesem Fall die Scheiße.

Da hat er sich aber geirrt. Nachdem mich der Wildscheißer sekundenlang mit seinem dämlichen Blick angestarrt hat, als wäre ich eine Reinkarnation seiner toten Großmutter, scheint er sich wieder zu fangen, er stützt sich mit einer Hand im Gras ab, zieht sich mit der anderen Hand die Hose halb hoch und rennt weg.

»Du hast deine Scheiße vergessen. Du AAAARSCHLOOOOOOOOOOOOOOCH«, schreie ich ihm noch aus dem Kofferraum hinterher.

Meine Güte. Noch nicht mal 8 Uhr morgens und schon eine Begegnung der besonderen Art. Das kann ja ein Tag werden!

*

Nachdem ich das Auto umgeparkt habe – weg vom Kot –, frühstücke ich auf dem Fahrersitz. Die Aufregung hat mich ganz hungrig gemacht. Es gibt Roggenbrot mit Frischkäse und Honig, dazu Radieschen und Paprika. Als ich gestern ein Bild von meinem Festival-Einkaufswagen auf Facebook gepostet habe, wurde ich ausgelacht. Zwölf Flaschen Wasser seien viel zu viel. Radieschen brauche kein Mensch und wo bitte sei denn mein Bier?

Die zwölf Flaschen Wasser sind wirklich zu viel. Aber Tomaten, Radieschen und Paprika sind goldrichtig. Ich denke nämlich vorausschauend. Ein Wochenende lang Dosenfraß essen ist ja okay, aber 40 Wochen? Ich will hier ja kein zweites *Super Size Me*

Projekt starten. Deswegen versuche ich, ab und zu ein bisschen Obst und Gemüse zu mir zu nehmen. Vitamine und so.

Aus dem gleichen Grund trinke ich jetzt statt eines Frühstücksbiers auch einen Wodka-Blutorangen-Mischi. Außerdem wird man davon schneller betrunken, muss ergo weniger trinken und dementsprechend seltener aufs Dixi-Klo. Alles Sachen, die man beachten muss auf einem Festival.

Nach dem Frühstück ist es auch schon Zeit für meine Verabredung.

»Wir begleiten dich dann einfach einen Tag bei deinen ganz normalen Sachen, okay?«

»Okay.«

So oder so ähnlich hatte ich mich ein paar Tage zuvor mit Simon für Rock am Ring verabredet. Punkt 11 Uhr steht er mit seinem Kameraknecht Mustafa aka Musti vor meinem blauen Peugeot. »Mensch, Christine, toll, dass es geklappt hat!«, begrüßt er mich.

Ich habe voll Schiss. Simon und Musti von *DASDING.tv* wollen einen Festivaltag mit mir verbringen. Aber eigentlich sind meine Tage voll unspektakulär. Wenigstens heute und hier bei Rock am Ring, weil das mein erstes großes Festival ist und ich erst mal alles auf mich wirken lassen muss. Ich möchte eigentlich erst einmal nur so rumlaufen, rumhocken, mir Leute anschauen und mir meine Gedanken dazu machen. Und natürlich Fotos schießen. Für mich ist das irre spannend, weil zu allem, was ich sehe, in meinem Gehirn ein kleines Kopfkino abläuft. Für ein Fernsehteam ist es aber bestimmt schrecklich öde, mir einen Tag hinterherzulaufen und mich dabei zu filmen, wie ich Kopfkino schaue.

Deswegen habe ich krampfhaft versucht, mir etwas Spannendes auszudenken. Sie könnten mich ja dabei filmen, wie ich die Dixi-Klos für den *Festivalguide* fotografiere. Oder wie ich versuche, mich auf einem

Festival gesund zu ernähren. Oder wie ich … Ach, keine Ahnung!

»Wir haben uns was ganz Tolles ausgedacht, was wir mit dir machen«, sagt Simon und grinst wie ein Honigkuchenpferd. Das ist kein beruhigendes Grinsen. Das ist ein spitzbübisches »Wir hauen dich in die Pfanne«-Grinsen. Zum Glück habe ich zum Frühstück ein Glas Wodka Blutorange getrunken. Wärmt nicht nur schön von innen und gibt mir meine tägliche Dosis Vitamin C, sondern beruhigt auch.

»Du hast mir ja am Telefon erzählt, dass Rock am Ring dein erstes richtiges Musikfestival ist, und da dachten wir uns, wir geben dir eine Einführung.« Simon macht große Augen und nickt heftig. Mustafa schaut eher gelangweilt in die Gegend und spielt an einem Rädchen seiner Kamera rum.

»Na klaro. Klasse Idee«, erwidere ich mit mehr Begeisterung in der Stimme als im Herzen. Was ist denn eine Festivaleinführung? Muss ich jetzt versuchen, möglichst schnell ein Zelt aufzubauen? Oder Grillen? Oder Luftgitarre spielen?

»Also, wir sind heute Morgen über den Zeltplatz gelaufen«, berichtet Simon, »und haben den Besuchern erzählt, dass die Christine kommt und dass Rock am Ring Christines erstes Festival ist, und gefragt, was die Christine denn unbedingt bei einem Festival mal gemacht haben muss. Und die Antworten wollen wir jetzt mir dir durchspielen.« Okay. Kann nicht schaden. Da kann ich bestimmt irgendwas von lernen und für die Zukunft mitnehmen. Also stimme ich zu. »Super. Dann legen wir los!«

SACHEN, DIE MAN UNBEDINGT EINMAL AUF EINEM FESTIVAL GEMACHT HABEN MUSS:

- In einem Alufolien-Outfit feiern gehen.
- Bei einem Konzert rumgehen und Hotdogs verkaufen.
- Mit Musikanlage auf dem Bollerwagen über den Zeltplatz laufen und laut Volksmusik-Compilations abspielen.
- Nackt über den Zeltplatz rennen und dabei hirnlos rumbrüllen.
- Eine Wasserschlacht mit Wasserpistolen und Wasserbomben sowie anschließender Schaumparty organisieren.
- Wenn es geregnet hat, eine Angel (beim Packen nicht vergessen!) in besonders große Pfützen auswerfen.
- Möglichst vielen Menschen High fives geben und zur Legende werden: »Wisst ihr noch der Typ, der jedem einen High five gegeben hat.«
- Konfettibomben hochgehen lassen.
- Einen Helikopterrundflug machen.
- Sex haben. Der Nervenkitzel, dabei womöglich Zuschauer zu haben, ist krass.
- Eine Hair-und-Beauty-Station aufmachen.
- Bei Regen Schlammcatchen.
- Ein Riesenstofftier verbrennen.
- Nackt einen Bungee-Jumping-Sprung absolvieren.
- Den Sonnenaufgang erleben.
- Crowdsurfen.
- Einen Arschbomben-Contest anzetteln.
- Hähnchen auf der Dose grillen.
- Einen Elefantenslip mit extralangem, weichem Rüssel tragen, dazu eine Borat-Badehose sowie eine mit Prosecco gefüllte Wasserpistole und auf dem Kopf einen pinken Cowboyhut.
- Nüchtern bleiben!
- Einen ganzen Tag in einem Zorbing-Ball verbringen.
- Flunkyball spielen.
- Ein Sauerkrautwettrutschen veranstalten.
- Liebe, Küsschen und Lollies verteilen!

- Seifenblasen dabeihaben und diese einfach ständig herumpusten.
- Mit Hennafarbe das Programm eines Tages auf den Körper aufmalen.
- Auf jeden Fall mit 80 Jahren auch noch kommen.

Ein Glück, dass wir nur ein paar Stunden haben und dass *DASDING.tv* auf einem öffentlich-rechtlichen Sender läuft. So besteht eine reelle Chance, dass ich alle Klamotten am Körper behalte.

WAS SICH MUSTI UND SIMON SCHÖNES FÜR MICH AUSGEDACHT HABEN:

1. EINEN TRINKFLASCHEN-TRAGEGURT AUS GAFFABAND BASTELN

Langweilig! Das ist ja wirklich nicht schwer. Ich als Diplom-Modedesignerin zaubere da innerhalb von zwei Minuten einen neuen Trend. Fertig, sieht schön aus und erfüllt seinen Zweck.

2. FLUNKYBALL SPIELEN

Wir laufen über den Zeltplatz. Musti und Simon sind echt süß. Zwischen Redakteur und Kameramann herrscht immer eine ganz spezielle Beziehung. Wie bei einem alten Ehepaar. Man braucht nicht viele Worte, um einander zu verstehen, aber trotzdem schafft man es, sich mit diesen wenigen Worten in Extremsituationen, wie zum Beispiel auf Festivals, auf den Sack zu gehen. Aber man hält zusammen. Komme was wolle. Wenn Musti nicht mehr kann, dann trägt eben Simon mal die Kamera, und wenn Simon mit einer allergischen Reaktion auf Kokos im Sanitätszelt liegt, versucht Musti eben, allein das Kind zu schaukeln.

»Musti, wir müssen jetzt Leute finden, die Flunykball spielen.«

»Ja, find du mal. Die sind doch jetzt alle auf dem Gelände.«

»Jetzt sei mal nicht so negativ.«

»Das ist nicht negativ, das ist realistisch. Wir sind zu spät.«

Wir laufen auf und ab, kreuz und quer, aber wohin wir auch kommen, entweder hängen die Zeltbesitzer leblos im Campingstuhl oder es ist keiner zu Hause. Wirklich sehr schade. Aber ich glaube, es ist besser für uns alle. Nach einer Runde Flunkyball hätten wir nämlich die Dreharbeiten abbrechen und mich in den Kofferraum zurücklegen können.

Stattdessen treffen wir schließlich auf einen zerstörten jungen Mann mit blauer zerrissener Jogginghose, orangefarbenem Sonnenhut und einem langen Stock. »Na, wer bist du denn?«, fragt Simon und hält

ihm das Mikro unter die Nase. Kamerateams haben es echt nicht einfach. Wirklich. Es ist eigentlich selten, dass sie jemanden ansprechen müssen. Normalerweise kommen die Promilleleichen von ganz allein auf sie zugesteuert.

Das läuft meistens folgendermaßen ab: Der Betrunkene sieht die Kamera. Bis die visuelle Information in seinem Gehirn angekommen ist, vergehen etwa vier Sekunden. Dann hebt die Alkoholleiche als Geste der Erkennung den Zeigefinger. Er streckt den Zeigefinger Richtung Kamera und verharrt in dieser Position. Seine Gesichtszüge entgleisen, mit leicht hängenden Mundwinkeln und schielenden Augen bringt er schließlich die richtige Bezeichnung für das Gerät heraus: »Kammmmeeeerrrraaaa.«

Ja genau. Das ist eine Kamera. Das hätte auch jeder Dreijährige erraten können. »Komm ich jetzt ins Fernsehen?«, ist der zweite Satz. Jetzt liegt die Entscheidung bei Simon und Musti.

Ist der Betrunkene betrunken genug, um irgendetwas Witziges oder Interessantes von sich zu geben? Lohnt es sich, die Kamera anzuschmeißen und das Mikro hinzuhalten? Oder steht vor ihnen ein Opfer, das eins bleiben sollte? Im Zweifel draufhalten, weil man ja nie weiß, was passiert. Wenn man drei Jungs beim Müllgolfen filmt (bei dieser Sportart versucht man, Bierdosen mit einem Golfschläger in eine Mülltonne zu schlagen), kann man beispielsweise Zeuge einer Kastration werden, wenn der eine dem anderen plötzlich den Golfschläger zwischen die Beine ballert. Schmerzhafte Sache für einen, absoluter Brüller für tausend andere.

Wir haben ein besonders schön besoffenes Exemplar gefunden. »Ich bin Gandalf«, sagt der Typ und schwankt wie Gerlinde im Winde. Schon wieder ein Gandalf.

»Aha, Gandalf. Kannst du denn auch zaubern mit deinem Stock?«, will Simon wissen.

»Klar kann ich damit zaubern. Ich bin ja schließlich Gandalf der Blaue.« Ja von innen ist er blau. Blau wie Curaçao. Simon und Gandalf plaudern noch ein bisschen über die neuesten Zaubertricks und den tollen Holzstab, den Gandalf dabeihat, und in welche Richtung es zur Bühne geht. Gandalf hat ein bisschen die Orientierung verloren. Ich hätte den unbeobachteten Moment nutzen und schnell wegrennen sollen, um mich vor der nächsten Disziplin zu drücken. Ich mache mir aber echt Sorgen um Gandalf. Der läuft nämlich direkt in den Wald und denkt, da ist die Bühne. Nicht, dass er genauso verschwindet wie der eine Kerl letztes Jahr. Der wollte mal eben einen kleinen Spaziergang durch die Eifel machen und kam erst drei Tage später und 20 Kilometer weiter wieder zum Vorschein.

3. BIERBONG TRINKEN

Kurz nachdem Gandalf verschwunden ist, kommen uns zwei Männchen mit übergroßen Styropor-Legoköpfen entgegen, die uns zu ihrem Zeltlager führen, in dem ganz zufällig eine Bierbong hängt. »Auf jeden Fall Bierbong trinken«, hatte ich mir ja auch vorgenommen. Aber ehrlich gesagt hatte ich bis dato keine Ahnung, was das ist. Natürlich habe ich diesen Schlauch mit Trichter an einem Ende schon mal gesehen. Erst heute Morgen, als ich über den Zeltplatz zur Kaffeestation gelaufen bin. Da kam so ein Schlauch aus der Muschi einer Gummipuppe raus, die vor irgendeinem Zelt lag. Aber ich wusste nicht, dass man das Bierbong nennt.

»Das ist Fiona, unsere Bierbong. Streichle sie doch mal. Sie hat die schönsten Kurven von allen«, fordert mich das eine Legomännchen auf. »Und mindestens 50 Männer haben schon an ihr gesaugt.« Oh Mann, was tue ich hier. Da raten mir Simon und Musti noch vor einer Stunde, ich soll unbedingt übermäßigen Körperkontakt mit anderen Festivalbesuchern vermeiden, weil man ja nie weiß, welche Hand ein paar Minuten vorher noch genüsslich am Arsch rumgekrault hat, und dann wollen sie, dass ich mir einen fremden Schlauch in den Mund stecke!

Ich streichle Fiona zaghaft und ehe ich michs versehe, knie ich auch schon auf dem Boden und habe einen Schlauch mit vier Zentimetern Durchmesser in meinem Rachen stecken, der ekeliges Billigbier in meinen Magen pumpt, und eine Horde Männer um mich herum stehen, die »Schlucken! Schlucken! Schlucken!« grölen. *Hilfe!*

4. AN EINER SEXORGIE TEILNEHMEN

Sollte man laut Umfrage auch unbedingt einmal gemacht haben, aber leider ist nachmittags um vier gerade keine im Gange, außerdem wäre das Ganze dann auch nicht mehr jugendfrei, deswegen müssen wir diese Disziplin überspringen.

5. CROWDSURFING

Mir ist schlecht. Ich kann nicht aufhören, darüber nachzudenken, was dieser Schlauch schon alles mitgemacht hat, bevor er in meinem Mund war. Warum gibt es kein Sagrotan für den Mundraum, im praktischen Becher to go?

Für unsere letzte Aktion verlassen wir den Campingplatz und marschieren zur Bühne. Da stehe ich nun mit Brechreiz am Rand und wieder mal geht alles ganz schnell. Nicht mal in Ruhe umschauen kann ich mich. Kein einziges Kopfkino hatte ich bis jetzt. Ich komme noch nicht einmal dazu, mir mein T-Shirt in die Hose zu stecken, denn schon hat Simon irgend so einen großen Typen angetippt und ihm etwas ins Ohr geflüstert. »Klaro«, antwortet der leise, nickt Simon zu, packt mich an der Taille und schleudert mich in die Menge. Und ehe ich michs versehe, lande ich auf unzähligen Händen, die mir alle zärtlich Rücken und Arsch massieren, während im Hintergrund Machine Head grölen.

Es ist ziemlich idyllisch da oben und ich fange an nachzudenken. Es gibt noch so viel zu sehen und zu erleben. Und so viele Fragen. Wie läuft so ein Sauerkrautwettrutschen ab? Bekomme ich Herpes von dem Schlauch? Ist Sex im Zelt wirklich so geil? Soll ich mir das Tigerkostüm aus der H&M Kinderabteilung kaufen?

Und dann sind plötzlich alle Hände weg …

»LEIDER GEIL« – ROCK IM PARK

Christine, freust du dich auf dein nächstes Festival? – Schlimmer als Rock am Ring kann es nicht werden, außerdem kommt Paul mit. Aber ich weiß noch nicht, ob das gut oder schlecht ist …

Morgens halb acht in Bayern, vor dem Hilton Hotel. Die Motoren der Familienkutschen brummen, Eltern laufen mit ihren Sprösslingen im Schlepptau zur Sporthalle, Frührentner kommen mit ihrer Ledertasche schon wieder aus dem Gebäude heraus und eine Horde Männer, allesamt mit halblangen Haaren und Sonnenbrille auf der Nase, schleicht inkognito Richtung Schwimmbad.

Ich habe mein Zelt, das zwischen Sporthalle und örtlichem Schwimmbad auf dem Grünstreifen vor dem Hilton steht, einen Spalt geöffnet und beobachte das bunte Treiben. Ich packe meinen Jutebeutel mit dem Waschzeug darin, schnappe mir einen frischen Schlüpfer und folge der Pilgerung.

Das Clubbad Nürnberg – »mit der persönlichen Atmosphäre« – ist von außen ein grauer Betonklotz, von innen ein schmuckes Freibad mit bepflanzten Beeten – natürlich rot-weiße Geranien, entsprechend den Vereinsfarben des 1. FCN – und gruseligen, finsteren Gemeinschaftsduschen aus den 60er-Jahren.

An einem Tisch auf der Terrasse des Schwimmbades sitzt eine Gruppe Männer, die ich ins Visier genommen habe. Eine Mischung aus Proll und Assi, im Trainingsanzug, mit Adiletten, Kippe im Mund, oberkörperfrei, Feinripp-Unterhemd, Camouflage-Hose und mit Plastiktüten zwischen den Füßen. Wer keine Einkaufstüte oder keinen blauen Sack hat, wirft sich Handtuch und Klamotten über die Schulter oder kommt einfach nur in Badehose

mit dem Shampoo in der Hand. Herzlich willkommen in der Oase der Ruhe, in der sich der Rocker den Dreck abwäscht und sich vom Treiben im Park erholt, bevor er sich wieder dem Sauf- und Fröhlichkeitszwang unterwirft.

Mit hängenden Augenlidern und stumpfen Gesichtern schauen die Männer, die schon einiges weggesoffen haben, einem Krauler hinterher, der im 50-Meter-Becken seine Bahnen zieht und genau die richtige Geschwindigkeit für ihre Gehirnleistung hat. Die Sonnenbrille haben sie weggepackt. Hier unter Gleichgesinnten können sie sich als hygienebewusste Pussys outen. Für den unglaublichen Schnäppchen-Preis von 4,20 Euro pro Einzelticket kann man die Gemeinschaftsdusche des Schwimmbads benutzen.

Vor ihnen auf dem Tisch liegen ein paar Schachteln Zigaretten, daneben stehen Weizengläser, die den bestialischen Durst stillen sollen. Den Durst stillt man immer mit Bier. Wasser als Getränk existiert nicht. Als ein Typ sich mit einer Flasche Sprudel auf einem Plastiktablett an den Tisch seiner Kumpels setzen will, fragen die ihn ungläubig: »Was willst du denn mit dem Wasser? Du hast doch gerade erst geduscht.«

Sich unterhalten kann und will hier noch keiner so richtig. Nicht einmal die paar Frauen, die hier sitzen. Ich versuche, ein Gespräch anzufangen, will wissen, ob sie jedes Jahr hier frühstücken, wie sie das Bad gefunden haben, warum sie hier stundenlang rumsitzen und was ihnen so durch den Kopf geht am Morgen nach Rock im Park. Doch die Konversationen sind recht einsilbig. Der klassische Dialog:

»Zigarette?«

»Jo.«

»Noch ein Bier?«

»Jo.«

»Hamburger oder Pizza?«

»Pizza.«

»Gehen?«

»Nää, noch a weng bleibm.«

Während man auf dem Campingplatz schon wieder die ersten Bierbongs durch das Nasenloch zieht, genießt man hier einen kleinen Kurzurlaub. Das Schwimmbad ist bestens vorbereitet auf den Rock-im-Parker und bietet als Ergänzung zur Dusche ein herzhaftes, unglaublich unappetitlich aussehendes Frühstück im Quick & Fresh-SB-Restaurant an. In der Auslage liegen einige Pizzabrötchen mit verkohltem Rand, bis zur Unkenntlichkeit eingetrocknete Nudeln und verrunzelte Bratkartoffeln.

Sobald der Magen gefüllt ist, nimmt auch die Zahl der Gespräche zu. Es wird über die vergangene Nacht gesprochen. Wer hat am meisten getrunken? Wer hat wo und wann gekotzt? Und wer alles die fremde Brünette abgeschleppt? Dabei wird immer wieder gegähnt, getrunken und geraucht. Bis um 14 Uhr die erste Band spielt und es einen Grund gibt aufzustehen, muss noch einiges an Zeit verplempert werden. Weitere Gesprächsthemen werden aufgegriffen: die Disneylandisierung von Rockfestivals, die Einführung von Ruhecampingplätzen, das Hammergras, mit dem man geschlafen hat wie ein Stein.

Paul sitzt neben mir auf dem Plastikstuhl auf der Terrasse des Schnellimbisses mit Panoramablick auf den blauen Pool und knabbert an einem Bulettenbrötchen.

»Na, wie war dein erstes Festival?«, frage ich ihn erwartungsvoll.

»Ich hab's überlebt«, nuschelt er mit dem Mund voller Schweinehack.

»So schlimm war es jetzt wirklich nicht. Wir haben voll den tollen Zeltplatz gefunden. Stell dir mal vor, wir wären mitten in der Rocker-Kolonie gelandet.«

»Das einzig Gute war, dass wir im Pressebereich aufs Klo konnten. Es sind mir einfach zu viele Assis hier und Menschen, die nicht mit ihrem Leben klarkommen.«

»Was sind denn für dich Menschen, die nicht mit ihrem Leben klarkommen?«

»Wenn ich mich schwarz anziehe, Haare bis zum Arsch habe und meinen Kumpel Penis nenne, bin ich nicht im Leben. Ich habe Fußball gespielt, Mausi, ich kenne jeden einzelnen Typen in dieser Gesellschaft – und *die* nehmen nicht am normalen Leben teil.«

Ich schaue mich im Schwimmbad um und verspüre den Drang, die Langhaarigen zu verteidigen. Ich halte dagegen, dass es ja theoretisch möglich sei, sich nur hier anders aufzuführen und am Montag wieder schön brav seiner Tischlerlehre nachzugehen oder Mails mit der Anrede »Sehr geehrte Damen und Herren« zu verfassen. Außerdem will ich wissen: »Wo sind denn dann deiner Meinung nach die ganzen normalen Menschen?«

»Na, auf der Bergkirchweih in Erlangen.«

»Aha.« Kurze Schweigeminute. Ich merke: Ich habe keine Kraft, um weiter zu argumentieren.

»Aber sonst findest du es schön hier? Die Bands und das Festivalgelände?«

»Die Bäume sind schön hier. Wirklich schöne Bäume. Wann fahren wir heute nach Hause?«

»Nach Gossip.«

»Wann spielen die?«

»Um 16 Uhr.«

»Was? Bis 16 Uhr willst du hier noch rumhängen?«

»Ja klar, am liebsten noch bis 23 Uhr. Ich finde es leider geil.« Deichkind zitieren kommt immer gut.

»Wir fahren um fünf.«

Mit diesen Worten verlassen wir die Ruheoase der Rocker.

»GEILE WELT« – MUSIKSCHUTZGEBIET

Christine, freust du dich auf dein nächstes Festival? – Ja, es wurde mir als absoluter Geheimtipp empfohlen und ich bin gespannt, was einen Tag vor dem Festival so abgeht in Hombergshausen.

Während die meisten noch irgendwo zwischen Autobahn und Landstraße unterwegs sind, hauen die Ersten schon Heringe in den trockenen Feldboden. Wieder andere wissen nicht, wo ihnen der Kopf steht. Phasen eines Festivals.

*

Erste Phase: *Anreise*. Vorfreude, Spannung, Adrenalin pur. Der Kofferraum wird vollgestopft, der Supermarkt unsicher gemacht, die Freunde eingesammelt und dann geht's los. Mit beklebter Heckscheibe, meist die Abkürzung des jeweiligen Festivals (Wacken = WOA, Rock am Ring = RAR und so weiter), fährt man Richtung Freiheit.

Die Rollenverteilung im Auto ist klar festgelegt. Der Fahrer hat die Sonnenbrille auf, auch wenn es regnet oder schneit, bleibt vorerst nüchtern und fährt die ganze Bagage sicher ans Ziel. Der Beifahrer spielt DJ und lässt die eigens für die Fahrt erstellte Playlist laufen – je nachdem, auf welches Festival man fährt, auf dem Plattenspieler, Kassettenrecorder, CD-Player, iPod oder iPhone. Die Hinterbänkler sind für die Stimmung da. Entweder singen sie mit, reißen einen dummen Spruch nach dem anderen oder packen das erste und auch einzige Mal an diesem Wochenende die Gitarre aus, um selbst musikalisch aktiv zu werden. Die Leute auf der Rückbank sind die Stimmungsindikatoren für das ganze Festival: Setzen sie sich ins Auto und schlafen ein, dann werden sie vor Montag auch nicht mehr aufwachen.

Im Großen und Ganzen ist die Anreise zu einem Festival kaum anders als eine Fahrt in den Urlaub. Erwartungen, Vorgeschichten, Gerüchte und bereits gemachte Erfahrungen mischen sich mit den Wettervorhersagen. Dabei gilt: Je höher die Luftfeuchtigkeit im Rachenraum, desto besser die Grundstimmung.

*

Zweite Phase: *Ankommen*. Die Soll-Vorstellung ist zum Ist-Zustand geworden. Man schickt die erste SMS an Freunde: »Hey, wir sind da, auf P5 neben den Dixis, blauer Volvo mit St.-Pauli-Flagge. Kommt vorbei.«

Erstes Bier auf Ex oder ein kleiner Joint zur Entspannung. Danach richtet man sich häuslich ein, schaut verstohlen zu den Nachbarn und beschnuppert sich. Was sind das für Typen? Langweilige Pärchen, trommelnde Hippies, Klugscheißer oder dumme Sprücheklopfer? Die ersten 30 Minuten auf einem Festival sind entscheidend. Dabei kommt es wie beim Penis auf die Größe an. Beim Festival gilt: Je größer, desto anonymer und desto ausartender. Bei kleinen, feinen Veranstaltungen reißt man sich eher zusammen, weil der Campingplatz einer Dorfgemeinde ähnelt, in der schnell getuschelt wird hinter den zugezogenen Zelttüren.

Je kleiner das Festival, desto persönlicher, desto geringer die sozialen Fehltritte, weil man ja erkannt werden könnte. Außerdem interessiert man sich bei kleineren Festivals meist mehr für die Musik als für den Alkoholpegel. Bei Großfestivals taucht man einfach ab, benimmt sich völlig daneben, hängt seine soziale Rolle an der Eingangstür an den Haken und tauscht sie gegen seinen Wunschcharakter. Die drei schönsten Argumente fürs absolute

Ausflippen: 1. Hier kennt mich keiner. 2. Ich sehe die Leute nie wieder. 3. Wir sind alle betrunken.

Grundsätzlich gilt: Der Mensch ist ein Herdentier und passt sich den vorgefundenen sozialen Verhaltensmustern an. Deswegen ist es für viele auch so wichtig, unter den Ersten auf dem Gelände zu sein. Nicht wegen des guten Zeltplatzes, sondern um bei der Grundstimmung mitzureden. Wenn als Erstes zehn Autos mit schlafender Rückbank ankommen, kann man gleich die Decken zum Gruppenkuscheln ausrollen und den Wodka zum Abspülen verwenden.

*

Dritte Phase: *Exzess*. Es ist so weit. Feiern, die Sau rauslassen, abgehen wie Schmidts Katze. Aber es liegen überall Kuscheldecken rum? Keine Sorge, es gibt noch Hoffnung. Drei Tage Großfestival können aus einem lieben, netten Rückbankschläfer ein Untier ohne jegliches Benehmen und ohne Hemmungen machen.

Möchte man während der Exzess-Phase auch noch kommunizieren, statt nur zu trinken, dann sollte es besser etwas Lustiges sein. Sobald man den Mund aufmacht, muss ein Witz rausschießen. Und wenn es nichts Witziges gibt, dann wird irgendetwas witzig gemacht. Und wenn gar nichts geht, dann darf man auch ab und zu eine obszöne Bemerkung machen oder einen tiefen, dunklen, den Erdboden erschütternden Rülpser von sich geben. Ansonsten läuft alles automatisch. Alkohol läuft, Musik läuft – auf der Bühne oder aus dem Auto –, die Feierei ist in vollem Gange. Es wird getanzt, Blödsinn gemacht, fotografiert, gelacht, umarmt, getrunken, geküsst, gelacht, umarmt, getrunken, geküsst, gelacht …

In dieser Phase unterscheidet man meistens noch zwischen der Camping-Party und der Festival-Party. Es gibt wirklich viele, obwohl das auch festivalabhängig ist, die kommen nur zum Campen. Die besuchen nie das Festivalgelände mit den Bühnen und den Bands, obwohl sie ein Ticket ha-

ben. Gründe: Weg zu weit, Musik zu laut, Wetter zu schlecht, Band kommt nächstes Jahr sowieso wieder oder körperlich nicht mehr in der Lage. Die Campingleute wollen ihren Höhepunkt zwischen Zeltwand und Einweggrill haben und nicht, wenn Cro auf der Bühne *Geile Welt* singt.

Beim Zeltplatz-Happening ist, um mit den Worten Beuys' zu sprechen, jeder Mensch ein Künstler. Und es gibt immer mehr, die einfach nur Künstler sein wollen – egal, ob Entertainer oder Karaokesänger. Das erklärt auch, warum manche Festivals schon ausverkauft sind, bevor die erste Band feststeht. Auf dem Zeltplatz bekommt man immer das gleiche grandiose Line-up. Als Vorband spielen *Bier & Bratwurst*. Headliner sind *Kurze* feat. *Jede Menge Blödsinn im Kopf* und zur Aftershow-Party gibt es die *Alkohol Allstars*. Vielleicht auch noch ein kleines Techtelmechtel. Alle sind glücklich. Alles ist wunderbar. Was nicht wunderbar ist, wird mit einem letzten Sturzbier wunderbar gemacht. Man hat nicht nur den Höhepunkt des Festivals erreicht, man hat auch den Höhepunkt seines Lebens erreicht. Nie wieder wird es so geil werden. Nie wieder. Es darf nicht enden. Doch wie so oft macht Mutter Natur einen Strich durch die Rechnung. Es wird langsam hell. Noch einmal alles geben, bevor mit dem Sonnenlicht die leidigen Fragen des Lebens aufkommen: Wo ist mein Handy? Wo ist mein Zelt? Wer bin ich? Wer ist das neben mir?

*

Vierte Phase: *Entspannung*. Der Morgen danach. Erst einmal Ohropax raus und sich erleichtern gehen. Männer suchen sich den nächstgelegenen Bauzaun. Frauen müssen den qualvollen Weg bis zum Dixi meistern.

Danach sitzt man ein bis zwei Stunden gediegen rum. Immer noch im Dixi, wieder vor dem Zelt, auf dem Stuhl unter dem Pavillon, im Auto oder schon am Wegrand. Geplantes Nichtstun. Tief ein- und ausatmen. Dann, gegen Mittag, kann man sich die Frage stellen, ob man sich 40 Minuten lang meditativ für eine Dusche anstellen möchte oder ob man sich sagt: Scheiß auf den ständigen Perfektionismus! – und lie-

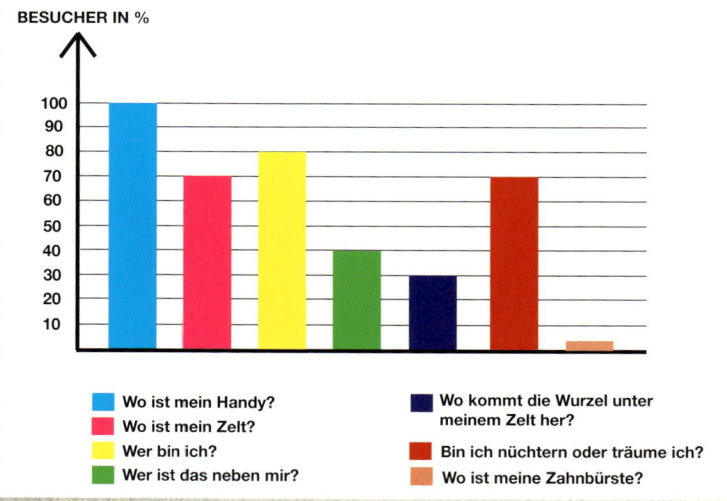

FRAGEN BEIM AUFWACHEN AUF EINEM FESTIVAL

BESUCHER IN %

- ▮ Wo ist mein Handy?
- ▮ Wo ist mein Zelt?
- ▮ Wer bin ich?
- ▮ Wer ist das neben mir?
- ▮ Wo kommt die Wurzel unter meinem Zelt her?
- ▮ Bin ich nüchtern oder träume ich?
- ▮ Wo ist meine Zahnbürste?

ber weiter vor sich hin müffelt. Auf dem ganzen Campingplatz ist Slow Motion angesagt. Je langsamer, desto besser. Manche errichten sogar Slowmo-Zonen auf dem Wegrand vor ihrem Zelt, durch die jeder Passant nur in Zeitlupe schleichen darf. In der Entspannungs- und Entschleunigungsphase gilt es, den Blick für die Prioritäten zu schärfen. Wann ist der richtige Zeitpunkt für das erste Bier und wie beschaffe ich mir mehr Bier? Multitasking gibt es nicht, höchstens in Form von Essen und Furzen gleichzeitig.

Entspannungspausen und Partyhöhepunkte wechseln sich ab. Natürlich ist das kein Zufall. Die Veranstalter überlegen sich genau, wie sie die Menge anheizen und wie sie dann mit der angeheizten Menge umgehen, wenigstens auf dem Festivalgelände. Auf dem Campingplatz stellt man eigene Regeln auf. Was jedoch überall gleich ist: Man möchte sich selbst feiern. Es geht nicht nur darum, eine Band anzuhimmeln, sondern vor allem, sich selbst beim Feiern zu feiern. Das erklärt auch, warum bei Rock am Ring alle vor Mustis

und Simons Kamera gesprungen sind. Sich selbst auf der Riesenleinwand neben der Bühne, im Fernsehen oder auf YouTube zu sehen, ist noch einmal ein ganz besonderer Kick. Das gibt dem abnormalen Ablauf ein Stück Wirklichkeit.

Phase drei und vier wiederholen sich je nach Länge des Festivalaufenthalts ein paar Mal. Am liebsten jedoch in der Endlosschleife. Doch irgendwann muss Schluss sein. Phase fünf wird eingeläutet.

*

Fünfte Phase: *Abreise und Nachbereitung.* Im besten Fall will man nicht mehr weg, egal, wie lange man schon da ist. Nach zwei Tagen hat man noch nicht genug, nach vier hat man sich schon seine eigene neue Welt erschaffen. Wenn man nicht mindestens zehn Minuten lang das »Schade, dass es vorbei ist«-Gefühl hat, dann war es kein gutes Festival und man wird nicht mehr wiederkommen. Wichtig ist, dass man zufrieden nach Hause geht.

Disziplinierte Besucher packen ihre Sachen, sammeln ihren Müll auf und

verlassen den Platz, ohne Spuren zu hinterlassen. Mit zerrissenen Klamotten, Striemen am Körper und ohne das verlorene Handy tritt man den Heimweg an. Zu Hause ist man relativ schnell wieder auf Null. Kofferraum ausräumen, Duschen, Wäsche waschen. Man surft durchs Internet, added neue Freunde, schaut auf die Facebook-Seite des Festivals und hofft, irgendwo ein Bild von sich zu entdecken. Bei irgendeinem Webanbieter erstellt man sich dann seine eigene kostenlose Festival-Playlist und hört sie in der Endlosschleife. Nach dem letzten Foto, das man von sich auf Facebook postet, beginnt er wieder, der Alltag. Was bleibt, ist die Vorfreude auf ein Wiedersehen.

*

Die Festivalveranstalter des Musikschutzgebiets in Hombergshausen bereiten alles für Phase zwei, die Ankunft der Festivalbesucher, vor. Während um mich herum alle schwitzen und schuften, überspringe ich die ersten drei Phasen und bin bereits bei Phase vier: Rumsitzen und beobachten. Das ist heute mein Auftrag. Ich will wissen, wie es ist, ein Festival aufzubauen. Was passiert einen Tag vorher? Wie groß ist der Stressfaktor? Wie viele Leute sind da?

Björn hängt die Lampen in der Scheune auf, Steffy schmiert Nutella-Brötchen für die Parkplatzwärter und Julia füllt die Biertheke auf. Die Bühne steht, der Pizzastand steht, die Deko hängt. Die Duschen sind als Telefonzellen getarnt. Der riesige Doppeldeckerbus mit eingebautem Café muss noch an den richtigen Platz gefahren werden.

»Männer, ich brauch euch noch mal. Wir müssen die Bratwürste holen.« – »Ohne mich. Ich habe schon die Schweine geschlachtet.«

Die Dixis müssen verteilt, der Merchandise-Stand eingeräumt, die Essensmarken für die Helfer gedruckt und eingeschweißt werden. Soundcheck. Der Stall bebt. »I'm still, I'm still an animal«: Miike Snow. Gute Wahl für den Soundcheck. 60 Kilogramm Wurst fahren an mir vorbei. Gestern noch 200 Meter entfernt von hier im Stall gestanden, morgen schon auf dem Grill.

In weniger als 24 Stunden feiern auf dem Grünhof 1.800 Leute. Was vor ein paar Jahren mit 300 Leuten angefangen hat, ist heute ein heißbegehrtes Insiderfestival im Herzen Deutschlands. Tickets erzielen auf dem Schwarzmarkt den doppelten Preis. »Wir hätten locker 4.000 Karten verkaufen können, aber wir wollen es klein und intim halten. Obwohl … ein bisschen Charme ist schon verloren gegangen. Früher haben wir keine Bauzäune gebraucht«, berichtet mir ein Helfer. Seit 2004 treffen sich einmal im Jahr alte Schulfreunde in der Heimat, reisen aus München, Hamburg, Kassel oder

der Schweiz an, um etwas Großartiges zu organisieren. Ein Klassentreffen mit einer Riesenparty.

*

Ich wechsle die Location. Die ersten Besucher sind eingetroffen und richten sich ein. Es ist ein grandioser Start. Gelbe Weizenfelder, am Himmel ein Regenbogen, dazu ein atemberaubend schöner Sonnenuntergang. Vor dem Campingplatz sitzen ein Mädchen und ein Junge im Schneidersitz nebeneinander auf der Straße. Der Junge, geschätztes Alter irgendetwas um die Volljährigkeit, trägt eine Opamütze, einen mit Edding angemalten Schnurrbart und eine Sonnenbrille. Er sieht gut aus, ein bisschen wie ein junger Johnny Depp, und das Mädchen strahlt ihn mit erwartungsvoll leuchtenden Augen an. Es ist der gleiche Gesichtsausdruck, den alle haben, die hier gerade mit Sack und Pack ankommen: eine Mischung aus Begeisterung, Neugierde und Vorfreude.

Eindeutig Phase zwei. Beschnuppern. Meine Prognose: Da geht noch was zwischen den beiden am Wochenende. Wer schon so romantisch startet.

Eigentlich ist es bei einem Festivalbesuch ähnlich wie in der Liebe. Man hat große Erwartungen, viele Geschichten gehört und ein paar eigene Erfahrungen gemacht. Man kommt an, beschnuppert sich und trinkt einen biochemischen Hormoncocktail. In den ersten 30 Sekunden entscheidet unser Gehirn, wie es läuft, und sendet eine SMS an unsere Geschlechtsorgane. »Hey, Östrogen und Androgen aufgepasst! Guter Fang, direkt vor euch.« Wenn der Funke überspringt, gibt es einen Rausch und der Hypothalamus heizt den Schaltkreisen ein. Vorgruppe sind die Schmetterlinge im Bauch, Headliner ist die große, wahre, einzige Liebe und der Abschluss ist immer offen. Nach der rosaroten Brille und dem ersten Ausflippen wird es ruhiger. Der Alltag ist die Entspannungsphase. Wenn man es schafft, dort immer wieder einen Gefühlsexzess rein zu bekommen, schafft man es auch, bis zum Ende durchzuhalten. Wenn es aber ruhiger und ruhiger wird, droht die Liebe einzuschlafen – und die fünfte Phase startet. Es ist vorbei, man nimmt Abschied voneinander und geht getrennte Wege.

Disziplinierte Liebende packen ihre Emotionen, sammeln den Weltschmerz ein und hinterlassen kein Gefühlsblutbad. Mit dem Beziehungsstatus, den man auf Facebook von »Vergeben« auf »Single« setzt, kehrt der Alltag allein ein, was bleibt, ist die Vorfreude auf die nächste große Liebe. Irgendwann findet man dann den Einen, die Eine oder das Eine.

Das eine Festival, dem man sein Leben lang treu bleibt.

»HIDE AND SEEK« – MIDNIGHT SUN FILM FESTIVAL

Online: bit.ly/YFFumz

Christine, freust du dich auf dein nächstes Festival? – Ja, aber ich frag mich, wann und wie ich schlafen soll, wenn es 24 Stunden hell ist.

Was macht einen guten Film aus? Eine Frage, die man sich natürlich stellt, bevor man auf ein Filmfestival geht, immerhin hat man Erwartungen. Die Antwort ist natürlich sehr subjektiv. Deswegen formuliere ich die Frage um: Wann ist für mich ein Film toll? Wenn Schauspieler mitspielen, die ich mag? Wenn die Geschichte spannend und überraschend ist? Wenn ich schöne Menschen in schönen Kleidern sehe? Oder ich vor Lachen am Boden liege? Ich habe selbst keine Antwort auf meine Frage – bis ich eines Nachts bei Tageslicht mit verheulten Augen am Fluss stehe.

*

Drei Stunden vorher. Ich sitze in einem Zelt. Die Mundharmonika fängt an zu spielen. Die Leinwand beginnt zu flimmern. »William Fox presents *Sunrise – A song of two humans*«. Ich sehe einen Stummfilm aus dem Jahr 1927, mit einer Band vor der Leinwand, die live Musik dazu spielt.

This song of the Man and his Wife is of no place and every place: you might hear it anywhere at any time. For wherever the sun rises and sets in the city's turmoil or under the open sky on the farm, life is much the same: sometimes bitter, sometimes sweet.
Kein einziges Wort fällt in den folgenden 95 Minuten, aber oft ist der Blick in ein ausdrucksvolles Gesicht so viel ergreifender als tausend Worte. Nur am Anfang kommen ein paar schwarze Sequenzen mit weißer Schrift: *»They used to be like children, carefree ... Always happy and laughing ...«*

Die Geschichte von *Sunrise* ist ganz simpel. Ein Bauer betrügt seine Frau mit einer anderen, die gerade Urlaub in der Stadt macht. Sie redet ihm ein, dass er seine Ehefrau umbringen soll, damit sie selbst in die Stadt ziehen kann. Der Mann nimmt sich vor, seine Frau am nächsten Tag bei einem Ausflug mit dem Boot zu ertränken. Er bringt es aber nicht übers Herz. Als sie wieder an Land sind, springt die Frau aus dem Boot und flieht mit der Straßenbahn in die Stadt. Der Mann folgt ihr und es beginnt der Kampf. Ein Kampf um die Liebe – jetzt müsste eigentlich Imogen

Heap *Hide and Seek* spielen. Das würde so passen. Plötzlich sind die beiden sich völlig fremd. Die Frau erkennt ihren Mann nicht mehr, immerhin hat er versucht, sie umzubringen. Der Mann sieht seine Frau plötzlich wieder als liebenswertestes Geschöpf auf Erden. Obwohl sie sich nicht mehr in die Augen sehen können und sich in einem Gefühlswirrwarr aus Traurigkeit, Enttäuschung, Verzweiflung und Angst verheddert haben, gehen sie nicht getrennte Wege, sondern verbringen einen Nachmittag und einen Abend zusammen in der Stadt. Sie lassen ihre Vergangenheit aufleben, verbringen Zeit miteinander und verlieben sich erneut ineinander.

Der Film ist 85 Jahre alt, die Geschichte mit ihrer Problematik hätte mir aber auch gestern Abend bei einem Gläschen Wein von einer Freundin erzählt werden können. Die Liebe, das Neue, die Zweifel, die Sehnsucht und die Zeit, die oft alles heilt, die man aber nicht investiert. Ich bin plötzlich traurig, obwohl der Film ein Happy End hat. Er berührt mich ganz tief drinnen. Er erinnert mich an ein Gefühl, von dem ich schon gar nicht mehr wusste, dass es existiert. Ich habe mich ein Stück weit selbst wiedererkannt. Ich bin auch einmal zu früh aus einer Beziehung gegangen, ohne zu kämpfen, weil ich dachte, das Neue sei besser und aufregender. Aber das Neue ist oft nur eine bessere Verführung, dessen Reize schneller nachlassen, als man denkt.

Ich gehe aus dem Filmzelt, laufe ein Stück durch das kleine Dorf Sodankylä und setze mich an den Fluss. Ich bin ein bisschen high vom Heulen und von den ganzen Emotionen, dem Schlafmangel und dem Licht. In Finnland scheint gerade die Mittsommernachtssonne. Rund um die Uhr Licht und kein Gefühl mehr für Zeit. Also sitze ich mitten in der Nacht am Wasser und die Sonne scheint so wunderschön, dass man es gar nicht beschreiben kann. Es sieht aus, als würde sie versuchen unterzugehen, doch sie bleibt immer drei Meter über dem Horizont stehen und strahlt alles kupfergold an.

Ich kenne jetzt die Antwort auf die Frage. Ein guter Film nimmt dich nicht nur mit in eine andere Welt und bezaubert dich, ein guter Film dreht sich weiter im Kopf. Den sieht man nicht nur, man erlebt ihn auch. Der hört nicht nach dem Abspann auf. Ein guter Film kann dir andere Sichtweisen zeigen, löst Probleme, gibt indirekt Lebensratschläge und bereichert dich. Er ist wie eine Droge, von der man immer mehr haben will. Ein guter Film zeigt dir durch das Leben der anderen dein eigenes – und noch Tage später summst du die Titelmusik vor dich hin.

»ALL I NEED« – METALTOWN

Online: bit.ly/SIIujQ

Christine, freust du dich auf dein nächstes Festival? – Ja, die werden schon alle lieb zu mir sein, die bösen Jungs.

Metaltown soll mein Wacken-Warm-up werden. Ich will mich langsam und entspannt mit den Metallern vertraut machen. Erste Erfahrungen habe ich in meiner Jugend gesammelt. Aber das hier, das ist komisch. Das hier ist ganz anders, als ich es erwartet habe. Hier sind fast keine bulligen Männer mit Tarnhose und Lederweste. Hier tragen sie Skinny-Jeans und sehen gut aus, haben lange gepflegte Haare und schöne saubere Bärte. Das irritiert mich. Außerdem essen sie Popcorn und Gummibärchen. Aber sie stehen drauf, wenn die Sänger auf der Bühne das F-Wort verwenden. Ich sehe keinen Zusammenhang zwischen dem Popcorn und dem F-Wort.

»Are you fucking ready? The show is fucking starting«, brüllt der kleine schwarze Wicht auf der Bühne.

Publikum: »YEEEAAAAHHHHHH!!!!!!«

»It's fucking early but fuck it. I see your fucking energy«, brüllt der Wicht weiter.

Publikum: »YEEEAAHHHHHHH!!!!!!«

»I want to see your fucking hands. I am the fucking man!«

»YEEAAHHHHHHHH!!!!!!«

»Headbang, motherfuckers!!!!«

»YEEAAHHHHHHHH!!!!!!«

Und dann kreisen die Köpfe auf dem Gelände, auf dem sonst Pferde ihre Runden drehen. Das Metaltown Festival findet auf einer Galopprennbahn statt, 14 Kilometer von Göteborg entfernt. Ich setze mich neben die Popcornmaschine an den Zaun und halte dieses fucking Erlebnis fest, an dem ich gerade teilhabe. Mit meinem deepfuckingblauen Kugelschreiber direkt ins motherfucking Shitbuch. Da kommt auch schon der Erste und setzt sich neben mich.

»Was schreibst du denn da?«, fragt er.

»Ich schreibe auf, dass man, wenn man auf einem Festival ins Gespräch kommen will, sich einfach nur mit Notizbuch und Kugelschreiber an den Zaun setzen muss. Dann kommt alle vier Minuten jemand vorbei und fragt, was man aufschreibt.«

Der Fremde lacht. Dabei war das eigentlich gar kein Witz, sondern die Wahrheit.

»Wo kommst du denn her?«, will er nun wissen.

»Aus Deutschland.«

»Deutschland? Wunderbar! Ich liebe Deutschland. Ich bin Schwede.«

Sieht man. Blondes Haar, blaue Augen und ein Volvo-Zeichen statt eines Mercedes-Sterns um den Hals.

»Lass mich raten: Du magst an Deutschland das billige Bier?«

»Nein.«

»Den Fußball?«

»Nein.«

Ich schaue ihn irritiert an, weil das normalerweise meine zwei Bingo-Tipps sind.

»Heidelberg.«

»Heidelberg?«, frage ich ungläubig nach.

»Ja, Heidelberg. Wegen Hegel, Gadamer und dem Philosophenweg. Ich bin auch Philosoph.« Er lächelt mich ganz philosophisch an und klimpert mit den Wimpern. Dieses Gespräch läuft außer Kontrolle. Das scheint mir doch etwas zu abstrakt, mich bei Bier und Popcorn und einem fluchenden fucking Wicht im Hintergrund über Philosophen aus Heidelberg zu unterhalten.

»Warum bist du denn hier?«, frage ich weiter.

»Wegen des guten Sex.«

Wegen des guten Sex? Ich hatte mit einer Antwort à la »wegen Anthrax und Slayer« gerechnet. Oder mit »weil ein Freund mich mitgezerrt hat« oder mit »weil ich im Nachbardorf wohne«. Aber wegen des guten Sex?

»Ja, das ist das Geilste. Der Festivalsex! Soll ich es dir zeigen? Rooooar!!« Dabei reißt er den Mund auf, als wäre er ein Tiger oder ein Löwe.

»Nein, danke. Ich muss hier noch ein bisschen sitzen und beobachten und in mein Notizbuch schreiben.«

»Gut. Es kann nur der zu etwas gezwungen werden, der sich zwingen lassen will …«

Mit diesen Worten Hegels verabschiedet sich der Philosoph und läuft Richtung Bühne. Ich schaue ihm noch eine Weile verwundert hinterher. Nach zwei Minuten spricht er ein Mädchen an. Sie trägt eine schwarze Netzstrumpfhose, darüber eine Shorts, auf die die Hüft- und Arschknochen eines Skeletts gedruckt sind, dazu ein kurzes Lederjäckchen mit einem Spitzentop darunter. Er packt ihre Hand und zieht sie mit in die Menschenmenge, zur fucking Festivalband. Später am Abend, als Within Tempation *All I need* trällern, bei romantischer Feuerzeug-in-die-Höhe-Stimmung, scheint sie sich einsam zu fühlen und in der Lustzone des Philosophen eine Kuhle der Geborgenheit zu suchen, sie legt ihren Po in dieselbe. Ein bisschen schunkeln, spüren, wie er wächst und wächst, und Nägel mit Köpfen machen. Sie dreht sich um, steckt ihm die Zunge in den Hals und sie knutschen wild rum. Die Sache ist geritzt. Zwei Menschen wollen Liebe. Jetzt. Sofort.

Auf dem Weg zum Zeltplatz halten sich die beiden noch kurz zurück. Laufen händchenhaltend ganz brav nebeneinanderher. Abstinenz vor der Explosion. Anstandshalber wird ein Zelt gesucht. Um nicht unnötig miteinander reden zu müssen – immerhin kann es ziemlich unschön sein, wenn ein komischer Dialekt oder der Gestank von Mundfäule aus dem Rachenraum

kommt, und außerdem ist ja genau das Unbekannte so sexy –, knutschen sie einfach weiter, er schiebt zum ersten Mal die Hand unter ihr Spitzentop und fühlt einen weichen Busen, einen weichen Bauch und einen von Pommesfett und Bierhefe aufgeschwemmten und von Schweiß leicht klebrigen molligen Körper.

Vor lauter Erregung können sie sich gar nicht konzentrieren. Zu ihm oder zu ihr? An der leidigen Frage kommen sie nicht vorbei. Schnell und in wenigen Worten klären sie, wer den Luxus eines Ein-Mann-Zelts hat beziehungsweise wessen temporärer Mitbewohner am besten mit der Tatsache zurechtkommt, dass gleich hemmungslos auf seinem Daunenschlafsack gevögelt wird.

Als echte Adrenalin-Junkies entscheiden sie sich schließlich natürlich für ein fremdes Zelt. Lippe an Lippe laufen sie durch die Stolperlandschaft Zeltwiese, reißen mit den Füßen aphrodisiert ein paar Heringe aus dem Boden und bekommen schon die ersten Beschwerden zu hören. »Hey, geht's noch, ihr Assis?«

Scheiß drauf! Die sind doch nur neidisch. Die wollen doch alle nur Sex. Am liebsten 24 Stunden am Tag. Endlich haben sie eine passende Liebeshöhle gefunden. Die Lippen müssen sich kurz trennen, kein Grund, den Körperkontakt zu verlieren. Weiterfummeln. Bloß nicht aufhören! Während er im Stockfinstern nervös nach dem Reißverschluss zum Zelteingang

sucht, tastet sie an seinem Hosenbund entlang, öffnet die Gürtelschnalle und fühlt schon einmal vor. Sex im Zelt ist wie Dinner in the Dark. Man weiß zwar, dass es etwas zu essen gibt, aber was genau, bleibt eine Überraschung, bis man es anfasst oder in den Mund steckt. Aber gerade das macht den Nervenkitzel aus. Das Unwissen, die Finsternis.

Nach so viel neuer Musik, die sie den ganzen Tag über entdeckt haben, gehört zum krönenden Abschluss die Entdeckung und Eroberung eines frischen Stücks Fleisch (oder sagen wir lieber: eines *unbekannten* Stücks. Wie frisch der Körper ist, weiß man ja nie so genau!), das Ertasten einer fremden Brust, das Lecken eines unbekannten Oberschenkels und das Versinken in einem fremden Schoß. Die Dunkelheit macht hemmungslos. Scheiß auf die Cellulite, scheiß auf die Akne, scheiß auf die Welt da draußen. Sieht doch keiner. Es gibt nur zwei triebgesteuerte Körper, berauscht von Geilheit und Musik. Allzu viele akrobatische Stellungen sind nicht drin. Das Zelt zu eng und zu klein, man selbst zu betrunken. Aber nicht schlimm! Bei dem ganzen Überangebot an Kamasutra-Stellungen sehnt man sich ohnehin nach *back to the roots*.

Einfach schnell verschmelzen. Brüste kneten und Nippel ziehen. Solche Klassiker dürfen beim Sex im Zelt genauso wenig fehlen wie die Band In Flames beim Metaltown. Die nassen Körper bewegen

sich rhythmisch zum Bass, der in der Ferne rumst. Die Küsse werden salziger, die Luft dünner, das Gehirn matschiger und die Körper klebriger. Es bildet sich ein kleiner See im Genitalbereich, die Stoßbewegungen werden undefinierter und alles scheint außer Kontrolle zu geraten. Sie schwimmen mit ihren Sexualhormonen in ihren Körperflüssigkeiten und produzieren dabei peinliche Quietsch-Platsch-Schleim-Geräusche.

Egal, das raschelnde Nebengeräusch des Schlafsacks ist noch lauter und der Reißverschluss, der sich in den Oberschenkel bohrt, noch unangenehmer als die Genitalrutschpartie. Immer an den Höhepunkt denken und an die Tatsache, dass man es gerade zwischen 10.000 anderen Menschen treibt. 10.000 Menschen, vor deren Voyeurismus man nur durch eine hauchdünne Membran geschützt ist. Der Gedanke erregt sie, leitet den Höhepunkt ein. Und jetzt? Schreien oder nicht schreien, das ist hier die Frage. Gentleman spielen, schweigen und genießen oder geiler Hecht sein und den Nachbarn zeigen, was man so drauf hat? Auch schon egal! »Ich bin gleich … oh, Gott … uuooaahhhhhhhhhhhhh …« Sie sacken zufrieden und befriedigt zusammen.

Und wenn sie nicht gestorben sind, kleben sie heute noch aneinander.

Es geht hier nicht um Liebe, Heiraten und Kinderkriegen. Beim Vögeln auf dem Festival geht es um animalische Triebe und um das Gefühl grenzenloser körperlicher Freiheit. Den Namen des Sexpartners hat man nach ein paar Tagen sowieso wieder vergessen. Vorausgesetzt, man hat ihn im bloodyfucking Geschrei der anderen Leute und der lauten Musik überhaupt verstanden. Und wie genau das ganze Gebumse abgelaufen ist, wird auch nicht im Gedächtnis bleiben. Was man aber niemals vergessen wird, weil es sich wie ein Brandzeichen in die Nasenschleimhäute brennt: den Geruch. Der Geruch von Sex im Zelt. Das Aroma von Alkohol und Grillfleisch aus dem Mund, gepaart mit Schweiß und stinkenden Füßen, vollendet durch eine Nuance Latex und Sperma. Eau de Sexival. Noch einmal tief ein- und ausatmen und dann, wie bei jedem guten Konzert, eine Zugabe abliefern.

So stelle ich mir den Abend des sexgeilen Philosophen und der Skelettfrau vor. What the fuck? Wo kommen diese ganzen Fantasien her? Ich denke, ich habe zu viel fucking motherfucker fuck this fucking fuck you fucking fucker shit gehört. Da sind die Pferde mit mir durchgegangen. Fuck it!

»WE ARE THE CHAMPIONS« – ROYAL ASCOT RACE

Christine, freust du dich auf dein nächstes Festival? – Was soll ich bloß anziehen?

Ich glaube, ich bin wach. Ich sehe was. Zwar nicht scharf, aber trotzdem anders, als wenn ich träumen würde. Ich blicke auf ein Fenster. Dahinter erkenne ich links das Gebäude an der Oxfordstreet Ecke Hyde Park, vor dem gestern das Taxi gehalten hat.

Ich bin in London, so viel ist schon mal klar. Wenigstens eine Erkenntnis, ich weiß, wo ich bin und wer ich bin. Ich schließe die Augen lieber noch einmal und lausche in mich hinein: Wie geht es dir, Christine, an diesem wunderschönen Morgen? Ich muss nicht lang lauschen. Mein Körper brüllt mir die Antwort entgegen: »Beschissen!«

»Beschissen … beschissen … beschissen …«, hallt es nach. Brechreiz. Kopfweh. Schwindel. Alles schmerzt. Sogar mein großer Zeh. Und irgendwie sind meine Wange und mein linker Arm ganz kalt. Ach nee, die sind nicht kalt, die sind nass. Ich quäle mich auf. Was für ein elender Anblick. Neben mir liegt eine Wasserflasche. Röhnsprudel spritzig. Ohne Deckel und leer. Der Inhalt hat ein interessantes Muster auf dem Seidenlaken hinterlassen.

Stimmt, jetzt fällt es mir wieder ein. Ich wollte heute Nacht noch etwas trinken, weil ich so unglaublichen Durst hatte. Man soll ja immer alles positiv sehen. Also freue ich mich, dass ich nicht ins Bett gepinkelt habe und es nur Mineralwasser ist, das wohl aus der Flasche gelaufen ist, die ich irgendwie nicht mehr zugemacht habe …

Ich sinke zurück ins Bett, mit der Wange auf dem Wasserfleck. Das kühlt so schön. Ich werde erst noch einmal liegen bleiben, liegen bleiben und warten und mich nicht bewegen. Frühstück gibt es ja bis 11 Uhr. Vielleicht auch noch einmal kurz die Augen zumachen. Die Putzfrau wird mich dann schon irgendwann finden. Warum geht es mir eigentlich so schlecht?

Schreck, es donnert an der Tür. In meinem Kopf explodieren hundert Tretminen gleichzeitig. »Hello?«, fragt draußen zaghaft eine Stimme. Ich mache den Mund auf und will »Nein« oder »Stopp« oder »Schlafe noch« rufen, aber da kommt nichts raus. Es donnert weiter an der Tür. Nein, ich will jetzt noch nicht gefunden werden. *Nein! Nein! Nein!* Plötzlich ist die Stimme weg, die Tür hingegen auf, und ein Zimmermädchen steht vor mir.

Mein Anblick spricht für sich: Ich liege, nur mit meinem schicken *Pink Panther*-Tanga bekleidet, seitlich auf dem Bett. Ich habe wohl gestern vergessen, meinen Schlafanzug anzuziehen. Ein Fuß steht auf dem Boden, zwecks Erdung, und ich strecke die Zunge raus, sodass sie das nasse Bettlaken berührt. Das ist ein ganz wundervoller Trick, wenn einem schwindlig ist. Dann soll man ja den Fuß auf den Boden stellen, aber das bringt gar nichts, wenn es der Kopf ist, der sich dreht. Da muss man die Erdung mit der Zunge herstellen, dann wird auch im Kopf der Schwindel besser.

Der Schwindel ist allerdings das Einzige, was besser werden kann. Ansonsten ist der Tag unwiderruflich dazu verurteilt, ein Scheißtag zu sein. Ich glaube, ich muss meinen Rückflug stornieren. Mir ist so schlecht. Erschrocken flüstert nun das Zimmermädchen »Sorry, sorry«, stößt verwirrt einmal an alle Möbelkanten und flüchtet. Ich höre die Tür ins Schloss fallen. Mein Kopf ist ganz heiß vor Schamesröte. Hoffentlich sehe ich sie nie wieder in meinem Leben. Was für ein entwürdigender Morgen.

Gestern hatte ich noch ganz andere Probleme. Da habe ich mir Gedanken über den richtigen Hutdurchmesser und die angemessene Rocklänge gemacht. Dieses Jahr wurden nämlich die Regeln verschärft. In einem 16-seitigen Manifest wird die Kleiderordnung des Royal Ascot Pferderennens bis ins Detail vorgegeben: Der Hutdurchmesser muss 17 Zentimeter betragen, der Rock bis übers Knie gehen und die Träger des Kleides mindestens 2,5 Zentimeter breit sein. »Tussis on Tour« sind hier unerwünscht. Eine Fashion-Polizei steht mit Lineal und Maßband vor dem Eingang und bittet zur Messung.

Allerdings habe ich schon auf der Fahrt nach Ascot erfahren, dass diese Regeln nicht für den Pöbel gelten, sondern nur für die Besucher des sogenannten Grandstands, ein Bereich, in den man nur reinkommt, wenn man adelig ist oder wenn man von jemandem eingeladen wurde. Aber Ascot ist auch für ganz normale Leute zugänglich. Mit einem Ticket für 20 Pfund kommt man in den »Silver Ring«. Hier sitzen nett gekleidete Familien auf karierten Picknickdecken, essen Shortbread mit Cream Cheese, unterhalten sich, haben Spaß und wetten, genau wie die Reichen.

Entlang der Rennbahn stehen überall kleine Buden mit LED-Tafeln, auf denen die Pferdenamen, Startnummern und Gewinnbilanzen angegeben werden. Ich gebe dem Mann hinter dem Counter einen Fünf-Pfund-Schein und sage »Black Caviar«. Black Caviar, eine fünfjährige Stute aus Australien, ist der Star des Tages. 22 von 22 Rennen hat sie bis jetzt gewonnen und zählt auch beim heutigen »The Diamond Jubilee Stakes«-Rennen zum absoluten Favoriten, auf den jeder setzt. So auch ich.

Nach dem Wetten geht es gleich Richtung Rennbahn, um eine gute Sicht zu bekommen. Das Rennen selbst läuft genauso

ab wie damals das Ferkelrennen in Florida. Die Tiere werden in die Boxen bugsiert. Diesmal keine Schweine, sondern Pferde. Der Startschuss ertönt, die Boxen gehen auf und die Pferde rennen los.

Die Menge jubelt, schreit den Namen ihres Favoriten – »Go, Black Caviar! Go!« –, klatscht in die Hände und pfeift. Eigentlich gibt es da kaum einen Unterschied zwischen einem Schweinerennen am Erdbeerfeld und dem noblen Ascot bei den Royals.

Eine junge Dame mit adrettem Federhut auf dem Kopf beugt sich weit über den weißen Zaun. In der Hand hält sie ein lachsfarbenes Schild mit der schwarzen Aufschrift »Go, Black Caviar«. In der anderen Hand hat sie einen Plastikbecher, gefüllt mit Champagner und Erdbeeren. Die Spannung steigt, die Menge wird immer unruhiger. Black Caviar liegt vorn, doch dann zieht das zweite Pferd plötzlich noch einmal kräftig an. Es ist ein Kopf-an-Kopf-Rennen.

15 Sekunden später ist das Rennen entschieden. Plastikbecher fliegen durch die Luft, es regnet Erdbeer-Champagner. Die Menschen liegen sich jubelnd in den Armen. Ich lande in denen der adretten jungen Dame. Fast alle haben gewonnen. Auch wenn es nur ein paar Pfund sind – man ist ein Gewinner. Ich bin ein Gewinner! Auch wenn es nur ein Pfund ist, das ich mit meinem Wetteinsatz gemacht habe, das muss gefeiert werden. Mit Champagner und Pommes. Ja, zu essen gibt es Burger und Pommes, wie auf jedem Festival, und eine Live-Band spielt Queens *We are the Champions*.

Wenn ich ganz ehrlich bin – ich finde, Royal Ascot unterscheidet sich nicht sehr von Rock am Ring. Es ist ein Zusammentreffen von Menschen, die gemeinsam etwas erleben wollen. Statt Weihnachtsmann- und Tierkostümen, mit denen man sonst auf Festivals so rumläuft, trägt man eben beim Royal Ascot ein Federgesteck im Haar und statt Bier gibt es Champagner

(ich bestelle auch einen, obwohl ich das Zeug gar nicht mag, aber irgendwie passt es gerade so gut). Und natürlich sind es nicht Bands, wegen denen alle hier zusammenkommen, sondern Pferde, ach, und irgendwie auch die ganzen Hüte.

Mein absoluter Favorit: ein Tellerhut mit einem Full English Breakfast darauf. Ich denke auch ernsthaft darüber nach, Hutdesignerin in London zu werden. Mein eigenes Modell »Vom Winde verweht« kommt erstaunlicherweise sehr gut an. Es ist ein Stück Leder, das ich mit einer Titelseite des *Guardians* bedruckt und so auf dem Kopf platziert habe, dass es aussieht, als hätte mir der Wind eine Zeitung an die Stirn geweht. Ich wusste schon immer, dass mein Modedesign-Studium für irgendwas gut war. Ich werde mit meinem Hut zwar nicht Wettkönigin, also leider auch nicht reich, aber meine ganz persönliche Königin der Hüte bin ich doch. Schon allein wegen der vielen Komplimente hat sich die Reise gelohnt. Darauf muss ich anstoßen. Mit einem Glas Champagner und noch einem und noch einem …

Ich drücke zwei Aspirin in meinen Zahnputzbecher und fülle ihn dann bis zum Rand mit Wasser. Das ist ein beruhigendes Geräusch. Das zischende Prickeln der sich im Wasser auflösenden Tabletten. Aber das Ganze hat auch irgendwie wieder was von Champagner.

Nein, Christine, bloß nicht an Champagner denken! Zu spät. Ich renne zum Klo. Der Korken knallt. Gedanken an Champagner sprudeln in meinem Kopf – und meine Magensäure sprudelt die Speiseröhre hoch. Tränen schießen mir in die Augen. Ich würge. Ich gebe mir Mühe, möglichst würdevoll und elegant zu kotzen, schließlich bin ich hier in einem 5-Sterne-Hotel. Die Situation verwirrt mich aber auch, weil ich jetzt gar nicht mehr weiß, was unvergesslicher ist, das Pferderennen oder der Tag, an dem ich meine Innereien auf weißem Marmor sehen musste. Aber ich weiß, woran ich mich lieber erinnern werde …

»WALKING ON A DREAM« – FUSION

Christine, freust du dich auf dein nächstes Festival? – Und wie! Habe reichlich Bananen im Gepäck, für die ganzen Druffis.

FUSIONELLA

Mittels Fusionella, einem praktischen, aufklappbaren Einmalpapptrichter, wird frau zur Stehpisserin und hat die Möglichkeit, sich fix am Urinal einzureihen oder die eigens geschaffenen Frauenpissrinnen zu nutzen. Erhältlich an allen WC Royals und den gendersortierten Pissrinnen.[2]

Es fängt damit an, dass ich auf Facebook abhänge. Facebook ist meistens der Anfang der Erlebnisse und Ereignisse in meinem Leben. Meine Bibel beginnt also mit den Worten »am Anfang schuf Zuckerberg Facebook«. Ich bekomme Mails oder Kommentare, antworte, schreibe hin und her und plötzlich ergibt sich irgendwas, eine neue Bekanntschaft, ein neuer Job oder eine Reise. So bin ich zum Beispiel Mitglied in der »4-Hour-Workweek Berlin«-Gruppe, einer Facebook-Community, welche die gleichen Ziele wie Timothy Ferriss' Bestseller *The 4-Hour Workweek* verfolgt: nur vier Stunden pro Woche arbeiten und trotzdem in Saus und Braus leben. Klappt bei mir allerdings noch nicht so und insgeheim zweifle ich auch daran, dass es das jemals tun wird, weil ich einfach viel zu sehr liebe, was ich mache, und mich damit auch gern mehr als vier Stunden pro Woche beschäftige. Nichtsdestotrotz lernt man nette Leute in der Gruppe kennen. Kürzlich habe ich mein »40 Festivals in 40 Wochen«-Projekt gepostet und, siehe da, Linka kennengelernt:
»Hallo Christine, ich bin eine Installationskünstlerin aus Amerika und werde eine meiner Installationen auf verschiedenen Festivals in Europa zeigen – Fusion, Nowhere, Secret Garden Party und Boom.
Gehst du zu einem dieser Festivals? Wie kommst du zu allen Festivals? Hast du ein Auto? Ich brauche ein paar magische Kräfte, die mir helfen, meine Installation zu all den Festivals zu bekommen. Vielleicht hast du ja ein paar Tipps und Ratschläge? Würde mich freuen von dir zu hören.
Liebe Grüße, Linka«

»Liebe Linka, ich bin deine magische Kraft für die Fusion und fahr dich einfach mit meinem kleinen, feinen, süßen Peugeot hin. :)
Liebe Grüße, Christine«

*

Ich sitze in meiner gemütlichen 33-Quadratmeter-Wohnung in Berlin-Friedrichshain und suche meinen Bikini. Dies wird das längste Festivalwochenende. Fünf Tage Campen am Stück auf dem Gelände eines ehemaligen Militärflughafens in Lärz.

Alljährlich entsteht Ende Juni in Mecklenburg, auf einem ehemaligen russischen Militärflugplatz, das größte Ferienlager der Republik. Vier Tage Ferienkommunismus ist das Motto der Fusion. Der Name ist Programm, und so erstreckt es sich von Musik unterschiedlichster Spielarten über Theater, Performance und Kino bis hin zu Installation, Interaktion und Kommunikation. So verschieden wie die Menschen, die sich hier zusammenfinden, ist das, was sie hier suchen und erleben. Was sie vereint, ist die Freiheit, sein zu können wie sie sein wollen: Zwanglos und unkontrolliert.[3]

An diesem Festival werde ich mal ganz anders teilnehmen. Ich bin aktiv daran beteiligt, denn ich fahre Linka, ihre Installation und ihren Freund von Berlin aus zur Fusion. Ich habe allerdings noch Bedenken, dass es für eine Installation und drei Passanten eventuell doch etwas eng werden könnte in meinem Auto. Deswegen versuche ich, mein Gepäck so minimalistisch wie möglich zu halten. Das heißt: ein Bikini – es sollen 30 Grad werden am Wochenende –, ein Strandkleid, eine Strumpfhose, falls es doch kalt wird, und eine Jacke. Mit allem Drum und Dran, einschließlich Laptop und Kamera, habe ich am Ende nur zwei Taschen. Ich werfe sie mir über die Schulter und laufe Richtung Auto.

Berlin ist heute wieder besonders grau und trostlos, also genau die richtige Zeit, um die Stadt zu verlassen und ein bisschen Landluft zu schnuppern. Ich überquere die gepflasterte Straße vor meinem Haus, um zu meinem blauen Flitzer zu gelangen, in dem ich gestern schon Schlafsack, Kissen und Zelt verstaut habe. Ich bleibe stehen und starre auf die Stelle, an der eigentlich mein Auto stehen sollte. Doch anstelle eines kleinen blauen Flitzers steht da nun ein großer grauer Lkw. Mein Auto ist weg!

Nee, oder? Mir wurde mein Auto geklaut! Das kann doch nicht wahr sein! Ich überlege kurz und komme dann zu dem Schluss, dass mich in Berlin eigentlich gar nichts mehr wundert. Vielleicht ist es ja auch angezündet worden und die Asche ruht jetzt still in irgendeiner Mülltonne. Als meine Eltern neulich zu Besuch waren, um von Berlin aus in den Urlaub zu fliegen, haben sie doch wirklich ihren Mercedes-Stern vorn am Auto drangelassen. Der war natürlich weg, als sie nach einer Woche wiederkamen. Ich habe mich kaputtgelacht, als ich im Nachhinein von der Geschichte erfahren habe. In Berlin-Friedrichshain einen Mercedes-Stern am Auto zu lassen ist genauso, als würde man eine Flasche Rum in einer Beratungsstelle für Alkoholiker auf dem Tisch stehen lassen.

Aber was wollen die Schweine mit meinem Peugeot? Panisch laufe ich die Straße auf und ab. Die Hoffnung stirbt ja

bekanntlich zuletzt und vielleicht habe ich mein Auto ja doch in einem Moment der geistigen Umnachtung irgendwo anders abgestellt. Bei meiner Suche stoße ich auf ein Schild, das am Ende der Straße auf dem Gehweg aufgestellt ist: »Absolutes Halteverbot – 27.06. von 7:00 bis 19:00«. Die haben mein Auto abgeschleppt. Das kann doch nicht wahr sein. Aus dem Lkw-Fahrerhaus springt just in diesem Moment ein kleiner, hagerer Mann mit grauem Schnauzer, Blaumann und Käppi auf dem haarlosen Schädel.

»Guten Tag. Hier stand gestern noch mein Auto, an der Stelle, wo jetzt Ihr Lkw steht. Können Sie mir vielleicht sagen, wo ich das jetzt finde?«

»Junge Dame, habense dit Schild nich jelesen, dis hier heute Bauarbeiten stattfinden?«, berlinert mich der Blaumannträger an.

Ich hasse es, »junge Dame« genannt zu werden. Das ist fast genauso schlimm wie »Schätzelein«. Oder »Fräulein Neder«.

»Nein, habe ich nicht.«

»Na, denn hamse dit wohl umjesetzt.«

»Und wohin?«

»Dit kannick Ihren ooch nich sagen.«

Der Lkw-Fahrer steckt sich eine Zigarette in den Mund.

»Und wer kann mir das sagen?«

Er zieht einmal kräftig an seinem Glimmstängel, greift sich kurz an den Sack und antwortet anschließend:

»Die Polizei!«

Na wunderbar. Ich drehe mich um, bedanke mich noch kurz für die Auskunft

und gehe wieder Richtung Wohnung. Ich muss erst einmal googeln. Leider habe ich nämlich keine Ahnung, welche Nummer die Polizei hat. Ich verwechsle immer die 110 und die 112. Peinlich, aber wahr.

Zehn Minuten später.

Es ist die 110.

»Polizeistelle Berlin.«

»Hallo, hier ist Neder, mein Auto ist weg.«

Der nette Polizist am Ende der Leitung kann mir nach der Angabe meines Kfz-Kennzeichens genau sagen, wo mein Auto abgesetzt wurde. Glücklicherweise gleich um die Ecke. Danach verkündigt er mir noch die frohe Botschaft, dass die Rechnung in ein paar Wochen mit der Post geschickt wird.

»Rechnung?«

»Ja, das macht so circa 150 Euro.«

»Was? Das kann doch nicht wahr sein. Ich kann doch nicht jeden Tag zu meinem Auto laufen und schauen, ob am Ende der Straße irgendein neues Schild aufgestellt wurde.

»Doch, das können Sie. Als Autobesitzer sind Sie dazu verpflichtet, alle 72 Stunden nach Ihrem Auto zu schauen.«

Wieder was gelernt.

*

Die Grundregeln, die man beachten sollte:
- *Auf Verlangen sollte man sich mit einem gültigen Dokument (Personalausweis) ausweisen können.*
- *Bleibe unter allen Umständen ruhig und höflich.*
- *Mache nur Angaben zur Person, sonst nichts.*
- *Verzichte nicht auf deine Rechte.*
- *Unterschreibe nichts.*
- *Verweigere höflich, aber bestimmt, dich körperlich untersuchen zu lassen. Erkläre ebenso bestimmt, dass du weder mit der Durchsuchung deiner Person noch mit der*

Durchsuchung deiner Wohnung oder deines PKWs einverstanden bist.

- *Sollten die Polizeibeamt_innen auf eine körperliche Durchsuchung bestehen, frage nach der Rechtsgrundlage und aufgrund welcher Tatumstände ein Verdacht gegen dich bestehen soll.*
- *Rechne nicht damit, dass die Belehrungen der Polizeibeamt_innen über die Konsequenzen deines Verhaltens immer richtig sind. Es soll auch Polizeibeamt_innen geben, die bluffen.*
- *Bitte bei Beanstandungen hinsichtlich des Vorgehens der Polizei, die jeweiligen Polizeibeamt_innen um die Dienstnummer, den Namen und die Dienststelle in schriftlicher Form. Damit kannst du notfalls eine Dienstaufsichtsbeschwerde formulieren.*

Wir wünschen euch ein gute An- und Heimreise![4]

Links und rechts der Straße fliegt die mecklenburgische Provinz an uns vorbei. Wir, das heißt ich, Linka, ihr Freund Adrian und die Installation – wir haben wirklich alle in das Auto gepasst –, fahren eine Mischung aus Navigationsroutenberechnung und iPhone-Empfehlung. Man kann sich ja heute auf nichts mehr verlassen, auch nicht auf Navigationsgeräte, weswegen ich zur Sicherheit immer zwei zu Hilfe nehme. Genauso, wie ich vor wichtigen Terminen zwei Wecker stelle.

Eigentlich sind wir uns alle sicher, dass wir einen kompletten Umweg fahren, aber das ist uns egal. Es ist nämlich wahnsinnig idyllisch. Manchmal frage ich mich, ob die Leute nicht nur deswegen auf Festivals fahren, damit sie mal wieder aus ihrer stinkigen Dreckschleuder-Großstadt rauskommen und zu sehen kriegen, wie die Natur aussieht. Wie ein Weizenfeld aussieht. Ein Weizenfeld mit rotem Klatschmohn, Weißklee und Löwenzahn, daneben Eichen, überhaupt Bäume, Wald. Und natürlich, um dem bürokratischen Verkehrsordnungs-

wahnsinn des zivilisierten Großstadtlebens zu entkommen.

Außer der Abschlepprechnung habe ich noch einen Strafzettel bei Lidl bekommen, weil ich meine Parkscheibe nicht richtig gestellt habe, und wurde außerdem mit 20 Stundenkilometern zu viel geblitzt. Aber ich rede mir ein, das alles bis Montag vergessen zu können und mich erst dann wieder darüber aufregen zu müssen, falls ich dann überhaupt noch Kraft dazu habe. Jetzt wird erst einmal Empire of the Sun eingelegt – *Walking on a Dream*. Driving through a beautiful landscape. Good vibrations. Alles andere Montag.

*

NO GHB / LIQUID ECSTASY!
Dieses in der Medizin verwendete Narkosemittel ist in den vergangenen Jahren vermehrt als Partydroge aufgetaucht. Es hat nichts mit gängigem XTC zu tun und ist wegen seiner Gefährlichkeit bei Überdosierung und Mischkonsum mit Alkohol eine Zeitbombe für alle Kosument_innen. Die auch als K.O.-Tropfen und Vergewaltigungsdroge bekannt gewordene Substanz kann zu Gedächtnisverlust, Willenlosigkeit bis Zurechnungsunfähigkeit, Bewusstlosigkeit und Atmstillstand führen. Da wir GHB / Liquid Ecstasy für eine scheißgefährliche Droge halten, rufen wir euch auf, die Finger davon zu lassen und allen, die es anbieten, auf die Finger zu hauen.[5]

Ich habe mich immer gefragt, wie eine leuchtende Installation mitten auf einer Wiese stehen und dennoch leuchten

kann. Die Kabel verschwinden einfach im Erdboden und das Ding bekommt Strom. Als kleines Kind dachte ich immer, es gibt unterirdische Stromstecker, die unter dem Rasen liegen. Damals war ich acht Jahre alt und seitdem habe ich mir keine Gedanken mehr darüber gemacht. Mit 26 weiß ich nun, es gibt keine unterirdischen Stromstecker. Man verlegt die Kabel einfach unter dem Rasen, bis zur nächsten regulären Steckdose, die aus der Wand kommt. Das können schon einmal 50 bis 100 Meter sein. Man sticht mit dem Spaten tief in den Boden, hebt den Rasen etwas an und steckt das Kabel darunter.

Adrian hat schon mal alles vorbereitet und aus Dankbarkeit erkläre ich mich bereit, das Kabel unter dem Rasen zu verlegen. Ich bin nämlich dadurch, dass ich Linkas Installation transportiert habe, in den Besitz eines Parkaufklebers für den Backstagebereich gekommen und habe Zugang zu den dortigen, halbwegs sauberen Toiletten – das ist für Festivalgänger wie ein Sechser im Lotto. Ich könnte den beiden dafür die Füße küssen, habe mich dann aber lieber für das Kabelverlegen entschieden.

Ich stehe also da, schaufle und schwitze. Weil die Sonne plötzlich abartig stark vom Himmel brennt, habe ich meine Haare zu einem Dutt auf dem Oberkopf drapiert. So ein Hipsterknödel, der mir aber wirklich gut steht. Da kommt ein Mann des Weges, dessen Helfersyndrom sofort aktiviert wird, als er mich blondes, zartes Geschöpf mit diesem Spaten rumfuchteln sieht, ein

offenbar etwas erbärmlicher Anblick. Wir kennen uns zwar nicht, aber der anfängliche Small Talk à la »Na, wieso bist du hier, zum ersten Mal, schönen Zeltplatz erwischt, blabla« wechselt schnell über in ein tiefgründiges Gespräch zum Thema Polygamie. Michael hat eine Freundin. Und diese eine Freundin reicht ihm nicht. Er hätte gern eine zweite.

»Nach meinem ersten Dreier hatte ich drei Tage ein Dauergrinsen im Gesicht und dachte mir, jetzt kannst du auch sterben«, berichtet er mir und trägt dabei ein wirklich beeindruckendes Lächeln zur Schau. Aber er möchte die zweite Freundin ja nicht nur für sich, sondern eigentlich für seine bisexuelle Freundin, die gern mit anderen Frauen rummacht und es total erregend findet, wenn Michael das auch macht. Dieses Wochenende ist Michael auf dem Fusion und sucht, wie schon die letzten drei Jahre, eine geeignete Frau. Und da spricht er mich an. Er hätte gern jemanden, der auch mal mit ihm zum Autorennen geht, eine Frau, die nicht so weiblich ist wie Sabine und die nicht nur auf dem Sofa sitzt und Bücher liest. Ich sage erst einmal gar nichts und höre nur zu. Dreieinhalb Jahre suchen die beiden jetzt schon. Sie haben in Zeitungen inseriert »Zweite Frau für polyamore WG gesucht« und Plakate an der Uni aufgehängt. Ohne Erfolg.

»Für einen One-Night-Stand findet man schnell jemanden, aber für eine Beziehung ...«, klagt Michael. Ich höre nicht mehr genau zu, weil ich versuche, mir vorzustellen, wie Sabine wohl aussieht. Wie eine Frau aussieht, die zu Michael passt. Michael hat braune Augen, braune Haare, einen Topfhaarschnitt, ist nicht sonderlich groß und auch nicht sonderlich hübsch. Er studiert Maschinenbau, was man an seiner Kleidung sieht. Maschinenbauer tragen meistens gerade, mittelblaue Jeans zu breit gerippten dunkelbraunen oder wein-

roten Jacken aus Baumwolle mit Plastik-reißverschluss und darunter irgendwelche T-Shirts.

Dann erzählt er mir von seinem Wochen-ende in München, als er gemeinsam mit Sabine auf Frauensuche war. Er erzählt ganz schön viel, fällt mir auf. Die beiden waren im Pascha. Da war es aber ganz schlimm. Dann sind sie weitergezogen in irgendeinen Club, an dessen Namen er sich nicht mehr erinnern kann, und Sabine hat eine Frau gefunden, mit der sie auf der Tanzfläche rumgeknutscht hat.

»Das hättest du sehen müssen«, er lacht und klopft mir kumpelhaft auf die Schul-ter, so als würde er mir von den guten alten Zeiten erzählen. »Da hat sich eine richtige Traube um die beiden gebildet und als ich dann dazukam und ein bisschen mitgemacht habe, meinte der eine Typ, ich solle weg, ich würde im Bild stehen.« Ich muss nicht lachen. Aber Michael lacht und freut sich. Er hat ein sehr sympathisches Lachen. Er sieht dabei ein bisschen aus wie Balu der Bär. Ich habe ja sonst eine blühende Fantasie, aber wie Balu der Bär mit zwei Frauen rumknutscht, auf einer Tanzfläche in München, und dann noch Sex hat, das kann ich mir beim besten Willen nicht vorstellen. Will ich auch nicht. Ich stecke das letzte Stück Kabel unter die Erde, während Michael noch eine Runde jammert, wie kräftezehrend so eine Suche doch ist und wie lange das jetzt schon geht.

»Ich habe einen Freund und stehe auch nicht auf Frauen. Aber versuch es doch mal bei der Sklavenzentrale. Ich habe schon einmal einen Mann getroffen, der da seine zwei Frauen gefunden hat«, rate ich Michael. Er schaut etwas traurig. Der dachte doch nicht ernsthaft, dass ich eine potenzielle zweite Freundin bin? Dann be-dankt er sich schnell und gibt mir sicher-heitshalber trotzdem seine Mailadresse. Ich bin ja so viel unterwegs und treffe so

viele Menschen und vielleicht ist da ja mal jemand dabei. Ich schreibe mir alles schön auf. Und eine Frage habe ich noch:

»Willst du mal Kinder haben?«

Michael schmunzelt kurz und schaut in den Himmel, bevor er antwortet: »Na klar.«

»Und wer bekommt die? Deine jetzige Freundin oder die neue?«

»Beide. Das ist doch toll. Da können sie sich beieinander über morgendliche Übel-keit und Wassereinlagerungen beschwe-ren.« Balu der Bär lacht noch ein letztes Mal herzhaft.

Vielleicht schafft er das mit der zweiten Frau. Aber beide gleichzeitig schwängern, ich glaube, daraus wird nichts. Ich muss noch den ganzen Tag über das Gespräch nachdenken. Das war eine echte Bewusst-seinserweiterung, und das ganz ohne Drogen!

*

Bitte lasst eure Hunde, Katzen, Meerschwei-ne, Goldfische und anderes Getier zu Hause. Laut behördlicher Anordnung ist das Veran-staltungsgelände wie auch die Verpflegungs-stände für Hunde tabu. Mitgebrachte Hunde müssen daher auf dem Campingplatz bleiben. Wir empfehlen: Die Tierpension in eurer Nähe oder Tierpension TÖWE in Röbel, mit viel Auslauf & neuen Freunden/innen für EUR 10,- pro Tag.[6]

*

Draußen ist es schon hell. Ich öffne den Reißverschluss meines Aldi-Zeltes, welches erstaunlicherweise den Sturm der letzten

Nacht überlebt hat, und setze einen Fuß nach draußen, wo ich statt auf taufeuchtes Gras auf irgendetwas Glitschiges trete, wodurch ich die Balance verliere und aus dem Zelt schlittere. Das glitschige Etwas entpuppt sich als schwarze Glattleder-Umhängetasche, die ihre besten Zeiten auch schon hinter sich hat. Das Schwarz des Leders vermischt sich mit sehr viel braunem Schlamm und mit den Resten eines Kaugummis. Sämtliche Zeltnachbarn schlafen noch, es ist weit und breit keine Menschenseele zu sehen. Wie schön und friedlich so ein Morgen sein kann!

Ich nehme die Tasche und öffne den Reißverschluss, um einen Blick auf das Innenleben zu werfen. Das ist alles ganz schön aufregend für den frühen Morgen. Ich glaube, genauso spannend wie fremde Wohnungen sind auch fremde Taschen.

Als Erstes kommt mir ein schwarz-silbernes altes Nokia-Handy entgegen. Solche Handys, die man seit fünf Jahren nicht mehr benutzt, die man aber schön zu Hause in einem Schuhkarton aufhebt, um sie für spezielle Gelegenheiten mit einer Prepaid-Karte zu versehen, die wichtigsten Nummern darin einzuspeichern und sie auf Festivals oder Konzerte mitzunehmen. Daneben liegen eine aufklappbare Haarbürste mit Innenspiegel, ein Nivea-Döschen und ein cognacfarbener Geldbeutel. Ich öffne den Geldbeutel, um vielleicht einen Hinweis zu bekommen, wem diese damenlose Tasche gehört. Nicht, weil ich neugierig bin. Niemals!

In dem Geldbeutel liegt ein Mäppchen mit einigen Karten darin. Ein Führerschein, eine BahnCard, ein Azubi-Ausweis und eine EC-Karte. Wir haben es hier mit der Tasche von Heike H. aus Hildesheim zu tun. Geboren 1990, Auszubildende für irgendwas. Ich tippe auf Friseurin, wegen des Perso-Fotos: asymmetrischer Haarschnitt und Piercings im Gesicht. Im Geldbeutel liegen auch noch zwei kleine, rosafarbene Organza-Säckchen, in denen man sonst in der Drogerie ein stinkendes Parfum in Miniaturausgabe zum Testen bekommt. In dem einen Säckchen ist schön ordentlich das Kleingeld gesammelt. In dem anderen Säckchen liegen ein durchsichtiges Tütchen mit einem schneeweißen Pulver darin und eine runde Pille. Außerdem viele Geldscheine. Zwei 50-Euro-Scheine, zwei 20-Euro-Scheine und zwei Zehner, schön fest zusammen gerollt.

Heike H. zieht sich also gern weißes Pulver durch die Nase und schmeißt sich Pillen ein. Vielleicht vertickt sie das Zeug auch nur, so viel Kohle, wie sie bei sich hat. Ich nehme die Digitalkamera, die auch noch in der Tasche zum Vorschein kommt, und drücke den ON-Knopf, um direkt im Menü zu landen. Die letzten zehn Bilder sind im Halbdunkel aufgenommen. Typische Partybilder. Man streckt das Bier in die Höhe, macht den Mund möglichst weit auf und sieht dabei scheiße aus. Danach sieht man Heike H. in einem adretten schwarzen Kostüm mit gestärkter weißer Bluse neben einem mannsgroßen Herz mit der Aufschrift »25. Jubiläum« stehen. Neben ihr auf dem Bild strahlen weitere Personen; wenn mich nicht alles täuscht, sieht man hier Heike H. schön brav, ohne Bier und Pulver, bei der Silberhochzeit ihre Eltern. Süß sieht sie aus. Ich drehe das Rädchen der Kamera auf den Aufnahmemodus, mache ein Foto von den gerollten Scheinen, dem Pulver und der Pille und räume alles zurück in die Tasche.

Liebe Heike H., falls du das jemals liest, ich weiß alles und habe dir dieses schöne Erinnerungsfoto gemacht. Falls du dich fragst, wie deine Tasche verschwunden ist, gibt dir das Bild die Antwort. Es könnte an dem ganzen Zeug liegen, das du dir durch die verschiedensten Körperöffnungen reingezogen hast. Ich hätte dich gern einmal kennengelernt. Deine Tasche war echt interessant. Ich habe sie beim Fundbüro abgegeben. Ich hoffe, du hast den Weg dorthin gefunden. Ansonsten, koks nicht so viel! Ich habe mal gehört, dass Kokain das Gehirn schrumpfen lässt. Deine Eltern wollen bestimmt, dass du auch noch bei der Goldenen Hochzeit schön und strahlend neben ihrem Pappherz stehst.

Es tut mir leid. Ich glaube, ich bin manchmal ein ziemlich neugieriger Mensch. Aber mal ehrlich, wer von euch hätte die Tasche nicht geöffnet?

Fernab des Alltags entsteht für vier Tage eine Parallelgesellschaft der ganz speziellen Art. Im kollektiven Ausnahmezustand entfaltet sich an einem Ort ohne Zeit ein Karneval der Sinne, indem sich für uns alle die Sehnsucht nach einer besseren Welt spiegelt.[7]

*

PS: Man könnte allein über die Fusion ein ganzes Buch schreiben. Auf Wunsch des Veranstalters hin, der versucht, das Festival der medialen Berichterstattung so weit es geht zu entziehen, habe ich mich, was die Veranstaltung an sich betrifft, zurückgehalten, obwohl ich dieses ganze »the art of understatement«[8] ziemlich bescheuert finde. Stellt euch vor, es ist Woodstock und keiner berichtet. Wer Freiheit für alle will, der sollte auch die Freiheit zur Berichterstattung gewähren. Gerade das Nicht-Berichten bewirkt doch, dass falsche Bilder in den Köpfen entstehen. Jedenfalls habe ich lediglich Texte der offiziellen Homepage verwendet und meine persönlichen Begegnungen geschildert. Wer also wissen möchte, wie es auf dem Fusion so ist, der weiß jetzt zumindest, was für Menschen ihm begegnen können. Was jedoch sonst passiert, das muss jeder selbst herausfinden.

Stay clean stay rebel![9]

»CHERI, CHERI LADY« – LA NOTTE ROSA

Online: bit.ly/SqWN6V

Christine, freust du dich auf dein nächstes Festival? – Ja, so ein bisschen Italien tut mir bestimmt gut – und ein rosarotes Festival kann nur schön werden.

Ich klopfe. Das Schloss knackt, die Tür springt auf und ich blicke in zwei freundliche Augenpaare. »Hello, Christine.« Chole und Adela begrüßen mich. Die beiden sind ein Pärchen. Und Reiseblogger, so wie ich. Mann, das ist richtig geil. Endlich mal wieder jemand, der einen in Empfang nimmt. Das hatte ich schon lange nicht mehr. Ich bin angekommen. In Rimini bei der Notte Rosa. Seit sieben Jahren wird einmal im Jahr die adriatische Riviera zur Barbie-World. Es ist »das Silvester des Sommers«, »der St. Patrick Day der Italiener« – oder einfach eine riesige Sause, die sich über 110 Kilometer entlang der Riviera erstreckt. »The Pink Side of the Moon« lautet das diesjährige Motto der Notte Rosa. Überall hängen pinkfarbene Schleifen in den Bäumen, liegen pinkfarbene Teppiche vor Shops, fliegen pinkfarbene Luftballons am Himmel. Mehr als 3.000 Straßenleuchten sind ausgetauscht worden, damit der Strand pink leuchtet. Getrunken wird pink, gegessen wird pink und gehört wird pink – Pink Floyd. Und Modern Talking.

Ich habe meinen Ohren kaum getraut, als mir am Bahnhof *Cheri, Cheri Lady* und *Sexy, sexy Lover* aus den Lautsprechern entgegenschallte. Das macht mir ein bisschen Angst. Ich habe erst neulich die komische Geschichte gehört, dass irgendein Typ um die 20, der reich geerbt und fürs Leben ausgesorgt hatte, um die Welt gereist ist, um Theorien über Modern Talking aufzustellen. Seine letzte Mission war es, herauszufinden, wie weit verbreitet die Musik von Modern Talking wirklich ist. Seinen Triumph hatte er, als er in einem kleinen Wüstendorf hinter der Grenze zwischen Indien und Pakistan in einer Kneipe *Brother Louie* auf seiner Gitarre spielte und alle zahnlosen Bauern mitsingen konnten. Seitdem ist er davon überzeugt, dass es Modern Talking gelungen ist, hintenrum die Weltherrschaft an sich zu reißen.

Adela und Chole zeigen mir unser Apartment. Das Tourismusbüro der Emilia-Romagna hat im Rahmen des sogenannten BlogVille-Projekts für den Sommer ein paar Apartments für Blogger organisiert. Hierher können die Reisenden aus aller Welt kommen, Rimini genießen, Pizza essen und die Notte Rosa feiern. Für mich ein weiteres Festival, aber auch ein kleines Familientreffen. Es klopft an der Tür. Melvin und Kash vom Nachbar-Apartment begrüßen mich und ich lerne Emma aus Schottland kennen und dann sind da auch noch Juliane und Nicholas. Es ist toll, mal wieder seine kleine Ersatzfamilie zu sehen.

Ja, irgendwie ist diese Blogger-Community ein bisschen wie eine Familie.

Ich habe in meinem Leben ja schon wirklich viele Nischen durch: Punkszene (sechs Monate), Metalfans (neun Monate), Modebranche (fünf Jahre), Start-up-Community (anderthalb Jahre). Und seit einem Jahr nun die Reisebloggerfamilie. Es tut mir leid, dass ich das so offen und ungeschönt sagen muss, aber die Modeleute, die hatten am schlimmsten von allen einen an der Klatsche. Die haben sich jeden Morgen eine Überdosis Selbstverliebtheit eingeschmissen und sind dann in den Egoexpress eingestiegen. Ihr ganzes Leben drehte sich nur um sich selbst und um ein bisschen Stoff. Die Punk- und Metalzeit hab ich schon völlig verdrängt und das Start-up-Ding war mir auch zu blöd. Man hat ständig nur von geilen Ideen gehört, die die Welt nicht braucht, ganz abgesehen von den 80-Stunden-Wochen und den Insolvenzanträgen.

In der Reisebloggerwelt hingegen, da fühle ich mich echt ganz wohl. Klar, gibt es hier auch den einen oder anderen Schwanzvergleich mit all den »Likes« und »Followers« oder »geile Reisen an das Ende der Welt«, aber irgendwie mag man sich doch (mit Ausnahme der kleinen Arschlöcher, die es überall gibt). Man kennt sich, man lebt ähnlich, man versteht, wie es ist, ein Blogger zu sein. Beispielsweise ist die erste Frage, wenn man ein Café betritt: »Haben Sie WLAN?«. Da kann der Kaffee noch so wässrig sein und meinetwegen auch die Milch gammelig, wenn es Internet gibt, dann ist die Welt erst einmal in Ordnung.

Außerdem kann man beim Kaffeetrinken mit Gleichgesinnten ungestört auf sein Handy starren und bekommt nicht gleich ein schlechtes Gewissen, weil man so asozial ist und, statt mit seinem Gegenüber zu kommunizieren, sich erst mal in Ruhe bei Foursquare einloggt oder ein Bild vom Kuchen mit Snapseed bearbeitet, bevor man es bei Flickr, Instagram, Twitter, Facebook, Tumblr und Schieß-mich-tot hochlädt. Dann unterhält man sich doch noch ein bisschen, über ROI und den CPV und CPC, neue Plug-ins für *WordPress*, Alexa Rankings, Unique Visits, Page Impressions und den ganzen Nerdscheiß, den sonst keiner versteht.

Ich bin auch immer wieder von mir selbst überrascht, dass ich so ein kleiner Freak geworden bin. Zum Beispiel mit Corinna in Graz. Die dachte bestimmt auch, ich habe einen an der Waffel: Wir sind im Hotel und frühstücken – es gibt ein tolles Frühstücksbuffet. Nun frühstücke ich etwas anders, als Corinna es von anderen Freunden und Reisegefährten vielleicht gewohnt ist. Ich haue mir nicht alles lieblos auf den Teller und ich nehme mir auch nicht unbedingt das, worauf ich gerade Appetit habe – ich gehe nach rein ästhetischem Prinzip vor.

Ich arrangiere also die Speisen liebevoll und mit sehr viel Präzision so auf meinem Teller, dass alles schön miteinander harmonisiert: Kleine Käserollen, mit ein bisschen Kresse bestreut, die Marmelade daneben,

nach zunehmender Farbintensität angeordnet, erst Himbeer, dann Kirsch, dann Heidelbeer. Dann zücke ich mein iPhone, mache ein Foto von meinem Kunstwerk und schicke es hinaus in die Welt. *Hashtags #Frühstück, #Käse, #Olive, #foodporn.*

Anschließend frage ich Corinna, ob sie meine Olive essen möchte.

»Magst du die nicht selbst essen?«

»Nee, ich hasse Oliven. Die finde ich total abartig und eklig. Bäh.«

Sie runzelt ihre Stirn.

»Warum hast du sie dann auf deinen Teller gelegt?«

»Weil ich noch irgendwas Grünes auf dem Teller gebraucht habe. Dann sieht das Ganze viel schöner aus. Der gelbe Käse, das dunkle Vollkornbrot, daneben die rote Tomate und die grüne Olive.«

Corinna glotzt mich an wie das kleine Mädchen E.T., als der den Finger hebt, ins All zeigt und »nach Hause« krächzt. Sie würde mich jetzt auch gern wohin schicken. Aber nicht nach Hause, sondern direkt in die Anstalt.

Aber Frühstück und Mittagessen müssen eben fotografiert werden. Das ist ganz normal für mich. Genauso, wie man den Tagesablauf nach der Akkuzeit von Kamera und iPhone einteilt, oder den Wecker auf vier Uhr morgens stellt, um schnell den Sonnenaufgang zu fotografieren und dann wieder ins Bett zu huschen. Der besondere Augenblick möchte festgehalten werden, so authentisch und schön wie möglich. Man möchte teilen, was man da draußen in der Welt sieht, und auf die Bildschirme der Daheimgebliebenen bringen. Dabei vergisst man leider manchmal, ihn zu leben, den Augenblick.

Das kann man übrigens auch gut, mit den anderen hier, ein bisschen jammern über sein Leid als Reiseblogger. Wenn andere denken, wir chillen nur rum, täuschen sie sich gründlich. So ein Reiseblogger versucht immer und überall, die tollsten Orte als Erster zu entdecken, sie so authentisch wie möglich zu fotografieren oder zu filmen, um sie dann auf seinem Blog seinen Lesern zu empfehlen, die sich denken: Geiler Post. I like. Da muss ich auch mal hin.

Ich halte mich mit dem Jammern sehr zurück. Klar sitzt der Revolver im Nacken, der mir ins Ohr flüstert: »Find was Geiles, Tolles, Neues oder ich ballere dir den Kopf weg!« Aber so ein bisschen Druck beflügelt ja auch und man geht viel wacher und aufmerksamer durchs Leben. Eigentlich finde ich es ziemlich genial, das Arbeit zu nennen. Verdienen tut man zwar wenig, aber reich wird man trotzdem. Reich an Erfahrungen, Eindrücken, Erlebnissen und Erinnerungen. Das kann kein Geld der Welt kaufen. Es hätte mich also bei der Berufswahl echt schlimmer treffen können.

Nur manchmal, da fühle ich mich ein bisschen allein. Schrecklich allein sogar, deshalb finde ich es so toll, eine Ersatzfamilie zu haben. Leute, die mich verstehen, und zur Begrüßung einfach sagen: »Christine, komm erst mal an, check deine Mails und dann gehen wir los.«

Und so machen wir es auch. Ich schnappe mir mein iPhone und gemeinsam ziehen wir los, hinein in die Notte Rosa. Wir posten Bilder von Männern in pinkfarbenen Glitzerbodys mit Häschenschwanz am Po, twittern unsere pinkfarbenen Outfits, drehen ein Video vom Mitternachts-Feuerwerk, liken den pinkfarbenen Champagner und leben den Moment. Das Posten schließt das Leben nicht aus, man muss nur die richtige Balance finden. So wie bei allem.

Heute und jetzt ist es wunderschön, in einem Umfeld zu sein, in dem ich einfach für das akzeptiert werde, was ich bin. Ein Freak. Ein Nomade mit der Heimat in der Hosentasche.

»I WILL SURVIVE« – BERGFESTIVAL

Christine, freust du dich auf dein nächstes Festival? – Klar. Konzert am Strand mit Sonnenaufgang. Wie romantisch ...

Traumhafte Kulisse. Das glitzernde Meer, hinter dem langsam die knallgelbe Sonne auftaucht. Zentimeter für Zentimeter färbt sie den Strand golden ein. Dabei mischt sich das Rauschen der Wellen mit den zarten Klängen des Cellos. Ich stecke die Füße in den Sand und die Nase in das flauschige Badetuch, das ich mir als Decke um die Schultern geworfen habe. Die Luft ist noch so kalt, dass es beim Einatmen wehtut in der Nase, doch mit jedem Takt wird es wärmer. Und schöner. Kammermusik am Meer. Wahnsinn!

*

So zumindest stelle ich mir das Concerti all'Alba vor, ein Klassik-Festival, in dessen Rahmen an vier Wochenenden immer um 6 Uhr morgens Konzerte am Strand stattfinden. Ich wollte die Notte Rosa durchmachen und dann direkt mit Handtuch und Kaffee zum Strand. Statt in Rimini sitze ich nun in München vor einer durchsichtigen Plastikschüssel, mit einem Handtuch über dem Kopf, und atme die Dämpfe von Wiesenkräutern ein. Die Italiener haben sich kurzfristig überlegt, den Start des Festivals von Samstag auf Sonntag zu verlegen. Mein Zug ging aber schon Samstag zurück und so verpasse ich mein 20. Festival.

Deswegen habe ich mir hier mein eigenes organisiert: das Bergfestival. Ich feiere, dass ich die Hälfte meines Projekts überlebt habe. Ich kann es gar nicht richtig begreifen. Es ist nicht nur die Hälfte meines Projekts vorbei, sondern auch schon wieder die Hälfte des Jahres 2012.

Je älter man wird, desto schneller vergeht die Zeit, angeblich, weil man sich an mehr erinnert. Immer, wenn man etwas sieht, muss man an etwas Ähnliches denken, das man schon erlebt hat, und während man denkt, ist man beschäftigt und die Zeit fliegt vorbei. Also dürfte man, wenn man möchte, dass die Zeit langsamer vergeht, eigentlich nichts mehr erleben. Aber wer will das schon?

Ich stoße mit einem Holunderblüten-Salbei-Cocktail mit mir selbst an. Der wird warm mit einen Schuss Zitrone und einem Löffel Honig serviert. Dazu gibt es ein paar ganz besondere Pillen. GeloMyrtol in einer magensaftresistenten Weichkapsel. Wenn die aufspringt und ich rülpse, kommt ein starker Eukalyptus-Geschmack meine Speiseröhre hinaufgekrochen und ich fühle mich wie ein Koalabär. Das ist aber nur das harmlose pflanzliche Zeug. Dazu gönne ich mir dreimal täglich eine Tablette gegen Reizhusten.

Die Fusion ist schuld an allem, die hat mich fertiggemacht. Die hat mich echt zerlegt. Ich hatte schon einen Tag vorher einen kleinen Schwächeanfall. Den gleichen, den ich auch schon in Zermatt hatte. Es fängt immer ähnlich an. Mein Hals brennt und ich habe Gliederschmerzen. Dann gehe ich mit all meinen Wärmflaschen und Fangopackungen ins Bett und schwitze wie ein Schwein. Am nächsten Tag, nach der Schwitzorgie, bin ich dann meistens tot und röchle nur noch vor mich hin.

Ich konnte mich mit Aspirin komplex wieder einigermaßen aufpumpen, aber dann gab es dieses heftige Gewitter auf der Fusion und ich lag die halbe Nacht in einer Wasserpfütze und nun röchle ich doch wieder vor mich hin und habe Bewusstseinsstörungen. Diesmal nicht von den Visuals, wie beim sound:frame, sondern wahrscheinlich von den Anti-Husten-Tabletten, als deren Nebenwirkung auch »Störungen der Aufmerksamkeit und der Reaktionsfähigkeit« angegeben ist. Zum krönenden Abschluss meines Arzneikonsums ziehe ich noch einmal kräftig an dem Spray gegen chronisch-obstruktive Bronchitis, dann lege ich mich ins Bett, starre an die weiße Decke und versuche, eine Zwischenbilanz zu ziehen.

20 Festivals sind rum. Krasser Scheiß. Ich kann mir gerade nicht vorstellen, noch mal 20 Festivals zu besuchen, geschweige denn, jemals wieder ein Zelt zu betreten. Mein Kopf ist absolut leer, obwohl ich doch so viel erlebt habe. Es geht alles einfach viel zu schnell. Ich fühle mich wie ein Flummiball, habe keine Ahnung mehr, wo oben und unten ist, springe einfach von einem Festival aufs nächste und bin auf Dauereuphorie. Ich fühl mich sehr wohl in dieser Welt, bin auch endlich angekommen – und dann spielt der Scheißkörper nicht mehr mit. Ich reiße ein Stück von der Küchenrolle ab, die neben meinem Bett steht, und putze mir die Nase. Weil mein Kopf gerade nichts Geistreiches formulieren kann, möchte ich der Menschheit mitteilen, wie man ein Festival mit nur einem Utensil im Gepäck übersteht – der Küchenrolle. Das ist mein Vorabfazit. Für mehr bin ich gerade nicht auf der Höhe. Aber ich möchte der Festivalgeneration helfen. Die Leute sollen, wenn sie irgendwann einmal vor einem Problem stehen, denken: Ah, das lösen wir mit der vierten Neder'schen Küchenrollen-Weisheit.

Auch ich selbst habe bis jetzt schon eine Menge gelernt. Vor allem da, wo ich mich weiterbilden wollte: musikalisch. Ein renommierter Musikjournalist hat mir die einfachen, aber goldenen Regeln verraten, mit denen man ganz einfach jede neue Band einer Musikrichtung zuordnen kann.

Er selbst macht das seit Jahren mit großem Erfolg. Wenn eine Band mit Gitarre spielt, ist es Rock, ist ein Typ allein mit der Gitarre auf der Bühne, ist er Singer-Songwriter, hat er eine Kappe auf, macht er Hip-Hop, ist er dabei dunkelhäutig, macht er erst recht Hip-Hop, ist er aber dunkelhäutig und hat keine Kappe auf, spielt er R'n'B, und ist es eine Frau, singt sie Soul.

Nun aber zu den Neder'schen Küchenrollen-Weisheiten.

Was man mit einer Küchenrolle alles machen kann.

1. Lockenwickler: Ein Blatt rollen und als Papillotte mit den Haaren umwickeln. Perfekt für superschöne, geschmeidige Hippie-Wellen.

2. After-Sun: Die Küchenrolle in Joghurt tauchen und als Feuchtigkeitsspender um den ganzen Körper wickeln.

3. Kostüm: Wenn man sich schon mal eingewickelt hat, kann man gleich noch kurz bei den Nachbarn vorbeischauen und sie mit dem Mumienoutfit erschrecken.

4. Sportgerät: Bier und Burger machen dick! Ein langes Stück Küchenrolle zwirbeln und als Springseil verwenden.

5. Folterinstrument: Demjenigen, der am schlimmsten stinkt oder am meisten Müll produziert, wird der Hintern mit der leeren Rolle versohlt.

6. Sonnenschutz für das Auto: Verdunkelt und schützt vor übermäßiger Hitze und beim Geschlechtsverkehr im Auto vor Spannern.

7. Völkerverständigung: Rolle aufbrauchen und als Megafon benutzen.

8. Podest: Zwei Küchenrollen unter die Füße geschnallt und man hat die perfekte Höhe für die Bühne.

9. Kühler: Flasche mit Küchenrolle einwickeln und nass machen. Durch die Verdunstung entsteht Kühle. Wer in Physik aufgepasst hat, weiß das.

10. Trockner: Genauso wie das Sprungseil zwirbeln, als Wäscheleine zwischen

zwei Bäume hängen und Klamotten drüber. Vorsicht! Als Hängematte funktioniert es nicht.

11. Hörschutz: Man sollte vorsichtig sein, dass das Stück nicht im Gehörgang verschwindet, aber Küchenrolle funktioniert als Ohropax-Ersatz.

12. Notizbuch: Zum Line-up-Notieren oder Handynummern-Weitergeben.

13. Minirock. Eine Rollenbreite verdeckt, was verdeckt werden muss.

14. Musikinstrument: Zwei leere Küchenrollen können als Drumsticks für das Trommeln auf Köpfen, Autodächern oder Mülltonnen verwendet werden.

15. Drogenkonsum: Kawumm-Pfeife zum Marihuana-Rauchen daraus basteln.

16. Mittagessen: So eine Rolle schmeckt manchmal besser als der Festivalfraß.

Außerdem lässt sich Küchenrolle ausgezeichnet als Klopapier, Serviette, Decke, Taschentuch, Kaffeefilterersatz, Tampon, Turban, Staubmaske, Flunkyball-Flasche, Fahne und so weiter einsetzen.

Alles ohne Gewähr und auf eigene Gefahr natürlich! Nicht, dass hier einer auf die dumme Idee kommt und mich anzeigt, weil er eine Rolle gefressen und dadurch einen Magendurchbruch bekommen hat.

*

Mein Kopf fühlt sich heute auch an wie ein Stück nasses Zewa. Matschig und wabbelig. Ich glaube, das ist gerade alles viel zu viel für mich. Aber ich mache trotzdem weiter. Das wird schon. Immer fest an Gloria Gaynors Worte glauben: »I'll survive. I will survive.«

»THE RUNNER« – SANFERMINES

Christine, freust du dich auf dein nächstes Festival? – Ich freue mich auf Spanien. Aber die Veranstaltung ist, glaube ich, nicht mein Ding.

Bist du heute Morgen gerannt?«, fragt ein braun gebrannter junger Mann, geschätzte 20, mit blauen Augen und weißen Zähnen, australischem Akzent und vollem Mund, in dem man Reste von Milch und Cornflakes erkennen kann, seinen schmächtigen Banknachbarn. Er trägt ein T-Shirt, das wohl mal weiß gewesen sein muss, nun aber mit braunen Dreckschlieren, Bullenkot, Sangria und Blutspritzern besudelt ist. Vorn auf der Brust steht »RUN OR DIE«, umrahmt von einem aufgedruckten Blutkranz.

»Nein, ich war zu zerstört«, antwortet der Schmächtige.

Das glaube ich ihm. Ein Tattoo zieht sich von seinem linken Knöchel aus über das Bein, den Hals, beide Arme und die Stirn. Ein schwarzes Edding-Tattoo, zusammengesetzt aus »Pamplona«-Tags, Penissen, Augen, unkenntlichem Geschmiere und Telefonnummern. Sein halblanges braunes Haar hängt in fettigen Strähnen in die Müslischüssel. Ein geschultes Auge, so wie ich es mittlerweile habe, sieht sofort, dass der junge Mann die Nacht durchgemacht hat. Blick, Haltung und Sprache verraten es. Und die letzte Dusche liegt auch schon ein paar Tage zurück. Ein Schwarm Schmeißfliegen fliegt um ihn herum und einige der Tierchen kleben mit ihren kleinen, feinen Beinchen an seinem Rücken fest.

»Und du?«, will der Schmächtige vom Braungebrannten wissen.

»Klar, ich war heute dabei«, kurze Kaupause, »und das Ding hat mich voll erwischt«. Der Braungebrannte zeigt auf sein linkes Bein: Unterhalb des Knies ist ein lila-blau gesprenkelter Fleck zu sehen und darüber eine gelbe Eiterkruste. Boah, so was Ekliges schon am frühen Morgen. Da kommt mir gleich ein bisschen in Gallenflüssigkeit getränkter Toast hoch. Neben der Eiterwunde schmücken viele feine rote Kratzer sein Schienbein.

»Mann Alter, das ist noch gar nichts.«

Der Schmächtige zeigt auf sein T-Shirt. Am Rücken befindet sich unterhalb des Halsausschnittes ein vier Zentimeter langer Riss.

»Da hat er mich letztes Jahr erwischt. Einmal das Horn in mein Schulterblatt gerammt. Ich sag's dir, Alter. Ich war so froh, dass ich das überlebt habe, dass ich mir einen Adler auf die Narbe tätowiert habe.« Der Schmächtige reißt sein T-Shirt vom Körper und inmitten der Edding-Tattoos ziert ein mindestens 40 Zentimeter großer Adler mit ausgebreiteten Schwingen seine Schultern.

24 Stunden später. Ich weiß nicht, um was es hier geht. Vielleicht darum, einmal im Leben Todesangst zu haben oder einfach nur Adrenalin pur zu spüren? Dem Tod in Gestalt eines Bullen, der hinter einem her ist, zu entkommen? Einmal die Engelein singen zu hören, um sein Leben mehr zu schätzen zu wissen? Oder geht es einfach nur darum, eine tolle Geschichte erzählen zu können, wenn man wieder vom Urlaub zu Hause ist: »Hey, ich habe da was ganz Verrücktes gemacht, ich bin mit Bullen durch total enge Gassen gerannt.« Ich kann mir diesen Wahnsinn nicht erklären. Es ist 8 Uhr morgens und schweinekalt. Ich sitze in einer Arena in Pamplona auf einer Steintreppe. *The Runner* von den Kings of Leon fällt mir ein: »And it's cold and it's cold and it's cold.«

Eine Woche lang rennt man hier jeden Morgen mit den Bullen durch die Gassen von Pamplona. Während alle drei Minuten eine La-Ola-Welle durch die Arena geht, stehen draußen an die 1.000 Menschen am Start der Rennstrecke und dreimal so viele in den Straßen. Spanier im traditionellen Encierro-Outfit – weiße Hose und T-Shirt, dazu rotes Halstuch und Taillenband –, daneben einige Touristen mit dem gleichen Outfit, Australier in bunten Bermudashorts, Franzosen mit Baretten, Italiener mit Fußballtrikots und ab und zu auch eine Frau mit hochgestecktem Haar und Mütze.

Wie man sich vorbereitet auf so ein Bullenrennen? Man zieht sich etwas Weiß-Rotes an, isst eine Schüssel Bullenpenissuppe und betreibt ein ausführliches Stretching. Auf zwei Leinwänden in der Arena kann man das Rennen beobachten und auch die Vorbereitungen. Ich finde, es sieht ein bisschen lächerlich aus, wie die Läufer hoch und runter hüpfen, um sich warm zu machen, und jede einzelne Sehne in ihrem Körper dehnen. Das Rennen dauert nicht mal drei Minuten und die Strecke ist nur 840 Meter lang. 840 Meter bin ich dieses Jahr schon öfter gesprintet. Zum Zug, zum Gate oder zum Bus, um ihn noch rechtzeitig zu bekommen, und immer alles ohne Warm-up. Mit den Bullen möchte ich nicht rennen. Die ganze Veranstaltung ist mir etwas suspekt und ganz ehrlich, ich bin ein Schisser und kann gut darauf verzichten, mich freiwillig in lebensbedrohliche Situationen zu bringen.

Die Blaskapelle marschiert aus der Arena, auf der Leinwand wird die Startrakete gezeigt. Wenn sie losgeht, öffnen sich die Eisentore und die Bullen rennen auf die Straße. Drei, zwei, eins: »Puff.« Eisentor. Bullen. Hörner. Gasse. Eng. Menschen. Rennen. Mann auf Horn. Menschen am Boden. Schreie. Angst. Adrenalin. Schweiß. Flucht. Schreie. Immer wieder Aufschreien

in der Arena. Großes »Ohhhhhh!«, wenn jemand aufgespießt oder überrannt worden ist. Und dann plötzlich ein »Ahhhhh!«. Die ersten Menschen laufen in die Arena ein, das Ziel des Rennens. Hinter ihnen die Bullen, die von zwei Männern mit Stöcken quer durch die Arena zu einem anderen Durchgang gelotst beziehungsweise geprügelt werden. Nicht mal drei Minuten, dann ist das Rennen mit den Bullen vorbei.

»Schöne Tiere, nicht wahr?«, fragt mich mein Sitznachbar, ein Spanier mit graumeliertem Haar und weißem T-Shirt.

»Ja«, antworte ich. »Ich hoffe nur, die haben sich nicht verletzt. Der eine Bulle ist in der Straße einmal ganz schön hingefallen.«

»Das wäre vielleicht sogar das Beste für ihn, dann würde er jetzt gleich einen Gnadenschuss bekommen und würde heute Abend nicht qualvoll hingerichtet werden.« Der Mann steht auf und applaudiert mit der Menge.

»Wie, die werden umgebracht?«, frage ich nach.

»Heute Abend ist der Stierkampf in der Arena. Schon einmal davon gehört?«

Ich merke, wie mein Mund aufgeht und ich eine erschrockene Fratze ziehe. Stierkampf? Ich schaue in die schokobraunen Augen des Spaniers und sehe die zwei braunen Augen des Bullen. Diese ruhigen, trotteligen, lieben Augen. Mein Gehirn ruft Bilder eines Stierkampfs auf, den ich mal im Fernsehen gesehen habe. Eine Gruppe Toreros jagt einem Bullen zwei spitze Stäbe in den Rücken und das Blut sprudelt so heftig heraus wie bei einer Fontäne, so lange, bis der Bulle keine Kraft mehr hat und zu Boden sinkt. Ich musste anfangen zu heulen, als ich das sah. Muss ich immer bei so was. Manchmal denke ich, das ist die einzige Konstante in meinem Leben. Zeig mir ein sterbendes Tier und ich muss weinen. Früher war das noch schlimmer als heute. Da hab ich bei jeder überfahrenen

Katze, die ich am Straßenrand liegen sah, geheult und musste immer anhalten, um zu schauen, ob sie wirklich tot war oder ob ich ihr noch helfen konnte.

Ich kann mir auch nie diese Sendung *Menschen, Tiere & Doktoren* anschauen. Es läuft mir sofort ein Gebirgsbach die Wangen herunter, wenn ich sehe, wie ein Meerschweinchen eingeschläfert wird, einfach weil ich mir so gut vorstellen kann, wie schlimm der Verlust für den Besitzer sein muss. Manchmal ist es schon echt scheiße, wenn man so empathisch ist und sich in allerlei Tiere und Menschen versetzen kann.

Und kaum stelle ich mir vor, wie diese Bullen heute Abend von blutrünstigen Verrückten brutal niedergestochen werden und wie sie dabei leiden, wirklich qualvoll leiden, merke ich, wie sich mein Herz verkrampft, meine Wangen feucht werden und meine Lippen salzig. Die Tränen kullern. Guten Morgen, Christine, du kleines Naivchen. Ich habe wirklich nicht gewusst, dass Bullenrennen und Stierkampf zusammengehören. Ich kann mir nicht mal vorstellen, dass so etwas Grausames überhaupt noch existiert, geschweige denn, dass es eine ganze Woche lang jeden Abend hier ausgerichtet wird. Das macht mich so wütend.

Ich bin wütend darüber, dass ich so dumm war und das nicht wusste, und wütend darüber, dass all die Menschen hier in der Arena so gefühlskalt sind. Ein Tier am Morgen durch die Gassen jagen, um es am Abend zu töten und daraus auch noch ein Fest machen! Und ich bin wütend, dass ich selbst hier sitze. Ich versuche, dem Spanier zu erklären, dass mich dieser Stierkampf so aufregt und ich deshalb weinen muss, damit er nicht denkt, ich bin irre und habe einen Nervenzusammenbruch. Aber ich kann nicht sprechen, weil ich durch das ganze Geschluchze keine Luft mehr bekomme. Während ich plötzlich diese Gefühlsexplosion habe, sehe ich, wie der Spanier ganz hilflos und verdattert zu mir rüberschaut und versucht, mich in die Arme zu nehmen. Oh nein, das ist das Schlimmste, was er machen kann. Ich bin der Typ Heuler, bei dem alles noch schlimmer wird, wenn man ihn in den Arm nimmt und tröstet. Kaum umklammern mich seine zwei Arme, sacke ich zusammen.

Noch mehr Rotz und Wasser fließen, und wie ich so heule in den Armen des fürsorglichen Spaniers, der sicher Kinder hat, denn er weiß genau, wie man den Kopf einer Heulenden streichelt, merke ich, dass noch viel mehr aus mir raus muss als die Traurigkeit über die Bullen und der Hass über diese Kackmenschen. Da muss einiges von meiner Seele weg, es beginnt zu bröckeln. Der ganze Stress, den ich mir in den letzten Wochen selbst gemacht habe. Der Druck, das Projekt durchziehen zu müssen, komme was wolle, die Zweifel, ob ich das alles gut und richtig mache – und die Angst.

Die Angst, dass ich vielleicht Paul verliere. Die Angst, verrückt zu werden. Die Angst, dass das eine Nummer zu groß wird für mich oder vielleicht schon ist. Und die Angst, dass ich nicht mehr gebraucht werde. Dass sich die Welt auch sehr gut ohne mich weiterdreht. Es passiert so viel zu Hause, in meiner Familie und bei meinen Freunden und ich bin nicht da, um mitzufeiern, mitzureden, sie in den Arm zu nehmen oder ihnen tröstend den Kopf zu streicheln, wenn sie es dringend bräuchten.

Der Tod ist allgegenwärtig. Er ist nicht nur hier in der Arena, sondern sitzt einem auch beim Saufen im Campingstuhl auf der Schulter. Er holt Mensch und Tier ein. Unverhofft und oft. Der Tod ist der Einzige, mit dem ich echt keine gute Beziehung habe. Wir sind einfach nicht auf einer Wellenlänge. Das merke ich gerade wieder. Ich frage mich immer, soll man ihn in der Rumpelkammer abstellen, vergessen und das Leben leben, als gäbe es keine Rumpelkammer? Oder jeden Morgen einmal reinschauen und »Guten Tag« sagen, sich seine Existenz immer wieder ins Gedächtnis rufen, damit man ihn nicht vergisst und er einen nicht zu Tode erschreckt, wenn er plötzlich da ist.

In letzter Zeit, wo alle um mich herum immer so unglaublich glücklich sind, muss ich oft über den Tod nachdenken. Da sind so viele wüste Gedanken, die sich in meiner Hirnachterbahn überschlagen, und so viele neue Eindrücke, die mich völlig wirr machen und mich nicht mehr klar denken lassen. Die meisten Gespräche auf Festivals bewegen sich auch nicht über die Themen Alkoholkonsum, Bierrausch und Sexfantasien hinaus. Wenn man Glück hat, dann redet man auch mal über Musik.

Deswegen muss jetzt alles weggeheult werden. Wie sagt mein Papa immer: Was keine Miete zahlt, muss raus. Das sagt er eigentlich in Bezug auf Rülpser und Fürze, aber irgendwie passt das auch hier gerade. Ich merke, wie gut das tut, und wie es mir mit jeder Träne allmählich leichter ums Herz wird, wie mein Kopf klarer wird,

während ich da so sitze und unauffällig den ganzen Schnodder aus meiner Nase am T-Shirt des Spaniers abputze. Das habe ich jetzt gebraucht. Ich bin leer. Das tut gut. Ich glaube, gerade mit dem Wissen, dass alles endlich ist, sollte man leben. So viel und so intensiv wie möglich. Und gleichzeitig die Auszeiten nicht vergessen, in denen man sich zurückzieht und reflektiert, was man gesehen und erlebt hat, was einem guttut. Und sich erlauben, einfach einmal traurig zu sein. Man kann ein Jahr lang im Ausnahmezustand leben. Aber man kann nicht ein Jahr lang immer munter und fröhlich sein. Zumindest ich kann das nicht.

Ich befreie mich aus den Armen des Spaniers und bleibe noch ein bisschen auf der kalten Treppe sitzen. Ich weiß, was heute Abend hier passiert, und mit diesem Wissen stehe ich auf und gehe. Es gibt so viel Schönes, das da draußen auf mich wartet. Das Schöne schätzt man jedoch nur, wenn man sich auch über das Schreckliche im Klaren ist. Das ist wie mit dem Leben und dem Tod, Freude und Trauer. Man braucht einfach beides. Immer.

»SHUT YOUR EYES« – BILBAO BBK LIVE

Online: bit.ly/SlIPmp

Christine, freust du dich auf dein nächstes Festival? – Ja, kann nur besser werden. Ich bin außerdem gespannt, wie die Spanier Musikfestivals feiern.

Während er noch auf dem Hocker sitzt, an seiner Gesäßtasche rumfummelt und verzweifelt nach dem Korken sucht, mit dem er die Flasche zwischen seinen Beinen verschließen möchte, weiß ich schon – das wird nichts. So was sehe ich sofort. Schließlich findet er den Korken, zieht ihn aus seiner Hosentasche und lehnt sich erschöpft zurück, mit dem Rücken gegen einen Baum. Man sieht ihm die Anstrengung an. Der Korken ist um ein Drittel größer als der Flaschenhals und passt nur mit der richtigen Mischung aus Geschick und Gewalt wieder in die Öffnung. Er schaut in die Ferne, Richtung Bühne, wo schon die ersten Gitarrenriffs erklingen, und versucht, den Korken in die Flasche zu drücken. Immer wieder rutscht er links oder rechts am Hals vorbei.

Der Besoffski merkt, dass das so nicht klappt. Er beugt sich nach vorn, um den Korken aufzuheben, der ihm aus der Hand gerutscht und auf den Boden gefallen ist. Hoffentlich kommt ihm jetzt nicht beim Vornüberbeugen, wenn sein Magen so zwischen Brustkorb und Oberschenkel eingeklemmt ist, ein Schwall Kotze hoch.

Zielsicher greift seine Hand den Korken und führt ihn, ebenso zielsicher, zum Mund. Die schwarze Dreckkruste am Korken sieht er nicht, er steckt sich das Ding in den Mund und versucht, ein Stück vom Rand des Korkens abzubeißen, wobei er eine unschöne Fratze zieht. Das hätte ich ihm jetzt wirklich nicht zugetraut. Er hat erkannt, dass der Korken zu groß ist für den Flaschenhals, und hat selbstständig einen Lösungsansatz gefunden. Wahnsinn.

Hier zu sitzen und das zu beobachten ist grandios. Ich muss an meinen ersten und letzten Zoobesuch denken. Eigentlich mag ich Zoos gar nicht und finde es wirklich bescheuert, die Tiere dort einzusperren. Einmal war ich aber doch drin. Ich kann mich noch ganz genau an das Affengehege erinnern. Ich saß stundenlang davor und habe mir die Paviane angeschaut, wie sie einander gelaust haben. Da sitzt ein Affe vor dem anderen und der hintere fummelt im Fell des vorderen rum. Immer, wenn mich einer der Paviane angeschaut hat, mit seinen kleinen braunen Augen, habe ich mich gefragt, was der wohl denkt.

Ich bin felsenfest davon überzeugt, dass sie denken können. Bestimmt so etwas in der Art wie: »Diese dummen Menschen. Haben nix Besseres am Samstag zu tun, als uns Affen anzugaffen. Als hätten die noch

nie einen Pavian gesehen. Vollidioten, diese Menschen.« Ich bin sogar der Meinung, dass die genauso denken wie wir, aber dabei so clever sind, das vor uns zu verstecken, um irgendwann wie Modern Talking ganz still und heimlich die Weltherrschaft an sich zu reißen. Nach der Lausorgie kackte sich der Pavian in die Hand, aß seine Fäkalien und schaute mir dabei ganz tief in die Augen. Das war richtig eklig. Das hat der bestimmt nur gemacht, damit ich aufstehe und gehe. Wie ich jetzt hier so sitze und den Besoffski beobachte, fühle ich mich ein bisschen wie damals. Der einzige Unterschied: Ich glaube nicht, dass der Typ vor mir noch denken kann.

Das mit dem Mund und dem Abbeißen hat nicht funktioniert. Jetzt versucht er, den Rand mit den Fingern abzunibbeln, und schließt dabei die Augen. Wenn man nicht wüsste, dass er strunzbesoffen ist, könnte man fast denken, er meditiert, wie er da so sitzt, auf seinem Campinghocker, am Baum angelehnt. Nachdem er ein paar Minuten so dagesessen hat, versucht er, die Augen wieder zu öffnen und die Mission »Korken in die Flasche« weiter voranzutreiben. Seine Lider sind noch schwerer geworden. Sie fallen immer wieder zu, mal ganz, mal halb, sodass nur noch das Weiße vom Auge zu sehen ist. Er kämpft mit der Müdigkeit, mit dem Korken, mit der Schwerkraft und mit dem Alkohol im Blut. Das ist wirklich toll! Das ist besser als jede TV-Serie und fast noch besser als das Affengehege.

»Komm, ich helfe dir«, sage ich zum Besoffski. Während das Hirn des Typen versucht, meine Worte in verwertbare Informationen umzuwandeln, nehme ich ihm Flasche und Korken weg.

»Ey, nee, her damit«, protestiert er. Er versucht, sich noch einmal kurz aufzulehnen, sackt dann aber kraftlos zusammen. Die Schultern hängen, der Kopf liegt auf der Brust. Ganz schön rot ist der Gute im Gesicht. Als Australier müsste er doch wissen, wie man mit der Sonne umgeht, denke ich mir.

Hundert Australier sind mit einem Reiseveranstalter von London nach Bilbao im Baskenland gefahren, um zu sehen, wie man in Europa feiert. *Festival*seeing statt Sightseeing, sozusagen. In Australien gibt es nur sehr wenige Campingfestivals. Ich habe mich als eine Art Festivalmutti der Gruppe angeschlossen und zeige den Kindern, wie man Flunkyball spielt, Wodka in Pringelsdosen mischt, und was man alles mit einer Küchenrolle anstellen kann.

Die Australier, die sich schon seit dem Frühstück literweise Alkohol reinpumpen, sind im Gegenzug auch mein einziger Spaßfaktor hier. Ansonsten muss ich sagen, dass das Bilbao Festival unglaublich idyllisch auf einem Berg gelegen, gleichzeitig aber auch unglaublich langweilig ist. Man kann auf der Spitze des Berges campen, zwischen großen Pinien und mit direktem Blick auf die Bühne, was wirklich fantastisch ist. Oder man zeltet am Hang neben dem Festivalgelände, mit Aussicht

über die Stadt Bilbao. Auch nicht schlecht. Aber ansonsten ist hier alles etwas seltsam. Nicht, wie ich es kenne. Man könnte den Eindruck bekommen, dass es hier in Spanien wirklich um Musik geht, um Radiohead, The Cure, Bloc Party und all die anderen großen Bands, die auf den Bühnen spielen! Es fehlt nämlich jeglicher Schwachsinn, mit dem man sich auf anderen Festivals die Zeit vertreibt, und somit jede Art von Festivalkultur, wie ich sie kennen- und lieben gelernt habe. Ich vermisse …

… Saufgeräte: Ich sehe an den Zelteingängen keinen einzigen Schlauch mit Trichter aka Bierbong im Wind hin und her wehen. Genausowenig scheinen die Leute hier mit der Materie des Dosenstechens, Flunkyballspielens oder Melonensaufens vertraut zu sein. Auch keine einzige Gummipuppe, aus deren Lendenöffnung man Kurze schlürft, liegt herum. Was ist hier los?

… Campingstühle: Vielleicht liegen keine Puppen auf den Tischen, weil es keine Tische gibt. Und auch keine Stühle. Ein Festival ohne Campingstühle ist wie eine Kirche ohne Gebetsbuch. Man braucht Klappstühle, auf denen man schweigend hocken kann, in der linken Hand ein Dosenbier, in der rechten die Kippe, um das Geschehen mit zusammengekniffenen Augen zu beobachten. Das erinnert dann an so bestimmte Szenen aus Western. Wenn der Alte mit der Pfeife im Mund im Schaukelstuhl auf seiner Veranda sitzt, *Spiel mir das Lied vom Tod* erklingt und ein Steppenläufer im Hintergrund vorbeiweht.

Diesen Campingstuhl hat man durch Wälder und über Wiesen getragen, ist damit Bus, Zug und U-Bahn gefahren, ja vielleicht sogar Flugzeug geflogen, und hat ihn nie aus der Hand gegeben. Dauert es auf der Anreise mal ein bisschen länger, ist er innerhalb von 20 Sekunden funktionsbereit und man kann sich niedersetzen. Für den Festivalreisenden ist der zusammengeklappte Campingstuhl unterm rechten Arm, was für den Pilgerer der Wanderstock ist.

Doch hier in Spanien, da liegen die Menschen in ihren Zelten oder in großen Gruppen auf Decken, um im Kollektiv den Himmel anzuschauen, und flechten sich dabei die Haare. Das ist ja mal so 68er …

… Skulpturen: Bis jetzt ist mir auf jedem Festival ein Dosenbierpferd entgegengaloppiert. Oder es saß ein Bierfassroboter auf einem der Campingstühle, der mir zugewunken hat. Manchmal wurde ich auch gefragt, ob ich nicht mal den PET-Flaschen-Penis eines zwei Meter großen Bierdosenmännchens in den Mund nehmen möchte. Da standen dann 20 Männer um mich herum und haben mit ihren iPhones festgehalten, wie ich vor dem Männchen kniete und mit meinen Lippen den Verschluss der Flasche umschlang. Für einsame Stunden und so. Festivals sind schließlich dafür da, die verloren gegangene Kreativität der Kindheit neu zu entfalten. Baute man damals Baumhäuser, widmet man sich heute,

nach Erreichen der Volljährigkeit, lieber modernen Kunstinstallationen, bestehend aus leeren Dosen, Flaschen, Gaffa, Absperrband, Kartons, Konservendosen und Plastikbesteck. Alles, was so rumliegt und vom Müll gerettet werden kann. Daraus bastelt man Türschilder und Gartenzäune für das Camping-Areal, verschönert den Vorgarten mit Müllgartenzwergen, baut sich Haustiere oder widmet sich dem Hutdesign und kreiert Kopfbedeckungen aus Pizzakartons.

… Schilder: Davon gibt es die unterschiedlichsten Arten. Am weitesten verbreitet sind die Siedlungsschilder. Das sind oft geklaute Ortseingangsschilder, die mit individuellen Lagernamen verschönert werden, wie zum Beispiel »Grillfreunde Puhlheim«, »Opferzelt Offenbach« oder »Rock City Rödelsheim«. Wer beispielsweise an einem Wacken-Ortschild interessiert ist, kann dieses ganz legal im Shop der Wacken-Homepage käuflich erwerben. Die Schilder wurden nämlich schon so oft gestohlen, dass man sie ins Merchandise-Sortiment aufgenommen hat, um so die Gemeinde vor den enormen Kosten durch Diebstahl zu bewahren. Neben den Siedlungsschildern findet man auf dem Zeltplatz noch weitere Hinweisschilder mit wichtigen Informationen. Beispielsweise Pappteller, auf denen steht »Bitte sanft klingeln«, »Wartezimmer des Drogendoktors – nur mit Termin« oder Suche-und-Biete-Angebote: »Biete Holzkohle mit einem gesegneten Glas Weihwasser gratis dazu«.

Dann gibt es auch noch die mobilen Plakate mit sinnfreien dadaistischen Phrasen wie etwa »Limbo, du Fotze« oder »Dachlawinengefahr«, die man sich um den Hals hängt. Was völlig out und gar nicht mehr salonfähig ist, sind Schilder mit der Aufschrift »Free Hugs« oder »Give Five«. Was mich einmal wirklich zutiefst beeindruckt hat, war ein Typ, der ein Pappschild hoch gehalten hat, auf dem stand: »Ich halte ein Schild hoch«. Das war an absoluter puristischer Brillanz nicht mehr zu übertreffen.

… Verkleidungen: Jedes Festival ist ein bisschen Karneval, bei dem jeder selbst entscheiden kann, welches »Blöd-Ausschau-Level« er erreichen möchte. Die Lightversion ist ein bisschen Glitzer im Gesicht. Mutigere Zeitgenossen lassen sich ihr Gesicht bemalen. Wer wirklich mal was wagen möchte, greift zu Indianerschmuck, Elfenflügeln oder Tüllrock und gänzlich Unerschrockene stecken sich in ein Ganzkörperkostüm. Das kann ein flauschiges Tierkostüm sein oder ein Morph-Anzug.

Doch wo sind sie hier in Spanien? All die Bären, Pinguine und Krokodile, die im Rudel über das Festivalgelände ziehen, fremden Frauen auf den Arsch hauen und Freude und Liebe unters Volk bringen? Wie ich erfahren habe (durch die Gespräche mit vielen weisen Männern, die schon als Kind Blumen im Haar hatten und seitdem im Festival-Business hängen geblieben sind), gibt es die Verkleidungsriten erst seit drei, vier Jahren. Deshalb könnte es

sein, dass dieser Trend noch nicht über die Pyrenäen bis nach Spanien durchgedrungen ist. Oder trifft meine anfängliche These zu, dass es in Spanien mehr um die Musik geht und der Festivalbesucher noch nicht so degeneriert ist, sich auf ein solches Niveau herabzulassen? Ich mag es ja kaum glauben.

... Dixis: Mitten im Campingareal des Bilbao BBK Live steht ein kleiner weißer Anhänger. Dieser entpuppt sich normalerweise als Luxusklo, in dem sich Tiefspülklosetts aus Keramik befinden, mit einer Klobrille und einem Abfluss. Zielsicher steuere ich also darauf zu und freue mich. Doch die Enttäuschung ist groß. Hinter der Klotür befindet sich keine saubere Klobrille, sondern nur ein Loch, das in den Boden geht. Diese weißen Wagen stehen überall auf dem Camping- und Festivalgelände. Von Dixis keine Spur. Die Spanier stehen auf kontaktfreies Scheißen. Die Enttäuschung ist mir ins Gesicht geschrieben. Jedes Festival braucht seine Dixis. Dabei ist der eigentliche Nutzen – das Auffangen von Exkrementen – nur Nebensache. Man braucht sie als Folterinstrument. Der moderne Galgen ist das Chemieklo. Ich werde nie vergessen, wie bei Rock am Ring eine Horde Vandalen ein Dixi-Klo umgeworfen hat, das gerade vom schwächsten Mitglied ihres Rudels

betreten worden war. Natürlich mit der Türseite nach unten. Dann stellten sie mit gemeinsamer Manneskraft das Ding einmal auf den Kopf und rollten es anschließend den Berg runter. Ich wusste nicht, ob ich weinen oder lachen sollte bei dem Anblick. Das Ereignis hat sich auf jeden Fall in mein Gedächtnis gebrannt wie meine Einschulung und der Tod meines ersten Wellensittichs.

Dixis können aber auch durchaus nützlich sein. Wenn man eines Morgens aufwacht und gar nicht mehr weiß, wie lange man schon hier auf dem Gelände dahinvegetiert, geht man zum Dixi und lässt den Duft sprechen.

Der Besoffski ist am Baumstamm lehnend eingeschlafen. Heute Morgen hat er noch pausenlos davon geredet, dass er der größte Snow-Patrol-Fan der Welt ist und es kaum erwarten kann, sie endlich live zu sehen und *Shut Your Eyes* mitzusingen. Jetzt sitzt er da und ist der Aufforderung seines Lieblingsliedes nachgekommen. Ein Sabberfaden hängt aus seinem Mundwinkel auf sein T-Shirt. Zum Glück gibt es wenigstens noch die Opfer. Die Menschen, die so viele großartige Pläne fürs Festival haben und dann am Alkohol scheitern. Eigentlich sollte man ihn nehmen und ins Offenbacher Opferzelt tragen. Aber das gibt es ja hier nicht ...

»SO PERFEKT« – MELT!

Christine, freust du dich auf dein nächstes Festival? – Ja! Hier wurde ich letztes Jahr entjungfert.

Wir lassen Sie jetzt ganz tief runter, nicht erschrecken.« Der Stuhl summt, meine Beine gehen hoch und mein Oberkörper runter. Langsam und gleichmäßig. Meine Füße sind jetzt höher als mein Kopf und ich merke, wie das Blut mit 90 km/h durch meine Adern ins Gehirn schießt und mir so eine leichte Übelkeit, gleichzeitig aber auch ein nettes Schwindelgefühl beschert.

»So, und jetzt schön den Kopf nach hinten und den Mund aufmachen.« Ich befinde mich im Behandlungszimmer einer kieferorthopädischen Praxis, einem Ort, den ich seit über zehn Jahren nicht mehr aufgesucht habe. Wie viele Jugendliche war auch ich dazu verdammt, eine Zahnspange zu tragen. Erst eine feste, dann eine lose und damit alles so blieb, wie es jahrelang geradegebogen und zurechtgedrückt worden war, gab es noch einen Draht auf die Rückseite meiner Zähne. Der muss heute raus und erneuert werden. Das Leben geht weiter. Es bleibt jedes Wochenende für ein paar Stunden stehen, aber dann geht es weiter. Man muss einkaufen, seine Steuer machen, Wäsche waschen, Schuhe putzen und zum Kieferorthopäden gehen.

Ich muss in letzter Zeit oft an Zahnspangen denken. Immer wenn ich eine sehe, zucke ich zusammen und weiche drei Meter zurück. Ganz am Anfang, beim Springfestival in Graz, da haben sich meine langen Haare in so einem Ding verfangen und mir ein ganzes Büschel vom Kopf gerissen. Seitdem trage ich immer einen Zopf vor der Bühne und meide glitzernde Münder.

Irgendwie mag ich Zahnarzt-Besuche. Man muss nicht reden. Ja, man kann gar nicht reden. Nicht so wie beim Friseur, der immer alles wissen möchte, sei es nun aus angeborener Neugier oder wegen des Berufskodex oder der Hoffnung auf mehr Trinkgeld. Beim Zahnarzt hingegen kann man einfach daliegen, schweigen und nachdenken, das Wochenende noch einmal Revue passieren lassen. Das Melt! Festival.

Es ist mein erstes Mal. Mein erstes Mal zum zweiten Mal. Das Melt! Festival. Dort, wo letztes Jahr alles begann, geht es dieses Jahr weiter. Natürlich darf es nicht fehlen auf meiner Liste. Es ist nicht nur so besonders, weil es das erste Festival in meinem Leben war, und das vergisst man ja nie, sondern auch, weil ich dieses Jahr ein Teil davon bin. Ich lese! Das ist geil. Ich stehe vor dem vier mal drei Meter großen Line-up-Plakat am Eingang des Festivals und muss grinsen. Kennt ihr das? Dieses Grinsen? Wenn man die Mundwinkel nicht mehr runterbekommt und ein Adrenalinfeuer durch das Gehirn braust? Das fühlt sich so ähnlich an, wie wenn man auf dem Zahnarztstuhl sitzt und einem das Blut in den Kopf schießt.

Ich hatte es lange nicht mehr, dieses Gefühl. Ich glaube, das letzte Mal auf einem Highway in Florida, als ich es geschafft habe, das Automatikauto unter Kontrolle zu bekommen. Ich stehe an der Stelle, an der ich schon einmal stand, an der vor einem Jahr alles begann, und grinse mir einen ab. Wenn mich jemand beobachtet, dann denkt der bestimmt, ich habe mir irgendwas Aufmunterndes eingeschmissen. Dabei freue ich mich nur so unendlich, weil ich meinen Namen auf diesem Plakat lese: »18:00 – 19:00, ›90 Nächte, 90 Betten / 40 Festivals in 40 Wochen‹, Lesung mit Christine Neder« Geil. Dazu gibt es auch noch einen Artist-Pass mit Zugang zum Backstage und einen Künstlerbetreuer, der mich bei meiner Ankunft ganz liebevoll empfängt, mir einen Ablaufplan gibt, seine Handynummer für Notfälle, Getränkemarken und eine Dinner-Karte.

»Lisa, komm mal her. Du musst absaugen«, ruft der Herr Doktor. Ich hasse das. Ich finde das richtig ekelig, meinen eigenen Speichel durch ein durchsichtiges Röhrchen fließen zu sehen. Warum sind die auch immer durchsichtig? Ich bemerke, dass der Herr Doktor noch ein ganz Junger ist. Ich schätze ihn auf Ende 20, trotz seiner grauen Haare. Beim Arzt merkt man wirklich, wie man älter wird. Nicht nur wegen der Leiden, die man immer häufiger bekommt, sondern daran, dass die Ärzte plötzlich im selben Alter sind wie man selbst. Dann ist man mindestens 25 Jahre alt und der körperliche Verfall setzt ein. Schnell wieder an etwas Schönes denken. Das Melt! Festival.

Ich komme erst am späten Freitagabend an. Um 19 Uhr landet mein Flieger aus Spanien, dann düse ich schnell nach Hause, dusche, schmeiße ein paar neue Klamotten in den Koffer und weiter geht es nach Gräfenhainichen zur Ferropolis, der »Stadt aus Eisen«. 7.000 Tonnen Stahl, 1.000 Lichtspots, 60.000 Kabelbinder, 120 Gaffarollen und ich – voll orientiert. Es ist ein ganz neues Gefühl, an einem Ort anzukommen und alles zu kennen. Vor den Zügen sind die Toiletten, an der Straße beim Tor fährt der Shuttle ab, es gibt fünf Bühnen, eine Fressmeile, einen See mit Strand und den »Sleepless Dancefloor«. Ich verlaufe mich nicht mehr, finde alles auf Anhieb, kann mich an Treffpunkten verabreden – alles ist so einfach!

Mittlerweile liege ich nicht mehr im Behandlungszimmer, sondern sitze in einem kleinen Kämmerchen und habe ein Stück Metall im Mund, das mir an meinen Oberkiefer gedrückt wird und dessen Gummifüllung gefährlich weit in meinen Rachen hineinragt. Noch zwei Millimeter und mein Würgreflex

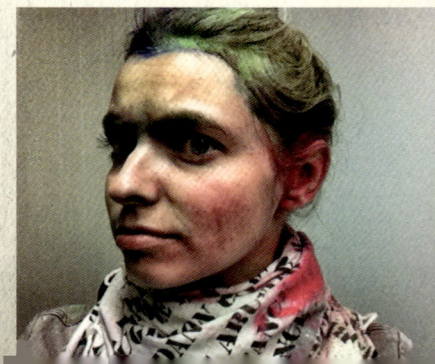

wird aktiviert. »Gleich haben wir den Abdruck. Jetzt schön durch die Nase ein- und ausatmen.« Leichter gesagt als getan. Ich muss gleich brechen. Schnell an was Schönes denken. Das Melt! Festival.

Es ist schon echt geil. Ich weiß endlich, wie das alles hinter der Bühne abläuft. Man kann sich das wie die Rezeption eines Hotels vorstellen: Wenn der Künstler beim Artist-Infopoint ankommt, steht da eine nette Empfangsdame hinter einem Tresen, fragt nach dem Namen und schaut in ihrem schlauen Laptop nach, wen sie da vor sich hat. »Ach, du bist das, mit den 30 mal 40 Festivals.«

»Fast. 40 Festivals in 40 Wochen.«

»Das ist ja irre.« Ja, ist es. Da kann ich nicht widersprechen.

Danach ist mir der Zugang in die heiligen Hallen des Backstage-Bereichs gewährt, einem Gelände mit Blick auf den See. Darüber verteilt ein paar schöne Liegen, ein Catering-Zelt und viele kleine Container, jeweils mit den Namen der Künstler und Bands versehen, die dort untergebracht sind: Casper, Modeselektor, Gossip. Zwischen dem Catering-Zelt und den Containern entlang führt der Weg zur Bühne. Gerrit springt auch wieder fröhlich mit seiner Kamera rum. Mensch, wir werden noch echte Freunde.

»Noch zwei Minuten, dann ist es vorbei.« Ich kann nicht mehr. Ich würge. Die nette Zahnarzthelferin hat mir gesagt, dass ich mich auf keinen Fall bewegen darf, weil sie es sonst noch einmal machen muss. Also sitze ich kerzengerade auf dem Stuhl. Lediglich meine Augen zucken nervös hin und her und beobachten, wie die nette Helferin gelbe Gummireste von meiner Wange zieht. Das ist lieb von ihr. Denk wieder an etwas Schönes, Christine. Das Melt! Festival.

Geil war es. Aber warum eigentlich? Ich versuche das jetzt einmal zu analysieren. An den Bands kann es nicht gelegen haben. Ich musste nämlich am Sonntagmit-

tag bei der Abfahrt erschreckenderweise feststellen, dass ich keinen einzigen Act ganz gesehen habe. Das ist mir noch nie passiert. Ich frage mich auch, wie das bei 150 Acts und drei Tagen überhaupt möglich sein soll. Aber ich habe ja schon so viel gesehen dieses Jahr von dem, was ich sehen wollte – Dillon und Modeselektor in Graz, Bloc Party in Spanien und Markus Kavka letztes Jahr auf dem Melt! Festival.

Ich konnte mich also endlich mal treiben lassen, ohne den Druck zu haben, irgendeine Band unbedingt sehen zu müssen. Ich habe rumgesessen, Bier getrunken, ein Pläuschchen mit Freunden gehalten und auf den See hinausgeschaut. Lediglich bei Gossip habe ich mal vorbeigeschaut, obwohl ich sie dieses Jahr schon zweimal gesehen habe, bei Rock am Ring und Rock im Park. Ehrlich gesagt, mag ich die Musik auch gar nicht so, aber ich muss es mir immer wieder anschauen, weil Beth Ditto es einfach voll drauf hat, Menschen glücklich zu machen. Auf dem Melt! hat sie wie bei Rock im Park jemanden aus der ersten Reihe auf die Bühne geholt. Dieser Typ hatte den geilsten Moment seines Lebens. Der wird nie vergessen, wie er mit seinem blutigen Damenbinden-Kostüm vor Tausenden auf der Bühne stand und mit Beth Ditto ein Tänzchen vollführt hat. Ich habe mich für den Typen gefreut und musste wieder so grinsen. Dafür liebe ich Gossip, dass sie Menschen glücklich machen, ihnen einen unvergesslichen Moment schenken und dieses Prickeln auf der Haut namens Gänsehaut.

Unvergessliche Momente sind neben Bier und Freunden das Wichtigste auf einem Festival. Ich habe neulich auf Facebook eine Umfrage gestartet: Was macht ein Festival unvergesslich? Das Ergebnis: Hammer Bands und coole Leute. Gänsehaut. Kaiser-Pils zum Wodkafrühstück. Bier.

Viel Bier. Dazu eine Runde Flunkyball und willige Weiber. Danach ein Bier. Ein Bier mit Freunden, denn das Wir-Gefühl macht die Stimmung. Jeder hilft jedem und vor den Göttern auf der Bühne sind doch alle gleich. Dann noch ein Bier, während ein schon total Besoffener im Borat-Tanga mit einem Kleinwüchsigen an der Leine über den Zeltplatz läuft. Campen, das gehört auch dazu. Campen und Saufen. Vielleicht auch ein chemisches Rendezvous. Aber auf jeden Fall Bier.

Für mich persönlich aber macht das Überraschende ein Festival unvergesslich. Die kleinen Abseitigkeiten. Wenn etwas Unerwartetes passiert. Das sind die wichtigsten Momente. Wenn ich einfach mal stundenlang dasitze, nicht Quatsch mache, feiere, fotografiere oder filme, sondern mich unterhalte über Bestattungsunternehmen, den Vorteil von Tageskontaktlinsen und Bäume (Wusstet ihr, dass Bäume kommunizieren? Im olfaktorischen Bereich? Irre oder?), während Casper *So perfekt* singt. Das ist für mich erinnerungswürdiger als ein Typ im Borat-Tanga mit einem Kleinwüchsigen an der Leine.

Und so hat für mich jedes meiner Festivals einen anderen unvergesslichen Aspekt. Beim Strawberryfestival war es das Schweinerennen, beim Springfestival das Schnitzel zum Frühstück, in Bilbao die Band Snow Patrol, deren Gig ich auf den Schultern eines kräftigen Australiers sitzend gesehen habe.

Und wenn ich an das Melt! vor einem Jahr denke, erinnere ich mich sofort an den Sonnenaufgang früh um 4 Uhr. Wenn man vom Festivalgelände aus am See entlang zum Campingplatz läuft und sich noch einmal umdreht, sieht man langsam den roten Feuerball hinter den Stahlstreben der Ferropolis aufgehen und man wünscht sich genau dann die Unendlichkeit.

»BORN TO BE WILD« – BURG HERZBERG FESTIVAL

Christine, freust du dich auf dein nächstes Festival? – Ja! Endlich richtige Hippies. Love and Peace and Sonnenblumen.

Ob ihr wirklich richtig geht, seht ihr, wenn ein Langhaariger am Wegrand steht. Die größten Festivals sind meistens die in den tiefsten Provinzen. In Dörfern, von deren Existenz kein Mensch je zuvor gehört hat und wohl auch nie hören würde, gäbe es dort nicht Festivals, oder kennt ihr Lärz (Fusion), Neuhausen ob Eck (Southside) oder Neustrelitz (Immergut)? Hof Huhnstadt, wo das Burg Herzberg Festival stattfindet, ist auch so ein Fall. Das ist noch nicht einmal ein Dorf. Das ist nur ein Hof zwischen zwei Dörfern und den muss man erst einmal finden. Ohne Navi und Festival stelle ich mir das sehr schwierig vor. Aber so folgt man einfach den typischen Wegmarken eines Festivals: Menschen, die an Bushaltestellen stehen und Bier schlürfen, vor der Dorfbäckerei sitzen und Plunder essen oder einfach todesmutig am Rand der Landstraße entlanglaufen. Das sind Menschen, die einfach nicht in diese idyllische Dorf- und Landkulisse passen, der Störfaktor im »Suche den Fehler«-Bild. Wenn man solche Menschen sieht, dann weiß man, dass man goldrichtig ist und das Festival nicht mehr weit sein kann.

»Slick, slick«, machen die Handys im Sekundentakt, als ich ankomme. Gabi und Hansi stehen in der Einfahrt zum Herzberg Festival und eine Traube von Menschen, allesamt bewaffnet mit Smartphones, hat sich um sie herum versammelt. Jeder will ein Foto vom glücklichen Hochzeitspaar machen, das gerade vom Standesamt aus dem Nachbardorf kommt. Die Braut trägt ein weißes kurzes Kleid, schwarze Hunter-Gummistiefel und in den Händen einen Strauß Sonnenblumen. Der Bräutigam kommt in kariertem Schäfermantel, Jeans und mit einem überglücklichen Lächeln im Gesicht. Wie ich erfahre, hat er ihr letztes Jahr, hier auf dem Burg Herzberg Festival, einen Heiratsantrag gemacht.

Das Burg Herzberg Festival ist das älteste Festival in Deutschland. 1968, in der Hippiehochphase, trafen sich die Langhaarigen hier zum ersten Mal, um ein bisschen Musik zu machen. Dann gab es eine längere Pause. 1991 trafen sie sich wieder. Leider nur 300 Mann, sodass man nach dem Wochenende 1.500 Würste, die übrig geblieben waren, im Wald vergraben musste. Das Würstchen-Besucher-Verhältnis hat sich über die Jahre gut eingependelt und es kommen mittlerweile 11.000 Menschen. Der Otto-Normal-Besucher ist die Familie mit Kind, die im Idealfall einen

Plattenspieler zu Hause hat und dem Vinyl huldigt.

Ja, auf Burg Herzberg, da trifft man mal keine coolen jungen Hipster mit Ray-Ban-Brille, Jeansshorts und Bench-Fleecepulli. Hier trifft man Endzeithippies in Batik-Shirts mit fransigen Jeanswesten darüber, Urgesteine der 68er-Bewegung, die Brillen mit runden Gläsern auf der Nase haben und graue Krausehaare und *Born to Be Wild* von Steppenwolf hören. Die junge Hippie-Nachfolgegeneration ist auch da, trägt Fair-Trade-Filzpullover mit Zipfelkapuze, Pumphosen aus Thailand und dazu irgendetwas im Haar. Beispielsweise ein Haargummi mit bunten Pseudo-Dreadlocks, ein Tischtuch als Stirnband oder, ganz klassisch, einen Blumenkranz. Ich will mich auch gern anpassen, aber irgendwie steht mir dieses ganze bunte Schlabberzeug nicht. Deswegen entscheide ich mich für eine ganz andere Art, das Hippie-Feeling zu erleben und die Freiheit direkt zu spüren. Am lebendigem Leib, sozusagen. Ich lasse meinen BH zu Hause.

Fröhlich und befreit gehe ich also los und erforsche das Territorium. Nicht nur die Menschen sind bunt und treiben bunte Sachen, auch die Fahrzeuge. Überall Hippiemobile mit Peaceflaggen auf dem Dach und Traumfängern hinter der Windschutzscheibe. Mobile Kommunen, in denen es ab und zu ordentlich rumpelt, die aber anscheinend immer noch den Segen des TÜV bekommen. Die Campingwiesen gleichen einem Freilichtmuseum für Volkswagen-Kutschen. Zwischen den ganzen Bussen rennen zahlreiche Hunde herum. Kinderwagen und Bobby-Cars stehen in den Vorzelten, daneben nackte Brüste, an denen Säuglinge genüsslich nuckeln, und überall nackte Füße. Diese sind nicht etwa dem Versuch der Aufnahme positiver esoterischer Strahlung über die Fußsohlen geschuldet, sondern der Tatsache, dass Burg Herzberg eine einzige Schlammlandschaft

ist. Ich rutsche ohne Halt darin herum, vor einer ungewöhnlichen Geräuschekulisse.

Als ich ankam, hörte ich noch die Glöckchen an den Fußgelenken klingeln und Scott McKenzie aus dem Kassettenrecorder plärren. Jetzt höre ich nur noch die lauten Motoren der Traktoren. Alle Besucher, die noch ankommen, müssen mit einem Trecker an ihren Stellplatz gezogen werden. Dort abgestellt, versinken sie langsam im Morast und werden wohl in tausend Jahren als Moorleichen ausgebuddelt und ins Museum geschleppt werden, wo ihnen ein schönes Schildchen verpasst wird: »Kommune aus Herzberg, circa 2.000 nach Christus«.

Ich schlittere über den vermatschten Campingplatz und verfolge mit Interesse, wie man Luftpumpen gegen Joints tauscht, versucht, das Vorzelt mit Tannenwedeln trockenzulegen, und Planen über ganze Zeltsiedlungen spannt. Das Kommunenleben von einst ist dem Alltag einer Kleinfamilie gewichen, statt freier Liebe gibt es Babybrei und Chappi aus der Dose. Außerdem merke ich schnell, dass hier alle sehr musikalisch sind. Aus jedem zweiten Vorzelt hört man die klassischen Lagerfeuer-Instrumente – Rasseln, Trommeln und natürlich Gitarren. Ab und zu auch eine Trompete oder eine Mundharmonika.

Und natürlich unterhält man sich angeregt. Über das Ostfernsehen, das Sandmännchen, Karl-Eduard von Schnitzler und den Kalten Krieg. Und natürlich das Wetter: »Wir dürfen froh sein, dass die Politiker nichts gegen das Wetter machen können. Sonst wäre bei uns nicht nur Regen, sondern Dauerfrost«, erklärt mir ein etwas in die Jahre gekommenes Blumenkind. »Wenn sie könnten, würden die Politiker alles versauen.«

Ich glaube, ich bin die Einzige, die sich insgeheim ultra freut über das Wetter. Es kann ja nicht sein, dass ich 40 Festivals besuche und keine Schlammschlacht miterlebe. Außerdem gilt die alte Weisheit: Es gibt kein schlechtes Wetter, es gibt nur schlechte Kleidung. Und der ganze Morast macht das Festival noch mehr zum großen familiären Miteinander, von dem man noch seinen Enkeln erzählen wird. Was die sich mittlerweile alles anhören müssen. Man möchte in unserer heutigen Zeit wirklich kein Enkel mehr sein.

*

Nachdem ich den halben Tag über das Gelände gewatet bin, fühle ich mich ganz benommen. Vielleicht liegt es an den Hanfsamen auf der Gemüse-Teigtasche, die ich zu Mittag gegessen habe, was ich aber bezweifle, weil das in Wirklichkeit bestimmt nur grüner Kümmel war. Oder es liegt an dem ganzen Marihuana in der Luft. Oder an den Räucherstäbchen, die an jeder Ecke vor sich hin qualmen. Ich bin ganz zugenebelt und sitze plötzlich auf einem kleinen Hocker vor Klara Zelenka, ihres Zeichens Wahrsagerin. »Mediale Beratung, Channeling, Aura lesen, Begradigung«, ihr Angebot deckt ein weites Spektrum ab.

Nun denn, wenn ich schon keine Häkelwestchen oder Patchworkröcke trage und auch keinen Joint in der Hand halte, kann ich ja wenigstens ein bisschen hippiesk drauf sein. Eigentlich wollte ich mir die Lesung »Die Utopie der Kommune Niederkaufung« anhören. Dann bin ich jedoch hinter irgendeinem Blumenzelt falsch abgebogen und hier sitze ich nun und lasse

mir die Karten legen. Klara Zelenka scheint auch wirklich sehr qualifiziert zu sein. Gelernte Juristin, steht in ihrem Flyer, aber seit einem tiefgreifenden mystischen Erlebnis 1999 der Spiritualität verfallen.

»Hast du eine Frage, Christine?«, will Klara Zelenka wissen, während sie die Karten mischt und mir tief in die Augen schaut.

»Mhmm«, ich denke kurz nach, »eigentlich nicht. Also keine direkte.«

»Eine Frage zu Beruf, Liebe oder Geld?«

»Also, Geld ist mir ja eher unwichtig.«

»Oh, dann ist also genug da?«

»Nein, aber ich weiß, dass es mich nicht glücklich macht. Vielleicht könnten wir eher allgemein schauen, was das Leben so bringt? Es gibt gerade so viele Fragen. Wenn ich die alle stelle, sitzen wir morgen früh noch hier.«

Klara Zelenka mischt die Karten noch weitere 20 Sekunden lang, ruhig und besinnlich, lässt mich einmal vom Stapel abheben und legt sie dann mit ihrem speziellen Legesystem vor sich auf den Tisch.

»Gut, dann schauen wir mal, was die Karten so sagen.«

Der Tod ist meine persönliche Karte, sie liegt in der Mitte. Na toll, das fängt ja gut an. Sie hat aber, wie ich lerne, in den seltensten Fällen etwas mit dem körperlichen Tod zu tun, sondern weist auf einen anderen Seinszustand hin, das Alte geht und Neues kommt. Klara Zelenka sieht eine Veränderung. Sie zieht ihren Sonnenhut tief ins Gesicht und fängt an zu erzählen.

»Ich sehe ein Kind, das sitzt auf dem Boden und spielt ganz konzentriert. Das bist du. Nach außen wirkst du beschäftigt und harmonisch, im Innern aber trägst du eine Sehnsucht. Vielleicht die Sehnsucht nach Freiheit?«

Ist das eine Frage? Soll ich jetzt antworten?

»Im Hintergrund der Karte sieht man eine wunderschöne weite Landschaft, die man als Freiheit deuten kann. Zwischen der Freiheit und dir sitzt jedoch der schwarze Rabe. Der schwarze Rabe steht für deine Schwermut. Diese Schwermut musst du unbedingt angehen und transformieren.«

Ach, der gute alte schwarze Rabe … Ich dachte, den hätte ich schon längst mit dem Besen vom Balkon gejagt.

»Siehst du diese Karte? Es werden viele Erwartungen auf dich projiziert und damit kannst du schlecht umgehen. Du fragst dich immer wieder: Schaff ich das allein? Bin ich gut genug? Natürlich bist du es. Du machst wundervolle Sachen, aber es ist für dich jedes Mal eine Herausforderung, das auch zu glauben. Schon als du reinkamst, habe ich gemerkt, dass du eine gewisse Tiefe hast, die dich oft in das Gefühl der Verlorenheit und Sinnlosigkeit treibt.« Ich muss herzhaft lachen. Das stimmt nämlich alles. Aber vielleicht wirke ich heute auch nur besonders verloren, weil das Gefühl, ohne Büstenhalter rumzulaufen, wirklich verstörend ist.

»Du kannst die Schwermut nicht abschalten. Du musst nur lernen, richtig mit ihr umzugehen. Sie kann dich in die Einsamkeit treiben. Aber sie ist auch dein Motor.« Klara Zelenka trägt ein schönes schwarzes Kleid, aus tausend unterschiedlichen Stofffetzen zusammengenäht. Das hat sie bestimmt aus so einem Eine-Welt-Laden. Ich betrachte sie ein bisschen, während sie die Karten weiter studiert.

»Ich könnte mir vorstellen, dass es in Beziehungen Schwierigkeiten gibt mit dir«, sie lacht. Was gibt es denn da zu lachen?

»Dass die Männer oder Frauen, ich weiß ja nicht, ob du Männer oder Frauen liebst, Probleme haben mit dir oder du mit ihnen, sobald irgendwelche Erwartungen auftauchen. Da bist du sehr stark auf der Seite der Freiheitsliebenden.« Klara Zelenka schiebt ihre Brille die Nase hoch. »Du musst lernen, Geborgenheit anzunehmen. Danach sehnst du dich nämlich tief in deinem Innern. Du musst es schaffen, dich dieser Wärme hinzugeben, ohne dich aufzugeben, dann kommst du ein Stück weiter.« Ich sitze da, nicke ganz andächtig und schaue dabei immer noch auf ihr schwarzes Kleid.

»Willst du auch was über deine Beziehung wissen?«

»Ja, warum nicht?« Wenn ich schon mal hier bin.

Klara Zelenka mischt wieder ihre Karten, lässt mich vom Stapel abheben und legt sie aus. Dreimal neun Karten.

»Die Beziehung wird weitergehen, das kann ich dir gleich sagen. Der gute Ausgang in der Liebe liegt in der Zukunft, die Ehekarte auch. Und du wirst umziehen, was mit sehr viel Trauer verbunden, gleichzeitig aber ein schöner Neuanfang für dich sein wird.«

Was? Ich soll umziehen? Das sehe ich aber anders.

»Man sieht aber, dass auch noch viele Probleme gelöst werden müssen. Dein Partner hat viele Erwartungen, die du vielleicht nicht erfüllen kannst. Aber trotzdem müsst ihr einen gemeinsamen Weg finden.«

»Aha.«

»Ihr habt eine wunderbare gemeinsame Zukunft, aber der Einzelne geht dabei ein bisschen baden.« Klara Zelenka setzt ihre Brille ab. »Jetzt ist aber auch wirklich die

Zeit rum.« Sie sammelt ihre Karten ein, legt sie sorgfältig auf einen Stapel und führt mich aus ihrem Zelt.

Nach der 30-minütigen Zukunfts-Session muss ich mich erst einmal setzen, einen Chai trinken und ein Energie-Sesam-Kokosbällchen essen. Das ist die vegane Frikadelle der Vinyl-Freaks. Ich lasse das Ganze sacken und mache mir eine To-do-Liste: den Raben vertreiben, Sehnsucht auflösen, Geborgenheit suchen, Nähe zulassen, realisieren, dass ich wunderbare Sachen mache, Paul anrufen und ihm sagen, dass er mich akzeptieren muss, wie ich bin, und dass wir einen gemeinsamen Weg finden müssen.

Während ich meinen Tee schlürfe, schlage ich das Programmheft vom Burg Herzberg auf und fange an zu lesen. Vielleicht hätte ich mir auch das Geld für die Wahrsagerin sparen können. Da steht nämlich fast dasselbe: *Wie durch Zauberhand klebt auf unser aller Weg zum Herzberg Büro auf einer alten Laterne eine Aufkleber mit ›Make Love Work‹. Er ist leicht ramponiert, wahrscheinlich von einem gewonnen Kampf gegen einen städtischen Mitarbeiter, der versucht hat ihn zu entfernen. Je nach Tages- und Jahreszeit ändert der Aufkleber seine Farbe und Intensität. Das steht im gut! Ehrlich gesagt sieht er immer gleich aus. Es kommt nur darauf an wie wir ihn sehen können. An manchen Tagen scheint er gar nicht da zu sein, an anderen leuchtet er intensiv schon von weitem. So oder so ähnlich geht es den meisten von uns doch auch mit der Liebe oder? Auch sie hat schon einige Kämpfe erlebt und ist noch immer da.*[10]

Burg Herzberg ist nicht nur steinalt, sondern auch urweise.

In unserem Motto ist die Liebe schön eingebettet zwischen zwei Wörtern die ihr sehr gut zur Seite stehen. Im Wort Make steckt die Leichtigkeit des einfachen Tuns. Auf der anderen Seite verbirgt sich hinter Work eine gewisse Zielrichtung. Das Burg Herzberg Festival lebt von beidem. Ohne einen Anteil an Anstrengung (Work) ist die Leichtigkeit (Make) der Liebe oftmals nicht möglich.[11]

Ich bekomme ein schlechtes Gewissen. Ich glaube, ich arbeite gerade gar nicht oder eher sehr kontraproduktiv an der Liebe. Ich bin nie da, ständig unterwegs, habe nie mehr als fünf Minuten zwischen Klo und Bühne, um Paul mal kurz anzurufen. Wie lange wird er das noch mitmachen? Etwas muss sich ändern. Ich muss aufstehen, losgehen und einen Weg finden.

Ich schlittere zurück zum Zelt. Make Love Work. Der Spruch bleibt kleben. Auch noch morgen, wenn der letzte Schlamm unter den Fingernägeln weggekratzt ist. Ich frag mich nur, wie man bei der Liebe sieht, ob man richtig geht. Könnten da nicht auch ein paar Langhaarige am Straßenrand stehen und mir den Weg weisen?

»ONE DAY BABY« – SUNRISE OPEN AIR

Christine, freust du dich auf dein nächstes Festival? – Ich glaube, die Autofahrt dorthin wird das Beste daran.

Wie lange wir genau gefahren sind, weiß ich gar nicht. Ein paar Stunden vielleicht, aber die Zeit verging so schnell. Ich bin am Hermannplatz in Berlin in den weißen Audi meines Festivalexperten eingestiegen und dann sind wir gemeinsam Richtung Osten gefahren, nach Zwickau. Ich habe viele Fragen gestellt und noch viel aufmerksamer zugehört. Das war ja auch spannend, schließlich fährt man nicht jeden Tag mit einem Festivalexperten durch die Gegend.

Jedenfalls sitze ich jetzt in einem dieser bequemen Liegestühle in der Nähe der Bühne. Um mich herum sind Hunderte von jungen Leuten. Die meisten Männer sehen Peyman von *Germany's Next Topmodel* auffällig ähnlich: kahl rasierter Schädel, eng anliegendes Synthetik-T-Shirt, unter dem man die Nippelpiercings erkennen kann, Bluejeans und Pilotenbrille. Sie tun so, als könnten sie wegen ihrer voluminösen Bizepse die Oberarme nicht an den Körper legen – wie Arnie in den 80ern.

Die andere weitverbreitete Gattung hier ist der Typ Karstadt-Raver – karierte Bermudashorts, Stoffslipper, Achselshirt und Rennfahrersonnenbrille mit gelben Gläsern. Die Karstadt-Raver haben alle Haare am Körper wegrasiert, nur auf dem Kopf finden sich noch ein paar blondierte Haare, schön mit UV-Haargel zu Stacheln geformt. Die Produktionsfirma von *Germany's Next Topmodel* sollte wirklich mal für ein Casting hier vorbeischauen. Auch die Frauen, die müssen Friseurinnen sein, oder Mütter beziehungsweise Freundinnen haben, die Friseurinnen sind. Ich kann mir

sonst nicht erklären, woher die auf einen Sonntag alle so akkurat sitzende Frisuren haben sollen, die tipptopp am Kopf liegen. Da steht kein Härchen falsch. Da ist alles mit Power-Super-Ultra-Haarspray bis zur Fossilisation fixiert.

Und diese ganzen Farben im Haar, die wildesten Tönungen! Bicolor-Frisuren nennt man das, habe ich gelernt. Oben blond, unten braun, links lila, rechts abrasiert, außerdem schwarze, blonde, rote und blaue Strähnchen. Es gibt hier niemanden, der keine gescheckten Haare hat. Dazu glänzt noch ein Glitzersteinchen auf dem Schneidezahn, oder es steckt ein Piercing in der solariumbraunen Wange, die mit fünf Kilo Schminke verspachtelt wurde.

Das kommt mir hier wie eine Zeitreise in eine längst vergessene Welt vor. Kaum fährt man von Berlin aus ein paar Stunden in den Osten, sieht man wieder T-Shirts mit Drachen-Tribals und Arschgeweihe aus Hüftschlaghosen hervorspitzen. Und ständig muss ich den Leuten auf die Füße schauen, denn ich bin mir sicher, dass ich hier auch noch irgendwo ein Paar Buffalo-Plateauschuhe entdecke.

Weil ich irgendwie anders aussehe als die retromodernen Ostraver – relativ ungestylt, Naturhaarfarbe, ohne bunte Turnschuhe und neonfarbene Sonnenbrille –, werde ich ganz schön oft komisch angeschaut, aber ich mustere das Zwickauer Ravervolk wohl nicht weniger verwundert. Die Verunsicherung der Ortsansässigen könnte durch meinen linken Arm verursacht sein. Genauer gesagt durch mein linkes Handgelenk, an dem schon über 15 Festivalbändchen baumeln, die 15 Zentimeter von meinem Arm verdecken. »Schau mal, die sieht aus wie Wolfgang Petry«, höre ich zwei Jungs tuscheln. Normalerweise kommen auf Festivals die Leute an und stellen begeistert tausend Fragen: »Hey cool, wo warst du überall?«, »Wo gehst du noch hin?«, »Welches Festival war am tollsten?«, »Welcher Auftritt am unvergesslichsten, welche Band am empfehlenswertesten?« und so weiter. Aber hier: Fehlanzeige, nur allseits verständnislose Blicke. Menschen mit so vielen Festivalbändern am Arm kennt man hier eben nicht so. Das sind Fremdkörper.

*

Genauso wie in München übrigens. Da bin ich neulich mit Paul durch den Englischen Garten gejoggt. Ich hatte meine Kopfhörer auf und hörte meine Joggingmucke, da walkten zwei ältere Damen um die 50 an uns vorbei. Schön mit atmungsaktiven Jäckchen und diesen Stöcken in der Hand. Als sie vorbei waren, stupste Paul mich an.

»Die haben gerade voll über dich gelästert.«

»Was? Wie gelästert?«

»Total lustig!«

»Was haben die denn gesagt?«

»Die haben was von asozialer Jugend erzählt und auf deinen Arm gezeigt«, lachte Paul.

Hier hatte sich mal wieder bestätigt, was ich seit Langem schon vermute. Kleider machen Leute, und Festivalbänder machen einen zum Assi. Je mehr Andenken ich aus der Festivalwelt mitbringe, zum Beispiel in Form von Stoffbändchen, desto misstrauischer werde ich in der »normalen« Welt beäugt. In der Ausnahmewelt der Festivals hingegen wird jeder herzlich willkommen geheißen.

Nackt auf dem Campingstuhl sitzen und das Alphabet furzen – herrlich. Sich tagelang nur von rohem Fleisch ernähren, Bierdosen in Trinkhelmen auf dem Kopf herumtragen und sich im Schlamm suhlen – grandios. Dixis abfackeln, Bier durchs

Nasenloch saugen, Hoden aus den Boxershorts hängen lassen und stinken wie ein Abflussrohr – fantastisch. In einem T-Shirt mit dem Aufdruck »geil und willig« auf der eigens mitgebrachten New-Wave-Sofagarnitur herumliegen, Joints drehen und Volksmusik hören – spitze.

Der Weltverbesserer, die Mutter Theresa, der Schüchterne, der Stänkerer, die Spaßkanone, der Schnösel, der Spasti, der Kommunikationsverweigerer, sie alle werden aufgenommen in die Gemeinschaft, bedingungslos geliebt, so wie sie sind, für ein paar Tage. Alle möglichen Menschengattungen tummeln sich in dieser Welt, beschnuppern sich gegenseitig, schließen Freundschaften, bilden Rudel. Das finde ich so klasse an Festivals. Das ist nicht nur ein Ausbrechen aus dem Alltag, sondern ein Klassentreffen, ein Ort, an dem alle möglichen Gesellschaftsschichten und Charaktere aufeinandertreffen und sich ihre eigene neue Welt aufbauen. Das vermisse ich in der »normalen« Welt. Dieses Steinzeitgruppengefühl und die Wir-sind-alle-gleich-Mentalität. Jeder hilft jedem. Wo passiert das schon im Alltag? Da hängt man tagsüber mit den ewig gleichen Mitstudenten oder Arbeitskollegen ab und abends mit den Freunden, die man schon seit Jahren kennt.

Aber auf Festivals kann man mit jedem Spaß haben, da feiert man plötzlich mit Menschen, mit denen man im normalen Leben nie was zu tun haben würde. Das funktioniert nur fernab von dem gewöhnlichen Umfeld und auch nur für einen beschränkten Zeitraum. Würde man länger beisammen sein, würden sicher wieder dieselben hierarchischen Strukturen entstehen. Aber für diese paar Tage ist einfach Friede. Kein Anecken, kein Werten, bis man wieder zurückkehrt in seine kleine heile Welt voller Vorurteile.

*

Man merkt, dass das hier nur ein Tages-rave ist und keine mehrtägige Feierorgie am Ende der Welt. Hier funktioniert das mit dem Paralleluniversum nicht. Die Leute hier wollen nicht ausbrechen, sondern nur dem allgemeinen Dresscode entsprechend hübsch aussehen und an der Bühne entlangflanieren. Hier bleibt jeder in seiner Gruppe, in seiner Rolle, hier bleibt man unter sich. Die Gäste wippen ein bisschen mit den Füßen, gucken, wer sonst noch so da ist, und präsentieren sich. Die sind alle die ganze Zeit damit beschäftigt, schön falsch in die Kamera eines affigen Partyfotografen zu grinsen, die Haare nach einem allzu dynamischen Tanzschwung wieder zurechtzulegen und die anderen abzuchecken. Mehr ist das hier auch nicht – Dorfdisco auf der Wiese mit Zaun drum rum. Aber wenn es sie glücklich macht.

Auf der Bühne legt währenddessen der Festivalexperte auf. Was ihn zum Experten macht? Er ist seit 20 Jahren auf Festivals unterwegs. Von 1993 bis 97 für den *Metal Hammer*, parallel von 1995 bis 97 für die VIVA-Sendung *Metalla*. Danach bis 2000 für VIVA 2 und von 2000 bis 2012 für MTV. Das ist beeindruckend, wie er das alles mitsamt Jahreszahlen aufzählen kann. Ich habe die Vermutung, dass sich die Menschheit nicht nur in Hunde- und Katzenliebhaber aufteilt, sondern auch in solche, die ihr Leben in Jahreszahlen im Kopf haben, und solche, die nicht mal wissen, in welchem Jahr sie gerade leben. Ist schon 2013?

Mein Experte ist mir mit seinen Festivalbesuchen ungefähr zweieinhalb Jahre voraus – wenn ich es schaffen würde, jedes Jahr 40 Festivals zu besuchen. Andererseits hat er noch nie auf dem Zeltplatz übernachtet, sondern ist als Redakteur oder Moderator immer nur darübergelaufen. Da bin ich ihm meilenweit voraus.

Seit 1998 ist er auch als DJ auf Festivals unterwegs. Und das erste, auf dem er aufgelegt hat, war – das Melt! Wie schön, wir wurden beide irgendwie vom Melt! entjungfert.

Er macht das auch echt gut da oben. Ich habe zwar keinen Schimmer, was er da genau anstellt mit dem Mischpult und dem Laptop, aber das sieht sehr souverän aus. Ab und zu setzt er seine Kopfhörer auf und schaut ganz konzentriert auf seine Knöpfchen. Dann, wenn der Übergang schön smooth abgelaufen ist, schaut er in die Menge und lacht. Wenn man dann so tanzt und ihn lachen sieht, dann freut man sich, dass er sich freut, dass man so viel Spaß hat, und dann setzt man noch einen drauf und wackelt noch ein bisschen mehr mit dem Arsch, während Asaf Avidan »One day baby, we'll be old« singt. Zwischen 120 und 123 bpm wackelt es sich am besten, habe ich gelernt. Und der Arsch, der muss wackeln, da führt kein Weg dran vorbei.

Danke, Herr Kavka, für diesen besonderen Sonntagsausflug nach Zwickau, in eine Welt, von der ich gar nicht wusste, dass sie noch existiert. Man muss auch einmal so einen Dayrave mitgemacht haben. An einem Sonntag von 12 bis 20 Uhr feiern, dann schön nach Hause gehen, den *Tatort* in der Mediathek anschauen und sich beim Einschlafen aufs nächste echte Festival freuen.

»DO YOU WANT TO GO TO THE PLAGE WITH ME?« – APPLETREE GARDEN

Christine, freust du dich auf dein nächstes Festival? – Und wie! Es wird so gut werden. Ich werde mich betrinken, schließlich passt Corinna auf mich auf. Und weil ich mich garantiert an nichts mehr erinnern werde, schreibt sie auch noch den Text für mich.

Ich habe ein Mutti-Gen. Alles und jeder wird von mir bemuttert und mit altklugen Sprüchen überhäuft: »Zieh dich warm an!«, »Schreib deiner Oma eine Karte!«, »Pass gut auf dein Telefon auf!« Überhaupt halte ich mich für Vernunft und Weisheit in Personalunion. Darum mache ich mir auch immer Sorgen um meine Liebsten. Der Freund wird morgens gegen seinen Willen aus dem Bett geschmissen, die Freunde ungefragt mit besserwisserischen Ratschlägen versorgt. Das Schöne daran ist: Christine ist eine der wenigen, die diese fragwürdige »Hilfe« gern annehmen. So durfte ich ihr zeigen, wie sie ihr iPhone laut und leise stellt und dass es eine Weckfunktion hat. Natürlich nicht ohne einen Lachkrampf und einen doofen Spruch.

Als Christine mir von ihrem Festival-Projekt erzählte, rutschte mir erst einmal das Herz in die Hose. In meinem Kopf liefen Horrorfilme ab. Wie soll denn ein Mädchen, das im Bikini in die Sauna geht, Kollektiv-Duschen überleben? Sie kann doch keine

drei Stunden ohne eine Steckdose und WLAN überleben. Und Autofahren ist auch nicht ihr Spezialgebiet. Wie soll ich denn da bloß auf sie aufpassen, wenn sie durch die ganze Welt reist?

Tatsächlich hatte ich am Anfang ihres Projekts die Befürchtung, sie könnte an ihrer selbst auferlegten Mammut-Aufgabe zerbrechen. Koffer packen kann sie bestens, aber allein fliegen? Zur richtigen Zeit am richtigen Ort sein, auf dem Flugticket das Reisebüro von der Airline unterscheiden? Währenddessen noch arbeiten, bloggen und die Welt auf Facebook und Twitter darüber informieren, wo sie gerade rumschwirrt? Und was ist mit Paul?

Und tatsächlich verfiel sie in eine Totalpanik. In Graz habe ich diese Hysterie live miterlebt und hätte gern ihr iPhone in die Mur versenkt. »Ich muss das noch kurz posten! Und das Bild vom Frühstück hochladen. Und dann müssen wir uns diese Band anschauen und Stefan treffen und, aaaah, sie sollen doch so guten Käse in dieser Stadt haben und diesen Schlossberg müssen wir auch mal hoch.« Wir haben an diesem Wochenende viel geredet: über ihre Ängste und über die Sucht nach »Likes« bei Facebook.

Seitdem kann ich sie besser verstehen. Wer immer unterwegs ist, meistens auch noch allein, wird abhängig von modernen

Kommunikationsmitteln. Wie soll sie denn sonst wissen, dass ihre Liebsten noch alle da sind? Und »Likes« sind das Kapital, das es ihr ermöglicht, das alles zu erleben. Meine Sorgen aber blieben.

Wir haben uns jetzt ein paar Wochen nicht gesehen, sie war kaum in Berlin. Auf der Fahrt nach Diepholz zum Appletree Garden Festival treffen wir uns endlich wieder und ich bin begeistert: Christine sieht frisch und entspannt aus, ist so braun wie ein Brathähnchen und strahlt eine mönchische Gelassenheit aus. Das Appletree Garden Festival ist ihre Nummer 26, und schon seit Monaten steht fest, dass ich sie begleiten werde. Meine Vorstellung von Festivals beschränkt sich bisher auf dicke, langhaarige Männer, denen die Campingstühle fest an den Po gewachsen sind und die grölend in ihrem Pavillon sitzen. Nee, danke. Und dann kommt auch wieder die Mutti in mir hoch: So sehr darf man sich doch gar nicht danebenbeneh-

men. Außerdem hasse ich es zu campen, das schicke Hotel in Graz war eher mein Ding. Aber die Bands haben es mir angetan und außerdem will ich Christine mal in Action erleben. Ich hoffe also auf ihre Unterstützung, um nicht in Wutanfällen oder Depressionen zu versinken.

Hoch motiviert brechen wir am frühen Morgen auf. Christine hat selbst um 8 Uhr schon abartig gute Laune. Ich nicht. Es gibt so viele Dinge, über die es sich gut meckern lässt: die Hitze, den langen Weg und die 100 Kilometer Landstraße. Vom Beifahrersitz ist nichts zu hören. Sie sitzt im Auto wie ein Buddha, nur in dünn. Als wir nach fünf langen, warmen Stunden endlich das Festivalgelände erreichen, ist sie sofort in ihrem Element. Zack, Zeltplatz gefunden, zack, das Aldi-Zelt steht schon, zack, Gepäck reingeschmissen, zack, Aperol Spritz gemischt, zack, wir picknicken im Schatten eines Hippiebusses. Ich bin völlig überfordert mit der Geschwindig-

keit und der gleichzeitigen Gelassenheit. Nichts bringt sie aus der Ruhe, die Hitze erträgt sie völlig stoisch, über den Staub, der sich sofort über alles legt, scheint sie sich sogar zu freuen. Und ich freue mich, sie so entspannt zu sehen.

Die Musik steht für Christine nicht im Mittelpunkt des Festivals. Zwar gefallen ihr die Bands, aber selbst in der ersten Reihe bleibt sie ruhig und nickt nur mit dem Kopf. Dazu guckt sie zwar interessiert, aber auch nachdenklich.

Am nächsten Morgen ist die Stimmung gedrückt, es hat schon die ganze Nacht über geregnet und langsam wird es auch im Zelt nass. Ich habe nicht geschlafen und blicke voller Sorge auf das Dach. Christine bekommt davon nichts mit, sie ratzt tief und fest. Mit Ohropax, einer rosa Schlafbrille und im rosa Pullover ihrer Oma. Die Arme hat sie über dem Bauch zu Pfötchen geformt. Sie erinnert mich an eine Komapatientin.

Schließlich wird sie doch wach, zum Glück kein Koma. Im Gegenteil, sie ist topfit. Der Regen und die klamme Kleidung stören sie überhaupt nicht. Wir frühstücken im Zelt und fahren anschließend ins Freibad. Ich kann es kaum erwarten, mir den Staub von den Beinen zu kratzen. Aber Christine setzt sich an den Beckenrand und guckt nur zu. Eine Dusche oder einen Sprung ins Becken verweigert sie: »Ich bin den Schmutz ja schon gewohnt.« Irgendwie stinkt sie auch gar nicht. Das muss sie sich abtrainiert haben, genau wie das Pinkeln. Mit Dixi-Klos kann sie sich so gar nicht anfreunden. Deswegen hat sie ihre Blase trainiert und hält angeblich ganze 18 Stunden ohne die Begegnung mit fremden Würsten in blauer Brühe aus.

Abends fangen wir früh an zu trinken. Die Stimmung ist freundlich, wir verteilen Glitzer auf dem Campingplatz und dürfen zwei Runden Flunkyball mitspielen. Ich habe mir vorgenommen, Christine heute

tanzen zu sehen. Also sorge ich dafür, dass sie irre Mengen Alkohol in sich hineinschüttet. Auch eine Form der Mutti-Fürsorge. Christine hat sich dem alltäglichen Festivalwahnsinn schon perfekt angepasst, läuft im Tigerkostüm herum und »musiziert« auf ihrer Blockflöte – bis uns die Zeltnachbarn Schokolade bringen mit der Bitte, endlich aufzuhören. Sie könnten das auch besoffen nicht länger ertragen. Der Festival-Irrsinn packt uns langsam alle, wir spielen Flaschendrehen und rennen huckepack die Zeltstraße rauf und runter. In jeder Kurve fliegen wir in den Matsch. Braun, besoffen und beglückt zieht es uns schließlich vor die Bühne. Dort sehe ich endlich das, worauf ich die ganze Zeit gehofft habe: Christine verliert die Kontrolle und lässt sich treiben. Sie tanzt, tanzt, als ob es kein Morgen gibt unter der Apfel-Discokugel. Die Crystal Fighters ziehen uns in ihren Bann, wir brüllen mit: »Do you want to go to the plage with me?« Quatsch, wollen wir nicht. Der Matsch ist doch schon fast wie ein Sandstrand! Auf einmal weiß ich, dass sie glücklicher nie sein wird. Nur Paul, der fehlt ihr. Einmal habe ich die beiden gemeinsam tanzen gesehen, und da strahlte sie noch mehr als jetzt.

Der Morgen kommt natürlich trotzdem, und mit ihm die Erkenntnis, dass wir alt werden. Kater überall: im Kopf, in den Muskeln, in den Herzen. Wir müssen nach Hause fahren. Noch ein qualvoller Besuch auf dem Dixi, in die Hocke gehen funktioniert kaum noch. Schweigend geht es zurück nach Berlin, wir denken beide über die vergangenen zwei Tage nach.

Ich bin mir jetzt sicher: Nie wieder muss ich mir Sorgen machen um das Mädchen, das in meiner Wohnung auch beim zehnten Übernachtungsbesuch noch nicht den Lichtschalter fürs Bad gefunden hat. Nach anfänglicher Panik und irrationalem Social-Media-Gerenne ist Christine angekommen in der Welt der Festivals. Sie wurde entschleunigt. Die Mutti in mir ist stolz, das Kind ist flügge geworden. Jetzt muss ich mir ein neues Opfer für die altklugen Sprüche suchen.

»ANGEL OF DEATH« – WACKEN OPEN AIR

Christine, freust du dich auf dein nächstes Festival? – Rülps, JA, WACKEN!!!!

NEULICH AUF FACEBOOK.

Harley: Gibt es schon genaue Pläne für Wacken? Es wird Zeit! Nach Ostern sollten wir uns an die detailgenaue Planung machen. NO FUUUUUN, NO FUN, DESTROOOOOOOY!

Nina: Ich habe noch eingefrorene Sauköpfe vom letzten Jahr im Tiefkühler …

Christine: Ich übe schon jeden Tag drei Stunden für den Luftgitarrenwettbewerb mit Headbanger-Contest. Ich kann schon 20 Minuten lang headbangen, bevor mir kotzübel wird und ich umfalle.

Harley: Ich hab unser Gruppenzelt wieder repariert. Also so einen schwarzen Lappen draufgenäht, wo letztes Jahr die brennende Axt reingeflogen ist. Wenn es richtig pisst, wird es scheiße, aber wir trinken da ja eh nur Met drin.

Nina: Gut! Ich hab mir nämlich überlegt, dieses Jahr als Xena zu gehen. Ich hab schon mit einem in Berlin ansässigen Gerber gesprochen und er stellt mir ein authentisches Outfit für das Festival her.

Maja: Ich hab gehört, dass Suicide Silence kommen, und natürlich HammerFall! Das wird so gut. Ich muss mich noch entscheiden, welches Band-T-Shirt ich dieses Jahr mitnehme. Ist schließlich ein Long-Term Investment, für drei Tage.

Harley: Ich denke, ich geh als Ork. Hab 'ne super neue Keule dafür. Damit werde ich leere Bierfässer zertrümmern wie ein Wikingerhauptmann. HARR! Und Band-T-Shirt … mhmmmmm. Ich nehm eins von Children of Bodom. Das ist sehr authentisch. Ich habe es seit letztem Wacken nicht gewaschen. Und darüber kommt meine Metal-Kutte. Ihr wisst schon, die, die ich vor vier Jahren dem süßen Kerl

Online: bit.ly/RCG3dN

mit den langen schwarzen verfilzten Haaren abgenommen habe. Ich habe darauf geschlafen und sie dann verschwinden lassen, weil sie so gut nach ihm roch *verliebtsei*.

Maja: Das wird toll, Mädels. Schlachtruf!!!

*

Christine: Richten uns gerade häuslich in Wacken ein, warten auf Nina, Maja und den Schweinskopf, trinken Met und schmachten die langhaarigen Jungs vom Nachbarzelt an.

Sonja: Ja, die haben nach dem Saukopf-Weitwerfen ihre T-Shirts in den Schlamm geworfen und gießen sich jetzt aus ihren Trinkhörnern Met über die behaarte Brust.

Nina: Kutte, Schweinskopf und Trinkhörner sind bereit. Es kann losgehen!

Harley: Endliiiiich! Wackeeeeeeeen!

Sonja: Destroooooooooooooy!

Christine: Zum Glück haben wir unsere eigene Scheißgrube hinter dem Zelt gebuddelt und müssen nicht auf die ekligen Dixis. Die kann man ja schon jetzt nicht mehr betreten. Was, glaubt ihr, stinkt bei der Verdauung am meisten? Das Schwei-

nehirn oder der Ochsenschwanz? Oder die Wildschweinhoden?

Sonja: Nina, ich hab dir schon eine gemütliche Schlammpfütze zum Schlafen gesichert! Beeil dich! Und wir haben Trockeneis dabei, damit der Met schön kalt bleibt! Kommt schnell, neben uns zelten unfassbar lustige (und sehr gut aussehende!!!) Herren!!!

Maja: Haben die Kerle lange Haare?

Sonja: Na klar! Alle bis auf einen! Und zwei haben sogar rötliche Haare und so ein total süßes Bärtchen! Oh Gott ... *Herzchenaugen*. Vergesst bitte nicht eure Trinkhörner! Die sind schließlich Pflicht, wie immer! Ich freu mich sooooo!

Christine: Und wie die flechten können, die Jungs. Wahnsinn.

Maja: Kann sein, dass wir uns verspäten, weil Nina grad noch damit kämpft, den Schweinskopf in ihre Tasche zu kriegen. Wir haben diesmal einen besonders großen, damit sind wir sicher die Coolsten auf ganz Wacken. Wir haben die Kelche NATÜRLICH auch dabei. Ehrensache.

Christine: Super, dann können wir wieder das Schweineblut daraus trinken

und schön Slayer singen: *Angel of Death*. Das sieht immer so toll satanistisch aus. Amen.

Arie: Vergesst nicht, Haarbürsten mitzubringen, die Haare werden vom Bangen immer so grizzelig!

Nina: Maja hat ein bisschen länger gebraucht, weil sie nicht wusste, ob sie das Metallica-Shirt oder das von Black Sabbath anziehen soll. Ich hab ihr jetzt zu einem »Wacken 1998«-Pullover geraten. Jetzt können wir endlich los.

Bibi: Und Montag sind wir alle heiser vom Grölen und haben Nackenstarre vom Headbangen!

Maja: Ich bin jetzt schon heiser, weil ich den ganzen Weg her schon gegrölt habe, aber ich gehe jetzt meine Stimme mit Rauchwhiskey ölen. Ich treffe euch dann nachher beim Thrash of the Titans Field!

Julia: Sind jetzt da. Kann mir mal bitte jemand helfen, das Metfass zum Zeltplatz zu tragen? Bin auf Parkplatz P3 und warte. Mein Auto ist das mit dem Hirschgeweih auf der Motorhaube.

Sonja: Alter, ich kann nicht. Bin in einen Saukopf getreten und stecke fest.

Maja: Ich schicke die netten Kerle vorbei! Du erkennst sie an ihren geschnürten Lederleibchen mit »Leif Erikson«-Aufdruck und den Kriegshörnern.

Julia: Sag ihnen, sie sollen sich beeilen. Die Leberwurst ist alle und ich bin schlecht gelaunt.

Maja: Bitte startet im Radio einen Aufruf: Wir benötigen noch mindestens drei bis fünf Schweinsköpfe für das Schweinskopfweitwerfen.

Christine: Ich stehe gerade vor dem Tätowierer und kann mich nicht entscheiden. Soll ich mir einen Ochsenschädel auf die Brust tätowieren lassen oder doch lieber einen Schraubstock auf den Unterarm?

Nina: Habt ihr die Gruppe aus dem Metal-Train gesehen? Die sind so lustig! Der eine hat mir versprochen, dass er mich mit backstage nimmt. Soll ich euch Autogramme besorgen?

Sonja: Ooooh ja, ich hätte gern eins von Ozzy Osbourne! Kann er uns nicht vielleicht auch mit backstage nehmen?

Christine: Wenn ich ein Autogramm auf die Brust haben kann, brauch ich ja gar kein Tattoo.

Sonja: Über den Zeltplatz zieht soeben eine Gruppe düsterer Gesellen und grölt mit Stimmen, die schon keine Stimmen mehr sind, nonstop »OPFERUUUU-UUUUNG«.

Bibi: Ich hab gerade beim Schlammcatchen einen richtigen Kerl kennengelernt! Er ist zwei Meter groß, behaart wie ein Bär, hat seit drei Tagen nicht geduscht (weil er es kann) und er legt Runen wie ein Gott! Ich bring ihn nachher mit, sobald wir mein Baumkreiszeichen berechnet haben! Ihr werdet sterben! ♥

Christine: Der Nachbar mit den fettigen Haaren hat gerade das Mädel mit dem Glitzer-Totenkopf auf dem Käppi abgeschleppt. Ich dachte, Metaller stehen nicht auf Tussis. Ich hätte dem gern die Haare entlaust. Menno :(

Maja: Wo ist der Kerl mit den roten Haaren und dem Bart? Wir haben uns gerade beim Bogenschießstand voll gut unterhalten. Er meinte, er bringt mir gleich bei, wie ich bei *World of Warcraft* uplevel. Glaube, es ist echt Liebe, wie bei *Thor and Sif*.

Sonja: Ich glaube, er sagte, er holt das Spanferkel aus dem Anhänger. Sie wollen noch grillen und wir sind eingeladen! Juhu! Der süße Blonde erzählt mir grad von seinem LARP. Er spielt auch einen Ork, genau wie ich!

Nina: Wir sind bei den Knochenshots im Wackinger Village. Ich habe meinen »Carpe Diem«-Jutebeutel beim Schlammcatchen hinter dem Guinnessstand verloren. Da waren meine Magic-Karten drin! Scheiße! Ich muss mich jetzt erst mal zuschütten. Mein Leben ist vorbei.

Christine: Mir ist schon ganz schwindlig vom Headbangen. Ich komm mal rüber und trinke mit dir ein Drachenblut.

*

Nina: Scheiße, ich bin grad auf einer Schafherde aufgewacht.

Harley: Oh Gott! Nie wieder Alk!!! Ich habe mit dem Kerl mit den langen schwarzen Haaren in seiner Mülltonne gelegen – stinkverliebt!!! Stundenlang! Ich hab ALLES verpasst!

Sonja: OH GOTT ICH BIN WIEDER ZU HAUSE!!!!!!!!!!! *vor Wackenglück heul*

Nina: Und jetzt alle: »Blut, Blut, Räuber saufen Blut / Raub und Mord und Überfall sind gut!«

Christine: Hebt eure Kelche! Es leben die Wogen Walhallas!

Maja: Beim Teutates!

Harley: Hoch vom Galgen klingt es, hoch vom Galgen klingt es!

Arie: Wir waren bei Markus Lanz für zwei Sekunden eingeblendet, als wir gerade bei der Wall of Death mitgemacht haben und ich meinen einen Schneidezahn verloren hab! Aaaaah!

Christine: Was machen wir nur bis nächstes Jahr? Das Leben hat keinen Sinn ohne Wacken …

Jedes Jahr stellen sich sieben Frauen auf Facebook vor, wie es wohl wäre, wenn man ein Wochenende in Wacken verbringt, und in welche Rolle man schlüpfen würde. Ihr ganzes Wissen beruht auf Hörensagen und der Kraft der Imagination. Denn keiner von ihnen war jemals da. Dieses Jahr sind zwei von ihnen hingefahren, um den Mythos aufzudecken.

Nina und ich haben uns in die Hölle der Metaller getraut. Die Erkenntnis ist folgende: Alle Klischees stimmen. Wir haben Drachenblut an der Schädelbar getrunken, aufgespießte Schweineköpfe auf dem Campingplatz gesehen, sind am Wildschwein-Imbiss vorbeigelaufen und haben Menschen mit langen Haaren, geflochtenen Bärten und Schottenrock um den Unterleib getroffen, die vier Tage lang im Campingstuhl gesessen haben.

Ich habe mich am Schlammcatchen beteiligt, Äxte durch die Gegend geworfen, mein Haar zum Geschrei von Dimmu Borgir geschüttelt und überall Wikingerhelme und den Flüsterfuchs, das Metal-Handzeichen, gesehen. Eigentlich ist das gar keine Hölle. Ich finde, wenn man da ist, hat das viel mehr vom Himmel. Ein ziemlich geiler und dreckiger Himmel.

»THERE'S NEVER BEEN SO MUCH AT STAKE« – SZIGET FESTIVAL

Christine, freust du dich auf dein nächstes Festival? – Es wird grandios. Paul und ich in Budapest, wo wir uns vor acht Jahren zum ersten Mal geküsst haben! Und dann ist auch noch mein Geburtstag.

Es fängt zur Mittagszeit an. »Kannst du mal aufhören, mich blöd anzumachen?«, frage ich Paul in der aggressivsten Tonlage, die ich gerade parat habe.

»Nee, das regt mich auf. Wie kann man denn so blöd sein?«

»Wie bitte? Du hast gesagt, ich soll schauen, ob vom Hotel ein öffentliches Verkehrsmittel zum Bahnhof fährt. Das habe ich gemacht. Es fährt eins.«

»Aber es ist doch klar, dass du dann auch schaust, wann es fährt.«

»Ach, ja? Du wolltest aber nur wissen, ob eins fährt. Wie wäre es, wenn du einfach selbst schaust, wie du zum Bahnhof kommst, wenn es dir nicht passt, was ich mache. Das ist ja schließlich dein Problem.«

»Ich hätte das Problem nicht, wenn ich nicht hier wäre, und hier bin ich nur, weil du dieses doofe Projekt machst.«

»Langsam wünsche ich mir auch, dass du nicht gekommen wärst. Ich glaube, ich hatte noch nie einen beschisseneren Geburtstag! Danke.«

»Man kann dir echt nichts recht machen. Ich bin doch da! Was willst du denn noch?«

Ich will, dass er mich an sich zieht, ganz fest seine Arme um mich schlingt, mich auf den Kopf küsst und sagt, dass alles gut wird und dass er mich liebt. Er hat es schon ewig nicht mehr gesagt. Nicht tagelang, nicht wochenlang, sondern monatelang. Ich glaube, bald ist es ein Jahr her. Dann kann ich Jubiläum feiern. Einjähriges Nicht-»Ich liebe dich«-Sagen. Hört sich irgendwie erbärmlich an.

Ich habe durch den ganzen Ausnahmezustand die Realität vergessen. Ich versuche seit 30 Wochen, das Leben der anderen zu verstehen, und verstehe nicht mal mein

Online: bit.ly/QgiC0V

eigenes. Ich verstehe nicht, was hier los ist und wo das alles hinführt. Feiern betäubt. Feiern bringt einen weg von dem, was man nicht sehen will. Aber irgendwann kommt es zurück und ist dann umso heftiger.

Es sollte ein unvergesslicher Tag werden. Mein 27. Geburtstag auf dem Sziget Festival in Budapest.

Dieses Festival ist wahnsinnig! 600.000 Besucher kommen jedes Jahr, um eine Woche auf der Donauinsel Óbudai zu campen, zu feiern, zu leben. Mein Wunsch erfüllt sich: Es wird ein unvergesslicher Tag. Ein unvergesslich beschissener Tag.

*

Eigentlich fängt er ganz gut an. Ich wache im Bett des Four Seasons Hotels in Budapest auf, gehüllt in ägyptische Baumwolle, und bekomme einen fetten Geburtstagskuchen aus Biskuit und Vanillecreme. Aber nachdem ich den letzten Bissen verschlungen habe, geht alles bergab.

Paul hat mir geschenkt, dass ich einen Tag lang bestimmen darf, was wir machen. Normalerweise ist er ein sehr ausgeglichener Mensch und motzt nur, wenn ich motze, quasi Kontermotzen. Neulich am Telefon hat er zum ersten Mal von sich aus gesagt: »Ich bin unzufrieden.« Ich war total perplex und wusste gar nicht, wie ich darauf reagieren soll. Das ist noch nie vorgekommen. Also habe ich es erst einmal ignoriert. Ich hätte ja auf Anhieb sowieso nichts ändern können. Aber jetzt sagt er es

noch mal mit einem penetranten Unterton. »Ich bin unzufrieden«, platzt es aus ihm heraus. »Wir müssen reden«, setzt er noch einen drauf. Warum genau heute? Mit Geburtstagen bin ich sehr altmodisch. Das ist mein Tag, mein Fest, mein Wunschkonzert. Hat man da nicht als Freund die Aufgabe, alle schlechten Gefühle wegzuwischen, mir zu sagen, Christine lebe und genieße deine wunderbare Zeit, du wirst sie nur einmal haben, ich bin hier, mach dir keine Sorgen, ich warte voller Freude auf dich, bis du wiederkommst? An meinem Geburtstag möchte ich keine Grundsatzdiskussionen führen, da möchte ich keine Streitereien und vor allem nicht blöd angekackt werden oder schlechte Nachrichten hören.

Seit meiner Jugend habe ich ein Geburtstagstrauma, das bis heute hängen geblieben ist. Meine ersten zwei Freunde haben es geschafft, ausgerechnet an meinem Geburtstag mit mir Schluss zu machen – ich hatte sie nicht gleichzeitig, sondern hintereinander. Deshalb haftet diesem Tag sowieso schon ein bitterer Beigeschmack an. Jetzt, als mir Paul unsere Probleme auf dem Silbertablett, neben dem Geburtstagskuchen, zum Frühstück serviert, schnürt sich meine Kehle zu und es brodelt.

»Ich bin nicht unzufrieden«, gebe ich kleinlaut zu.

»Du musst dir ja auch nicht ständig die Frage anhören, wie oft deine Freundin wohl fremdgeht. Bei 90 Nächten in 90 Betten und 40 Festivals in 40 Wochen.«

Dann packt er aus. Natürlich vertraut er mir, aber irgendwann glaubt er eben den Mist der anderen, wenn er ihn ständig hört und mich nie sieht. Er möchte einfach mit mir leben. Er möchte sich abends an mich rankuscheln und mit mir einschlafen, am Morgen dann mein zerknittertes Gesicht wachküssen, sich anschließend aufregen, dass ich die Milch leergemacht habe, und sich darüber beschweren, dass ich zu viel Klopapier verbrauche.

»Was würdest du denn machen, wenn ich mir so ein Projekt ausdenken würde?«, fragt er mich schließlich. Ich würde wahrscheinlich durchdrehen. Ich will doch auch alles, was er will. Einschlafen, aufwachen, gemeinsam leben und Klopapier verbrauchen. Miteinander und nicht gegeneinander. Warum mache ich dann aber immer solche Sachen, bei denen ich möglichst lange und möglichst weit weg bin? Manchmal verstehe ich mich selbst nicht. Ich gebe dann immer meiner Kindheit die Schuld. Die Kindheit ist ein dankbarer Sündenbock. Meine Kindheit war einfach zu schön und zu behütet. Ich kann nicht glauben, dass die Welt überall so schön ist, also suche ich die Abgründe der Menschheit. Und ich will allen zeigen, dass ich selbst auf mich aufpassen kann. Ich habe sogar schon überlegt, mir einen Hund zu kaufen. Zwangsmaßnahme zur Sesshaftigkeit.

*

Auf dem Weg zum Festival herrscht kurz Ruhe. Wir laufen stundenlang auf dem Gelände rum, Paul genervt bis zum Haaransatz, weil es kochend heiß ist und er keine Lust hat, mich irgendwo zu fotografieren, keine Lust hat, sich den Krach anzuhören, sowieso keine Lust auf gar nichts, was er mir auch deutlich zu spüren gibt. Aber wenigstens hält er die Klappe. Ich will bei dem ganzen Rumgerenne eigentlich nur das Paradise & Slow Dance Tent finden, in dem Verliebte den ganzen Tag lang zu romantischer Musik tanzen können. Dieses blöde Zelt gibt es aber dieses Jahr nicht, dafür zum Abendessen als Nachtisch die nächste Szene.

»Markus hat Julia neulich mal wieder getroffen«, erzählt mir Paul. Markus und Julia waren immer mein Traumpaar, meine Liebesmentoren. Jetzt sind sie seit zwei Jahren getrennt. Nach sechs Jahren Beziehung. Er hat eine neue Freundin, sie einen neuen Freund.

»Und? Was ist passiert?«, will ich wissen.

»Ich habe mich danach mit Markus getroffen und er war ganz schön durch den Wind.«

Ich glaube insgeheim, dass er Julia immer noch über alles liebt und sie irgendwann wieder zusammenkommen.

»Durch den Wind? Der Arme. Warum denn? Hängt er immer noch an ihr?«

»Weil er nicht begreifen kann, wie er jemals mit dieser Person zusammen sein

konnte. Er versteht kein Wort mehr von dem, was sie sagt, er verabscheut ihre Art, ihre Einstellung und wie sie die Dinge sieht.«

Stille.

»Ich habe Angst, dass es bei uns auch so wird«, fügt Paul hinzu, »dass du nicht mehr so bist, wie ich dich kenne.«

Wow. Volltreffer. Das war einmal mitten ins Herz. Unsere Knie berühren sich unter dem Tisch. Wir sitzen uns gegenüber, ich kann seinen Atem spüren, nur 20 Zentimeter von mir entfernt und doch kilometerweit weg.

»Wie bin ich denn?«, will ich wissen.

»Ich weiß es nicht mehr«, antwortet er.

Schweigen.

Ich spüre ein Knacken. Der Schlag auf mein Herz hat einen Riss hinterlassen, der sich langsam ausbreitet. Das ist wie bei der Windschutzscheibe und dem Steinschlag. Der Riss sieht auf den ersten Blick ganz klein aus. Aber er kann die Scheibe jede Sekunde in tausend Scherben zersprengen.

Normalerweise möchte ich immer reden. Alles schön ausdiskutieren. Ungereimtheiten aus der Welt schaffen, Plan A, B, C entwickeln und eine Lösung finden. Es gibt für alles eine Lösung. Doch ich bin zu kraftlos, um etwas zu sagen. Ich kann nicht einmal weinen.

Ich möchte weg. Einfach nur weg. Die letzten Kräfte sammeln, aufstehen und in die Menge der 600.000 Menschen rennen, um in ihr unterzugehen. Aber ich darf nicht noch einmal den Fehler machen und zu früh gehen. Meine Gefühle drehen durch. Es ist ein Sud aus der Panik, dass er recht haben könnte, der Hoffnung, dass alles wieder gut wird, der Wut, dass er das alles heute an meinem Geburtstag durchzieht, und der Verzweiflung, weil ich heute, hier und jetzt nicht weiter weiß. Passend dazu singt Brian Molko »Pucker up for heavens sake. There's never been so much at stake«.

Ich habe Placebo schon immer gehasst. Scheißmusik, Scheißband, Scheißfestival, Scheißtag. Warum sehen wir uns als Person nicht mehr? Warum verstehen wir uns nicht mehr?

Jetzt muss ich weg. Ich ertrage es nicht mehr. Ich fahre eine Runde mit dem Riesenrad, während Paul unten auf mich wartet. Ich schaue mir alles von oben an und hoffe, dass es irgendeinen erleuchtenden Moment gibt, wie bei einer Nahtoderfahrung, wenn die Seele aus dem Körper steigt, sich einmal alles von oben anschaut, in den Körper zurückkehrt und diesen mit neuer Wärme und Weisheit beseelt. Ich sehe nur tausend Lichter – und die Band Hurts. Ironie des Schicksals. Das tut wirklich weh. Ich muss nächstes Jahr unbedingt noch einmal herkommen. Das bin ich dem Sziget Festival schuldig. Ich kann es nicht so beschissen in Erinnerung behalten.

Und was bin ich Paul schuldig?

*

Wir laufen nach Hause. Ich voran, Paul zehn Meter hinter mir. Als die Kirchenuhr null Uhr schlägt, bin ich erleichtert, dass der Tag vorbei ist. Morgen kann nur besser werden. Wir gehen nach Hause, ins Bett, schlafen Rücken an Rücken ein und als ich aufwache, bin ich allein. Paul ist weg.

»SKY AND SAND« – KAZANTIP

Christine, freust du dich auf dein nächstes Festival? – Wenn ich es überlebe, schmeiß ich eine Party!

Meine Mutti kümmert sich immer noch darum, obwohl ich schon stark auf die 30 zugehe: Sobald sie erfährt, dass ich Deutschland verlasse, geht sie zur Apotheke am Marktplatz und stellt mir eine Reiseapotheke zusammen. Etwas gegen Insektenstiche, Husten, Schnupfen, Halsweh, Fieber, Magenbeschwerden, Entzündungen, Verstopfung, Verstauchung und Durchfall.

Bei allen anderen Festivals habe ich immer nur eine Schachtel Aspirin und Kohletabletten eingepackt, für den absoluten Notfall, der meistens nach dem dritten Tag eintritt, wenn wirklich kein einziges Dixi-Klo mehr betretbar ist. Wer nicht ahnt, warum das so ist, der sollte bei Google mal »Lilies Diary Dixi Klo reinigen« eingeben, sich auf meinem Blog das Video ansehen und sich dann vorstellen, wie es einen plötzlich innerlich zerreißt, weil die gammlige Wurst, die man morgens gefrühstückt hat, schon seit drei Tagen bei 40 Grad in der Sonne vor sich hin gekocht hat und ordentlich in den Gedärmen rumrührt. Manchmal werde ich gefragt, ob ich auf einem Festival nicht Angst habe, so allein. Dann gebe ich zu, dass ich ab und zu wirklich Schiss habe. Immer dann, wenn ein Mann mit Klorolle vor mir aus der himmelblauen Kackbude kommt. Dann weiß ich nämlich genau, was da gerade abging, und dass das Betreten nur mit Gasmaske oder auf eigene Gefahr möglich ist.

Aber zurück zum Notfall. Mal angenommen, man wird plötzlich vom Durchfall

Online: bit.ly/SlJkgt

überrascht und hat kein Klopapier dabei. Was macht man dann? Verzweifelt nach Freunden rufen, die aber nie da sind, wenn man sie einmal braucht? Sitzen bleiben, bis der Reinigungsdienst mit neuen Klorollen kommt – falls man bis dahin nicht erstickt ist? Es bleibt einem eigentlich nichts anderes übrig, als die Hose hochzuziehen und zur Dusche zu rennen, die gerade »Wegen Defekt vorübergehend gesperrt« ist, und man steht da, die Hosen voll, schon bis zum Himmel stinkend und kann nichts tun, außer im Erdboden zu versinken. Da bereitet man sich lieber als Präventionsmaßnahme einen feinen H2O-Kohle-Cocktail. Das sollte man nicht jedes Wochenende machen, aber in der Not ist es besser als Kot.

KaZantip soll mein Festival-Highlight werden. Nachdem ich nicht zum Burning Man konnte, weil ich Angst hatte, allein in die Wüste von Nevada zu fahren, will ich nun in die von Nikita Marschunok gegründete Partyrepublik. Ein utopischer Staat mit Visumspflicht, angeführt von einem Präsidenten – Nikita himself.

Es ist der größte Rave in Osteuropa, auf der Halbinsel Krim am Schwarzen Meer, mit lauter schönen halb nackten und verrückten Menschen. So wird es mir zumindest von den zahlreichen Dokumentationen angepriesen, die ich mir auf YouTube vorab anschaue. Am bekanntesten ist die Reportage des Magazins *Vice*, die den Titel »Raving in the Black Sea« trägt, und in der KaZantip als Abhängplatz für die russische Mafia dargestellt wird, die angeblich hierherkommt, um Sex mit Minderjährigen zu haben. Eine RTL-Reportage zeigt die Zubereitung des Nationalgetränks. Eine Frau liegt oben ohne auf dem Tresen einer Bar, ein Mann sitzt rittlings auf ihr, bestreut ihre Nippel mit Salz und genehmigt sich einen Tequila Boobs – Tittentequila. Außerdem wird eine gruselige deutsche Reisegruppe begleitet, bei deren Anblick

ich mich in Grund und Boden schäme. Männer mit Rückenhaaren vom Halswirbel bis zur Pobacke schieben sabbernd ihre dicken Ranzen am Strand entlang auf der Suche nach willigem Frischfleisch.

Ich bin gespannt. Ich bin so gespannt, was KaZantip wirklich ist! Es kann losgehen. Bikini und Reiseapotheke sind im Koffer. Vielleicht kann ich den Bikini auch zu Hause lassen: »KaZantip – Leben ohne Unterwäsche« wirbt man auf der offiziellen Homepage.

*

Die Reise geht schon spektakulär los. In Kiew verpasse ich den letzten Flieger nach Simferopol. Erst will mich die überaus angepisste Fluglinienmitarbeiterin neun Stunden lang nachts am Flughafen warten lassen. Dann zeigt sie aber doch noch Güte und organisiert mir ein Hotelzimmer, das ich mir mit einer Wildfremden teilen soll. Gemeinsam mit der Frau und zwei Männern, einem Pferdefarmbesitzer und einem

Geschäftsmann aus der Nuklearindustrie, die den Flug ebenfalls verpasst haben, fahre ich zum Hotel Old Port, wo wir uns ganz gepflegt an der Hotelbar betrinken.

Mit 20 Stunden Verspätung und um drei russische Freunde reicher erreiche ich am nächsten Morgen die Republik KaZantip, vor deren Toren dicke Autos stehen und Privatjets landen, und ziehe erst mal eine Schnute. Ich bin enttäuscht. Es passiert nichts. Da war ja der Trinkabend mit meinen russischen Freunden aufregender, weil wir uns nur mit Händen und Füßen verständigen konnten. Keine Sexorgien am Strand, keine Frauen, die mit Hunden knutschen, und nicht mal richtig viele nackte Menschen. Das Aufregendste, was ich sehe, ist eine Dame mit Nippelhütchen und zwei Männer mit venezianischen Masken, die nur mit einem gestrickten Sackmäntelchen bekleidet sind. Da sieht man ja an der Ostsee mehr nackte Haut. Ich genehmige mir zur Stärkung und als Trinkgrundlage eine Portion des National-

gerichts, gekochten Mais. Danach drehe ich eine Runde über das Gelände.

KaZantip tagsüber: Die Menschen liegen am Strand. Eltern bauen mit ihren Kindern Sandburgen, Models planschen im Meer und Männer tanzen mit Wodkaflaschen an einer der Strandbars herum. Überall sieht man wunderschöne cellulitefreie Apfelärsche durch die Gegend wackeln. Und gelbe Koffer.

Wer kein Visum hat, darf mit einem gelben Koffer die Republik betreten. Es darf aber nicht irgendein Koffer sein, es muss ein besonderer sein, einer mit beschlagenen Metallecken und einem außergewöhnlichen Design, das vom Kofferminister geprüft wird. Ist der Antrag genehmigt, muss man den Koffer immer bei sich tragen. Während ich Fotos von freakigen Republikanern mache, komme ich mit einigen von ihnen ins Gespräch. Die erste Frage, die ich allen stelle, lautet: »Warum seid ihr hier?«

Niederländer: »Verrückte Frauen, große Brüste und billiges Bier.«

Russin: »Die Freiheit und die Musik!«

Deutscher: »Die Ärsche! Was sonst?«

Ukrainer: »Leben und leben lassen.«

Engländer: »Sex am Strand.«

Russin: »Tanzen. Ich will tanzen.«

Niederländer: »Willige Weiber.«

Russe: »Ist das nicht klar? Siehst du das nicht?«

Ich sehe, dass die Gründe für den Aufenthalt in zwei völlig gegensätzliche Richtungen gehen. Die Westeuropäer haben die Sex-und-Saufstaat-Vorstellung,

die Osteuropäer wollen einfach mal ihre Ruhe haben, die Brüste in den Himmel recken und den Arsch zur Musik guter DJs schwingen. Doch wie kommt es, dass man so unterschiedliche Vorstellungen hat? Warum gibt es nur diese krassen Dokus auf YouTube – und dann kommt man an und nichts ist so, wie es dargestellt wird?

Am Nachmittag treffe ich den ersten und einzigen Präsidenten der Republik KaZantip. Nikita kommt zusammen mit seiner persönlichen Assistentin und dem deutschen Außenminister Oleg. Der Präsident wählt sich einmal im Jahr selbst, um die totalitäre Diktatur zu gewährleisten. Die ganzen Freaks, die unten am Strand rumlaufen, hat er unter den Schutz des Kultusministeriums gestellt, denn sie bereichern seinen Staat. Ich habe viele Fragen an Nikita. Ich möchte wissen, wie all die Klischees entstehen, die ich über KaZantip gehört habe und die anscheinend nicht stimmen. Ich spreche die Regierung auf das *Vice*-Video an, in dem man sieht, wie siebenjährige Kinder die Brüste von Frauen ablecken und wie am Strand Frauen ihren Unterleib im Sand kühlen.

»Der Reporter hat damals viel Geld dagelassen, um genau diese Szenen zu bekommen. Die sind fake. KaZantip ist nicht so«, erzählt mir der Außenminister. Dass es nicht mehr so ist, sehe ich auch. Seit letztem Jahr kämpft die Regierung verstärkt gegen das Bild, das die Videos vermitteln, an. Der letzte Außenminister habe die Republik falsch vermarktet und

in Deutschland Sextouren nach KaZantip angeboten, weil doch die osteuropäischen Frauen angeblich so leicht zu haben sind. Letztes Jahr wurde ihm sein Amt vom Präsidenten weggenommen.

Je länger ich mit der Regierung rede, je länger ich hier bin, desto mehr verstehe ich die Seele des Festivals, die Intention, was KaZantip für die Bürger der ehemaligen Sowjetunion wirklich bedeutet. Man wirbt zwar für ein »Leben ohne Unterwäsche«. Das heißt aber nicht zwangsläufig, dass man nackt sein muss. Man kann die Unterwäsche auch gegen ein Bikinihöschen oder einen kleinen String eintauschen. Aber wenn man will, dann kann man nackt rumlaufen. Den ganzen Tag und die ganze Nacht. Wenn man will, kann man Sex haben. Den ganzen Tag und die ganze Nacht. Wenn man will, kann man Drogen nehmen. Wenn man will, kann man alles, aber manchmal will man vieles gar nicht, gerade weil man es haben könnte.

»Es ist schwer, die Welt zu ändern, aber es ist leicht, sich eine eigene kleine Welt zu schaffen.« Mit diesem Satz beendet Präsident Nikita unser Interview.

Ich gehe mit der Regierung an den Strand. Überall stehen Menschen im Sand oder sitzen auf dem Steg. An die 2.000 Besucher sind gekommen und schauen dem Sonnenuntergang entgegen. Es riecht nach Meer und nach Sonne auf der Haut. Das rötliche Licht fällt auf die Gesichter und es sieht so aus, als würden alle gleich abheben vor Glückseligkeit. Der Sand und das Wasser glitzern orangerot. Und die ganzen leuchtenden Augen. Das macht mich für einen Moment sehr zufrieden. Die Stimmung, die gerade über der Masse schwebt, ist so perfekt und gut und mitreißend und das löst alles dieser rote Feuerball aus.

Als das letzte Stück Sonne am Horizont versunken ist, schlägt ein Mann in Kutte einen Gong und dann steigen unzählige rote Heliumballons in die Luft. Ein Zeichen für die Freiheit, die Leichtigkeit, die Erfüllung der Wünsche und der Träume.

Dann geht sie los, die Party. KaZantip bei Nacht. Ich gehe mit Nicole zur Spacebar, die einem chemischen Labor gleicht, mit Kolben in den unterschiedlichsten Formen, in denen bunte Flüssigkeiten köcheln. Nicole ist Musikjournalistin aus Spanien, mit einem Temperament, so heiß wie die Flamme auf unserem Absinth. Wir tanzen zwischen Neonravern, Superhelden und Fabelwesen. Ich werfe den Kopf nach links und rechts, lasse die Musik durch den ganzen Körper gehen und strecke meine Hände in Richtung Himmel.

Das hier ist Musik physisch erleben. Die Bässe haben so einen Wumms, dass mich die Schallwelle am ganzen Körper erfasst und angenehm erregt. Corinna wäre stolz auf mich, wenn sie sehen würde, wie ich hier tanze. Wie eine junge Göttin. Ich schließe immer wieder die Augen, öffne sie und lasse mich überraschen, was nun passiert, Stelzentänzer, Feuerspucker, tanzende Riesendrachen. Das ist die größte Party, auf der ich jemals war. Ich bewege

mich stundenlang zu den Beats. Bum. Bum. Bum. Bombastisch!

Es ist schwer zu erklären, was ich fühle. Man denkt ja oft: Ach, jetzt wäre ich doch lieber in Berlin oder in Madrid oder am Meer. Egal wo, nur nicht hier, sondern an einem Ort, an dem es besser wäre. Aber gerade eben ist es so, als hätte ich den perfekten Ort gefunden. Den besten Ort für den Moment. Scheiße, bin ich glücklich. Das kann doch gar nicht angehen. Fehlt nur noch Paul Kalkbrenner mit *Sky and Sand* und ich dreh völlig ab.

Ich darf doch gar nicht so fröhlich sein. Mir gleitet doch gerade alles aus der Hand wie glitschige Aale. Aber ich bin es. Und wie die Aale gleitet meine Stimmung auch weg in den überirdischen Glückszustand irgendeines Paralleluniversums. Ich tanze jetzt neben dem DJ, der gerade noch hinter dem Mischpult stand. »Im Bikini sind wir alle gleich«, hat Nikita heute Mittag gesagt. Wie wahr. Und wie schön.

»Komm, lass uns in den Pool springen«, fordert mich der DJ auf, mit dem ich gerade schon intensiven Blickkontakt hatte. Er zeigt auf das fünf Meter entfernte blaue Becken.

»Okay«, sage ich, ohne zu zögern, »aber du zuerst.« Damit hat er nicht gerechnet.

»Ehrenwort?«

»Ehrenwort.« Ich schlage ein. Dann schaut er noch einmal skeptisch auf den Pool, schüttelt den Kopf und sagt mit seltsam entgleistem Gesicht: »Ich brauche erst noch ein bisschen Ecstasy.«

»Du brauchst noch ein bisschen Ecstasy, um in den Pool zu springen?«

»Ja, ich bin noch nicht locker. Willst du auch was?«

»Nein, danke.«

Er verschwindet in der tanzenden Menschenmasse.

Ich brauche keine Drogen, ich mag mein Bewusstsein so, wie es ist. Das ist weit genug und das kann ich auch ausschalten, wenn ich will. Das ist für mich die größte Freiheit, mit mir allein glücklich und zufrieden zu sein. Ohne irgendjemanden oder irgendetwas zu brauchen und das spüre ich gerade so intensiv. Ich will, dass es nie wieder hell wird, ich will nicht, dass es aufhört. Ich will in eine Endlosschleife fallen. Die Musik. Die Euphorie. Das Tanzen. Der Absinth. Die Musik. Die Euphorie. Das Tanzen. Der Absinth. Die Musik. Die Euphorie. Das Tanzen. Der Absinth. Die Musik. Die Euphorie. Das Tanzen. Der Absinth. Und meine Blase, die mir einen Strich durch die Rechnung macht.

Ich gehe mit Nicole, weil ich nach fünf Absinth etwas benommen bin und jemanden zum Festhalten brauche, Richtung Ufo-Toilette. Ufo-Toilette deshalb, weil sie wie ein Ufo aussieht und in zehn Metern Höhe schwebt. Doch leider ist sie noch gefühlte 30 Kilometer entfernt.

»Komm, lass uns schnell ins Gebüsch gehen. Ich habe das schon dreimal gemacht und es ist nichts passiert.« Nicole schaut mich sehr überzeugend an.

Normalerweise wäre ich die Erste, die ihr Höschen runterzieht und einmal schnell ins Gebüsch springt, aber ich kann mich noch ganz genau an Artikel 2 des Strafgesetzbuches der Republik KaZantip erinnern. Ich will eine vorbildliche Bürgerin sein und habe mir natürlich die Verfassung und das Strafgesetzbuch durchgelesen: *Auf dem Staatsgebiet der Republik KaZantip stellt das Pinkeln an dafür nicht vorgesehenen Orten ein Verbrechen dar. Wenn Bürger es nicht bis zur nächstgelegenen öffentlichen Toilette schaffen, werden sie vom Sicherheitsdienst verhaftet, mit einer Geldstrafe belegt und aus der Republik abgeschoben (Einzug des Visums).*[12]

Nicole scheint sich nicht daran zu erinnern und verschwindet im Gebüsch. Ich stehe Schmiere, schaue immer wieder nach links und rechts, ob jemand kommt, und springe dabei nervös auf und ab. Ich muss so dringend aufs Klo. Das ist mir beim Tanzen gar nicht aufgefallen. Nicole kommt sichtlich erleichtert zurück. Ich habe meine Beine übereinandergeschlagen und kann mich kaum noch bewegen, ohne Angst zu haben, dass meine Blase platzt,

dass ich den Weg bis zur Ufo-Toilette noch schaffe, ist ausgeschlossen, also gehe ich ebenfalls ins Gebüsch, Notfall.

21, 22, 23 – fertig. Juhu! Geschafft. Ebenfalls erleichtert und glücklich springe ich aus dem Gebüsch und direkt in die Arme eines netten jungen Mannes, der schon sein Walkie-Talkie in der Hand hat, um das Sichten einer pinkelnden Frau an die Zentrale durchzugeben. Scheiße! Verdammteobermegaverfluchtegottverdammtescheiße! Da bist du ja wieder. Hallo, liebes Pech. Du hast mal wieder nicht lange auf dich warten lassen. Freut mich, dich zu sehen. Siehst gut aus in deiner Security-Uniform.

Das war es also. Bye bye, KaZantip. Knicks und Verbeugung. Es war schön mit dir. Und ich kenne jetzt die Wahrheit über dich: Jeder findet seine eigene.

*

PS: Liebe Mutti, bitte nächstes Mal Granu Fink oder irgendetwas anderes gegen Blasenschwäche in die Reiseapotheke packen ...

»ICH BIN ALLEINE UND ICH WEISS ES UND ICH FIND ES SOGAR COOL« – FREQUENCY FESTIVAL

Christine, freust du dich auf dein nächstes Festival? – Nicht so. Allein und ohne Auto auf das größte Festival in Österreich. Wo soll ich denn da meine Kamera und meinen Laptop hinpacken? Aber es kommen wenigstens geile Bands.

Ich wache im Zelt auf. Es ist schon ziemlich hell und ziemlich laut. Ich richte mich auf, und als ich mich mit der Hand abstütze, zerbreche ich einen Ast, der mir heute Nacht liebevoll den Rücken massiert hat. Jedes Mal, wenn ich aufwache, bin ich erst einmal kurz verwirrt. Wer? Was? Wo? Mit wem? Ich. Frequency Festival. Österreich. Allein!

Spätestens wenn ich das Zelt öffne, ein monotones Dröhnen über den Campingplatz schallt und ich einmal tief einatme, weiß ich, dass ich nicht im Urlaub bin, sondern auf einem Festival. Jeden Morgen, meist zwischen 7 und 8 Uhr, dann nämlich, wenn man noch die meisten Menschen aufwecken und mit dem Lärm tyrannisieren kann, kommt der Wagen und fängt an abzupumpen. »Mayer macht's möglich – Fettabscheideentsorgung«. Ein Mann im Ganzkörperkondom steckt einen braunen Schlauch in die Kloschüssel.

Wenn ich die Scheiße von anderen abpumpen müsste, dann würde ich das auch zu einer möglichst fiesen Uhrzeit machen.

Neulich, auf dem Burg Herzberg Festival, da habe ich sogar selbst Hand angelegt und das Dixi-Klo gereinigt. Man muss ja alles mal gemacht haben. Meine Aufgabe war es, das Innengehäuse mit dem Hochdruckreiniger einmal auszuspritzen. Beim kleinen Urinal habe ich den Schlauch ein bisschen komisch gehalten und die Suppe kam mir dann direkt entgegen, mitten ins ... aber lasst uns nicht weiter darüber reden.

Das ist auch nichts anderes, als wenn man morgens aus dem Zelt steigt und die Fettabscheideentsorgung da ist. Im Sommer ist es ja meistens schon um 7 Uhr abartig heiß in den Zelten, und wenn man dann rauskommt und so ein schöner feucht-kühler Wind weht, freut man sich kurz darüber, bis man realisiert, dass der Wind vom Pumpendruck kommt und dass das Feucht-Kühle kondensierter Urin ist, der einem gerade das Gesicht besprenkelt.

Als ich aus meinem Zelt klettere, sehe ich, dass die Zeltwand einem Gemälde von Jackson Pollock gleicht. Man könnte ja meinen, dass ich während der 30 Festivals, die ich bereits besucht habe, irgendetwas dazugelernt habe. Aber nix da. Ich habe einen der Kardinalfehler begangen und mein Zelt an der Haupt-Durchgangsstraße des Campingplatzes aufgeschlagen, direkt neben dem Gebüsch. Es war der einzige freie Platz und ich war völlig fertig, weil

ich meinen Koffer (niemals mit einem Koffer zu einem Festival anreisen!) schon drei Kilometer über den Kies geschleift hatte.

Das Frequency ist mein letztes Zeltfestival für diese Saison und ich wollte es mir noch einmal richtig hardcore geben. Drei Tage zelten, hangabwärts, nicht mal eine Isomatte dabei, am Hauptweg, an dem nie Ruhe einkehrt, und neben einem Gebüsch, das der Durchgangsverkehr zum Pinkeln nutzt, wahlweise auch zum Reinkotzen oder um seinen sexuellen Trieben nachzugehen. Schlimmer geht's nimmer!

Und ich hatte nicht einmal jemanden dabei, mit dem ich gemeinsam im Selbstmitleid hätte versinken können. Ich hasse es, auf der Anreise und beim Aufschlagen des Nachtlagers allein zu sein. Oft bin ich kurz davor, alles wieder einzupacken und zurück nach Hause zu fahren. Aber sobald das Zelt steht, das erste Bier mit den Nachbarn getrunken ist und ich das Festivalgelände erkundet habe, ist die negative Energie spurlos verschwunden. Wenn mir der Geruch von warmem Rindenmulch und staubigem Erdboden in die Nase steigt, dann weiß ich wieder, warum ich hier bin. Das ist so ein schöner, verheißungsvoller Duft und ich merke, wie ich ganz sentimental werde, weil sich schon alles dem Ende zuneigt, und meine Augen werden ein bisschen feucht. Dann rauschen aber zum Glück schon die Endorphine durch meinen Körper. In der Ferne höre ich Tocotronic: »Ich bin alleine und ich weiß es und ich find es sogar cool.«

Jetzt finde ich es auch wieder cool. Ich habe auch gar keine Zeit für jemand anderen. Ich bin angekommen und ich bin im Stress. Im Musikstress. Sonst war ich immer recht entspannt, was die Musik angeht, und habe es vorgezogen, mit dem Festivalvolk im Campinglager abzuhängen und mir Geschichten über das Leben erzählen zu lassen. Wenn ich eine Band verpasst habe, habe ich mich mit dem Gedanken getröstet, dass ich sie dann eben beim nächsten Festival anschauen würde. Aber jetzt läuft mir die Zeit langsam davon und das Frequency Festival hält mein absolutes Lieblings-Line-up parat. Deswegen schwinge ich meinen Arsch vor die Bühne, bleibe dort wie angewurzelt stundenlang stehen und lausche. Nebenbei erfinde ich ein neues Genre – Line-up-Poetry.

Somebody told me (Killers)
Hey, vergiss mal den Rest und hör zu (Cro)
Und ich fang an zu tanzen (Kettcar)
Lang nicht mehr so geile Beats bekommen (Jan Delay)
Dance, Dance, Dance (Lykke Li)
I found myself alive (Paul Kalkbrenner)
Kaputt und glücklich (Frittenbude)
I've never known what's good for me (Bloc Party)
Keine Grenzen, keine Heimat, Es ist alles ganz einfach (Frittenbude)
Tell me if I'm wrong (Miike Snow)
Mit dem Kopf durch die Wand, Diese Welt ist perfekt (Caspar)
Just like heaven (Beatsteaks)
Auf meiner Stirn steht es in großen Lettern (Mia)
Hurra, wir fliegen (Sportfreunde Stiller)
Irgendwie lieb ich das (Frittenbude)

Please don't say we're done (The xx)
And press repeat and press repeat (BOY)
Ich will nicht nach Berlin! (Kraftklub)

Wenn gerade keine Band spielt, die ich sehen will, klappere ich die Promostände ab. Die Zeiten ändern sich, so auch die Interessen, die hinter den Festivals stecken. Wirtschaftliche Aspekte spielen eine immer größere Rolle. Die Sponsoren wollen ihrem Produkt ein neues, junges Image geben und es mit einem positiven Lebensgefühl verknüpfen. Je zahlreicher die Sponsoren, desto mehr Kohle und desto größer die Bands auf den Bühnen. Je größer die Bands, desto zahlreicher die Sponsoren. Der Kreislauf des Festivalmarketings. Mit dem Nutzen der Werbeangebote der Geldgeber kann man sich auf dem Frequency locker vier Stunden lang die Zeit vertreiben.

Das fängt schon auf dem Campingplatz an. Ich stelle mich auf die Pseudobühne eines Herstellers für geröstete Kartoffelscheiben, ziehe eine Fratze, gebe meine Bildnutzungsrechte für ihre Facebookseite ab und bekomme dafür eine kleine Dose Chips, dazu wahlweise ein Käppi, eine Umhängetasche oder einen überdurchschnittlich großen aufblasbaren Finger. Ich entscheide mich für den Finger, damit ich ihn bei Frittenbude in den Himmel halten kann, wenn sie schreien: »Alle Finger in die Höhe!«

Auf dem restlichen Weg vom Campingplatz zum Festivalgelände finde ich zufällig 15 leere Bierdosen, die ich am Bierstand gegen eine volle eintauschen kann. Danach teste ich meine Geschicklichkeit beim Bananen-Torwerfen. Ich treffe nur einmal und bekomme ein blödes Pflaster – das »Trostpflaster«. Ich hätte viel lieber die Wasserpistole. Dafür muss man aber zweimal treffen oder ein Konto beim Gewinnspielanbieter abschließen. Das Probeabo für die Frauenzeitung kann ich auch nicht abschließen, da ich nicht in Österreich wohne. Aber das Goodie-Kondom bekomme ich trotzdem von den Promo-Girls.

Nachdem ich durch das Wunschportal eines Elektromarktes gelaufen bin und

mich für ein Gewinnspiel angemeldet habe, bei dem es einen Warengutschein im Wert von über 5.000 Euro zu gewinnen gibt, gehe ich in den Rockstar-Transformer eines Softdrink-Herstellers. Hier werde ich mit Perücke und Kiss-mäßigem Make-up zum Rockstar umgestylt. Das Ganze wird mit Vorher/Nachher-Bildern festgehalten und ich bekomme eine aufblasbare »Luftgitarre« als Andenken.

Mit letzter Kraft gehe ich noch beim regionalen Radiosender vorbei, schicke eine Postkarte an die Liebsten zu Hause und schreibe »40 Festivals in 40 Wochen« in eine große Comic-Sprechblase aus Pappe, mit der ich den Rest des Tages über das Gelände laufe.

Dann ist es dunkel und die letzte Band spielt. The xx. Die beste Band, die ich kenne. Ich liebe jedes Lied. Ich habe also endlich eine Antwort auf die Frage, welches Konzert am unvergesslichsten war: The xx! The xx! The xx! Weil sie einfach ein krasser Gefühlsmultiplikator sind. Die Leute um mich herum lachen vor Freude, liegen sich plötzlich weinend in den Armen oder knutschen mächtig rum. Und ich? Ich stehe einfach da und schwimme in meiner Gefühlschaossuppe. Es reicht. Ich habe genug Menschen in Tierkostümen, mit Lackstift bemalte Körper, vollgeschissene Dixis und »Free Hugs«-Schilder gesehen. Ich möchte nicht mehr auf Baumwurzeln schlafen, pissende Penisse am Wegrand sehen und *Der alte Jäger vom Silbertannental* oder Sexgeräusche zum Einschlafen hören. Die Hoffnung, dass ich hinter den Mythos von Helga komme, habe ich auch aufgegeben.

Helga ist ein Festival-Phantom. Sobald jemand auf dem Gelände »Helga?« ruft, löst er damit eine Kettenreaktion aus. Plötzlich hört man aus jeder Ecke, aus 200, 400 sogar 800 Metern Entfernung diesen Namen, doch was er, sie oder es eigentlich ist, weiß niemand. Die einen behaupten, es sei ein Schäferhund, der irgendwann einmal bei Rock am Ring verloren gegangen ist und nach dem man vergeblich gesucht hat. Die anderen behaupten, Helga sei eine Frau, die beim Bizzare Festival 1999 mit einem

Typen durchgebrannt ist und den ganzen Tag von ihrem Mann gesucht wurde. Heute sucht keiner mehr nach Helga. Wenn plötzlich eine Person vor uns treten würde, die behauptet: »Ich bin Helga, nach der ihr sucht. Ich habe mich sieben Jahre lang in einer Höhle in den Pyrenäen verkrochen, mich von meinen Festivalerlebnissen und von Flechten ernährt. Nun bin ich wieder da«, wir würden sie belächeln. Da kann ja jeder daherkommen und sagen »Ich bin Helga«.

The xx spieler ihren letzten Song, *Heart Skipped a Beat.* »Please don't say we're done.« Doch. Time to say goodbye zu meinem letzten Campingfestival. »Hetz ned so brutal, du hosch dir doch koa Spiid igworfa!«, weist mich ein Volltrunkener auf dem Weg zurück zum Campingplatz zurecht, in geschmeidigem Tirolerisch. Ich muss lachen. Die Ösis, die haben wirklich alles übertroffen, was ich bis jetzt erlebt habe. Die sind wilder als der Wilde Westen und hemmungsloser als Bunga Bunga. Die haben Percussion-Orgien auf Mülltonnen veranstaltet, Waschungen mit Toastbrot vollzogen, sind als Flitzerherde mit Gerrit über den Platz gerannt, haben Konservendosen so lange auf den Grill gestellt, bis sie platzten und es ein Ravioli-Feuerwerk gab, und sind mit ihren präparierten Enten auf dem Campingplatz spazieren gegangen.

Der Partyfotograf mit seiner eigens mitgebrachten Gummipuppenkuh, die er den Festivalbesuchern in die Hand gedrückt hat, um »coole« Fotos zu schießen, war auch der Knaller. Und ich fand es urwitzig (hier wird vor jedes Adjektiv ein »ur« gesetzt – urkomisch, urlangweilig, urdreckig, urbsoffa), als mir ein Typ mit aufgefaltetem Pizzakarton auf dem Kopf entgegenkam und schrie: »Remmidemmi, i bin Deichkind.« Das ist ein Witz für Eingeweihte, den man nur verstehen kann, wenn man Deichkind schon einmal live gesehen hat. Sorry, dass ich hier einigen den Zugang zum Verständnis verweigere.

Beim Zelt angekommen, atme ich noch einmal tief den Geruch von Pisse ein, den seine Seitenwände ausströmen, bevor ich in den Schlafsack krieche. Irgendwie werde ich das alles doch echt vermissen. Diese ganzen vogelfreien Vollidioten. Verdammt. Als ich im Zelt wieder auf meiner Wurzel liege, fließt ein kleines Tränchen aus meinem Auge, weil ich weiß, dass es auch unsere letzte gemeinsame Nacht sein wird. Mein Zelt und ich, wir haben so viel miteinander erlebt und durchgemacht. Doch morgen werde ich mich auch von ihm trennen müssen. Ich mache Schluss. Der Grund – unüberbrückbare olfaktorische Differenzen.

»IGNORAMA« – HIGHFIELD FESTIVAL

Christine, freust du dich auf dein nächstes Festival? – Ich würde schon lieber im Bett liegen bleiben …

Montag. Der Wecker klingelt um 7 Uhr. Ich muss aufstehen. Halt! Es ist doch quasi Sonntag. Ich sinke zurück ins Bett. Das geht nicht. Immerhin ist Montag mein neuer Sonntag.

Montags zelebriere ich Ruhe und Einsamkeit. Ich bleibe den ganzen Tag zu Hause und beantworte keine Anrufe. Damit versuche ich, den Überschuss an Kommunikation und Menschenkontakt vom Wochenende auszugleichen. Das einzige Geräusch in meiner Wohnung ist das monotone Rattern der Waschmaschine, wenn sie den Festivaldreck aus meinen Klamotten schleudert. An Montagen bin ich jedes Mal froh, dass Festivals meistens nur am Wochenende stattfinden und ich unter der Woche nach Hause kann. Ich könnte dann zwar theoretisch den ganzen Tag faul rumliegen und die Decke anstarren, vor mich hin vegetieren und mir den nicht vorhandenen Sack kraulen, was mir bestimmt ganz guttun würde, aber nein. Montags habe ich immer das dringende Bedürfnis, etwas Sinnvolles zu tun. Irgendetwas Produktives. Also sitze ich um 9.15 Uhr am Küchentisch, meinem Arbeitsplatz.

Dann geht es los: Mails beantworten, Artikel posten, Bilder bearbeiten, Videos schneiden, Tasche ausräumen, nicht gebrauchte Wäsche in den Schrank, dreckige Wäsche waschen, bürokratischen Nonsens erledigen … Ich sitze da und tue und mache und vergesse vollkommen die Zeit und das Frühstück. Meine Freelancer-Jobs musste ich schon im Juli alle aufgeben. Das hätte ich nicht gepackt. Irgendwann um zwölf wundere ich mich dann, dass es

schon Mittag ist, ich noch kein Bier getrunken habe und trotzdem alles so gut ertrage. Es passiert ja auch meistens nicht viel, so allein in der Wohnung.

Neulich war ich so in Gedanken versunken und mit meinem Wacken-Video beschäftigt, dass ich richtig zusammengezuckt bin, als es an der Tür klingelte. Das normale Leben mit seinen alltäglichen Geräuschen wird mir immer fremder. Ich stand verärgert auf, fragte mich, wer mich wohl bei meiner Keine-Kommunikation stört, tigerte zur Sprechanlage und fragte genervt: »Wer ist da?«

»Der Postbote, ich habe ein Paket.« Ein Paket für mich? Von wem denn? Und was? Habe ich etwas bestellt? Oder gewonnen? Ich versank in meine kleine Paket-bekomm-Welt und vergaß ganz den Postboten am Hörer.

»Machen Sie mir vielleicht auf?«, fragte er ungeduldig.

»Natürlich!« Ich drückte auf den Knopf über dem Hörer, aus dem jetzt normalerweise ein tiefes Surren ertönen sollte. Doch heute schwieg er. Ach, verdammt. Der war schon letzte Woche kaputt, aber ich habe es nicht geschafft, den Hausmeister reinzulassen, weil ich in der Ukraine mit Männern in gehäkelten Hodensäckchen rumgesprungen bin.

»Hallo? Sind Sie noch da?«, fragte ich den Postboten. »Der Türöffner geht nicht, ich komme schnell runter.«

»Okay.« Ich nahm eine leichte Genervtheit in seiner Stimme wahr. Gut, hatten wir etwas gemeinsam. Gerade als ich den Satz »Ich komme schnell runter« vollendet hatte, wurde mir die Situation bewusst. Das Haus verlassen und vor die Tür? Ich wäre auf jedem Festival absolut salonfähig, aber hier in der Zivilisation konnte ich so niemandem unter die Augen treten. Ich sah aus wie ein Penner. Es war mittlerweile 14 Uhr und ich hatte immer noch meinen rosa Schlafpulli an, mit einem Kaffeefleck auf der Brust. Dazu eine viel zu weite graue Schlabberhose. Meine Haare hatten über Nacht ein Eigenleben entwickelt, sodass ich sie mit einer pinkfarbenen Haarspange nach hinten klemmen musste, und ich trug eine Brille, die so dreckig und voller Fettfinger war, dass ich kaum durchschauen konnte. Montags ist nicht nur mein Keine-Kommunikation-Tag, sondern auch mein Keine-Kontaktlinsen-Tag, um meinen Augen mal eine kleine Pause zu gönnen.

Ich überlegte mir in erster Panik, dem Postboten abzusagen. Aber ich wollte unbedingt dieses Paket und wissen, was drin ist. Also warf ich mir einen Trenchcoat über, der schon mal den vollgesabberten Schlafpulli verdeckte. Schnell zog ich noch ein paar Socken an, schlüpfte in meine Ballerinas, setzte mir einen Filzhut auf den Kopf und rannte die Treppen runter. Ich sah aus wie eine Bettlerversion von Humphrey Bogart. Wer mich in diesem Zustand sehen würde, musste denken, ich sei ein verwahrlostes, erbärmliches Etwas. Völlig verkommen und am Existenzminimum. Vor der Tür stand der Postbote, wippte ungeduldig mit dem Fuß und entdeckte mich durch die Glastür. Jetzt kam ich nicht mehr raus aus der Nummer. Gerade als ich den Türgriff in der Hand hatte und meine Lippen, die durch das Schweigen des Vormittags ganz trocken geworden waren, mit der Zunge leicht befeuchtete, fiel mir das Schrecklichste des Schrecklichen auf. Ich schämte mich zu Tode und lief knallrot an. Ich hatte noch nicht einmal meine Zähne geputzt. Das mache ich sogar auf jedem Festival zweimal täglich. Immer! Ehrlich! Da war die Tür auch schon auf, der Bote streckte mir ein Gerät entgegen, auf dem ich unterschreiben sollte, und fragte mich gleichzeitig: »Könnten Sie das bitte für Ihre Nachbarn annehmen?«

Was? Das Paket war nicht für mich? Ich nickte ungläubig mit dem Kopf, machte mit meiner Hand eine Bewegung zum Hals und verzog mein Gesicht, als hätte ich unglaubliche Schmerzen.

»Halsweh, wa?«

Eifrig nickte ich, schwieg, nahm das Paket entgegen und winkte schnell zum Abschied.

Da stand ich, wie ein Penner im Pyjama, die Socken auch falsch herum an. Den Postboten schien immerhin nichts mehr zu schocken. Auch keine arme Festivalleiche, die die Zeit ein bisschen vergessen hat, bei der Nachbereitung. Dieses Intermezzo war allerdings eine Ausnahme. Sonst läuft der normale Montag so ab: rumhängen, arbeiten, schweigen.

Aber heute ist alles anders. Es ist sieben Uhr und ich muss aufstehen, mich anziehen, die Zähne putzen, das Haus verlassen, Auto fahren und mit etwas Pech auch noch kommunizieren. Heute ist die Zeit gekommen, die Schattenseiten des Festivallebens zu ergründen. Bisher war ich mal vor dem offiziellen Beginn eines Festivals da und mal währenddessen. Ich habe ein Fernsehteam begleitet, Veranstalter gesprochen und DJs getroffen. Aber ich habe immer rechtzeitig die Kurve gekratzt. Ich habe nie das bittere Ende miterlebt. Wenn der schöne Schein des Festivals verschwindet und nur noch die dreckige Müllhalde zurückbleibt. In guten wie in schlechten Zeiten, das habe ich dem Festivalsommer versprochen. Es wird Zeit für die schlechten.

*

Ich steige in meinen blauen Flitzer, kurbel das Fenster runter, schwitze wie ein Schwein, weil es schon um 8 Uhr morgens gefühlte 30 Grad hat, und fahre los in Richtung Leipzig.

»Aus Norden / Nordosten fahrt ihr über die A 9. Am Schkeuditzer Kreuz wechselt ihr auf die A 14 über das Dreieck Parthenaue, der A 14 folgend, bis zur Abfahrt (29) Naunhof und folgt der Festivalbeschilderung.«[13] Warum geben die Veranstalter nicht einfach eine genaue Adresse an, die man in sein Navi tippen kann, sodass man das Ziel problemlos erreicht? Freitags und samstags und sonntags mag das ja funktionieren mit der Beschilderung, aber montags ist alles weg und wenn man dann das Gelände finden will, hat man ein Problem. Ich gebe erst einmal »Espenhain« ein, die nächstgelegene Ortschaft neben dem Festivalgelände. Als mir Frau Navigation jedoch versichert »Sie haben Ihr Ziel erreicht«, sehe ich noch nichts. Also versuche ich es mit einer neuen Eingabe: »Ströhmtaler See«. Hier soll das Gelände

sein. Ich fahre weiter und denke schon darüber nach, einfach wieder umzukehren und nach Hause zu fahren, als dann doch endlich ein Zeichen erscheint. Eine Polizeikontrolle auf der gegenüberliegenden Straßenseite, die einen nach dem anderen rauswinkt und zum Röhrchen-Blasen schickt. Dann erkenne ich in der Ferne Menschen mit gelben Westen, die über einen verstaubten Acker laufen und Autos aus der Ausfahrt winken. Ich habe mein Ziel erreicht – den Parkplatz des Highfield Festivals, auf dem sich immer noch an die 200 Autos befinden, außerdem jede Menge Durchgangsverkehr, meist Halbtote, die mir entgegenstolpern, als ich vom Parkplatz zum Campingplatz will. Ich laufe nacheinander an zwei Tussis, die mit ihren Louis-Vuitton-Taschen am Wegrand sitzen und darauf warten, von ihren Eltern abgeholt zu werden, einem mächtig schwitzenden Mann, der einen Bollerwagen hinter sich herzieht, und einer ganzen Horde Menschen mit Ikea-Tüten und Wurfzelten unter den Armen vorbei. Die Augenlider hängen tief, die Köpfe sind schwer, die Gesichter aufgequollen von vier Tagen Pizza mit Bier und die Haut ist rot. Der Hautkrebs lässt grüßen. Alle wollen jetzt weg, nach Hause, ausnüchtern, duschen, schlafen. Nur ich, ich will hin!

Bis ich da bin und das Ausmaß der Katastrophe sehe. Dann möchte auch ich lieber sofort umdrehen und wegrennen. Was ich hier sehe, ähnelt Bildern von New Orleans nach dem Hurrikan. Ein Schlachtfeld. Eine Wüste. Ein Ort der Zerstörung. Bei meiner Ankunft hauen gerade sechs wildgewordene Halbstarke mit Eisenstäben auf noch stehende Pavillons ein, spielen Baseball mit Bierfässern und schlagen auf noch geschlossene Konservendosen so lange ein, bis die Erbsen spritzen.

Man sieht eigentlich nur Müll. Ganze Tischgarnituren mit Stühlen, die auf den Sperrmüll gehören. Besteck. Kochtöpfe und Teller und ur definierbare Verpackungen. Einweggrills. Luftpumpen. Planschbecken. Chips-Dosen. Leere Zelte. Jede Menge Essen. Alle möglichen Wurstsorten von Edelsalami über Snackinis bis zu Wienern. Und einmal quer über das ganze Gelände Klopapier. Inmitten des ganzen Mülls laufen Dorfbewohner rum, die – gleich nachdem die Zäune aufgemacht wurden – auf das Gelände gestürmt sind, weil das Schlachtfeld für sie eine Fundgrube ist. Systematisch laufen sie alles ab, laden Töpfe, Isomatten, Schlafsäcke und alles, was noch halbwegs ganz ist, auf ihre Anhänger, um es später zu Geld zu machen. Flaschen- und Dosensammler sind auch da, dazu ein paar offizielle Ordner mit Westen, Greifzangen und Müllsäcken.

»Gegen die haben wir keine Chance«, erzählt mir einer der Sammler und zeigt auf einen älteren Mann. »Der lädt schon den vierten Sack voller Pfandflaschen auf seinen Anhänger.«

Ich sehe den Umriss einer Gestalt, die einen Müllsack über das Schlachtfeld schleift.

»Der stand schon zwei Stunden, bevor das Gelände aufgemacht wurde, vor dem Zaun und ist dann gleich draufgestürmt und hat angefangen zu sammeln.«

»Und was habt ihr so für Schätze gefunden?«, will ich wissen.

»Ein paar Campingstühle konnten wir aus den Müllbergen retten, ein Trinkspiel, drei Paletten Dosenbier, eine Luftmatratze und einen Trolley.«

Seit Beginn des Festivals arbeiten die offiziellen Müllsammler schon auf dem Highfield und sammeln jeden Tag sechs Stunden lang Müll, für vier Euro pro Stunde.

»Da kann man nur hoffen, dass man irgendwo ein iPhone findet und sich das Ganze gelohnt hat.«

Ich ziehe weiter, stolpere über Zeltstangen, rutsche auf gebratenen Nackensteaks

aus und inspiziere die Dixis. Langweilig. Die sind total sauber und brennen nicht einmal wie in den Geschichten, die man immer über das Ende von großen Festivals hört. Zwischen den Müllbergen und Sammlern und zerstörungswütigen Irren sitzen noch drei Rocker im Schatten des letzten stehenden Pavillons. Sie winken mich zu sich.

»Konsde Schafkopf spieln?«, will der eine wissen.

»Na, klar!«, sage ich.

»Dann setz di mal hi und spiel a Rund mid uns.«

Sie tauschen den vollgekotzten Campingstuhl gegen einen halbwegs sauberen, dem nur ein Stück Armlehne fehlt, ein. Ich setze mich hin, blinzele in die Sonne, schweige, spiele Karten und fühle mich behaglich in der Runde. Aus dem Gettoblaster schreien die Ärzte: »Es könnte mir nichts egaler sein!« Die tiefschwarzen Sonnenbrillen der Männer lassen keinen Blickkontakt zu. Trotzdem kann man in ihre Köpfe schauen.

Die drei Typen sind die letzten Hinterbliebenen. Sie versuchen, die fünfte Festivalphase, die Abreise, so lange wie möglich hinauszuzögern. Drei Typen, die nicht in die Realität zurückkehren wollen. Dort wartet die Frau mit dem untergejubelten Balg, das Reihenhaus muss abgezahlt werden, der stinklangweilige Vertreterjob zerrt an den Nerven, der Anzug kneift von zu viel Frustbier, das Auto kommt nicht mehr durch den TÜV und jeden gottverdammten Sonntag läuft *Bauer sucht Frau* im Fernsehen. Am liebsten soll es nie enden, dieses eine perfekte Wochenende im Jahr. Man weiß vorher nie, was an diesem einen Wochenende passiert, aber mit hundertprozentiger Sicherheit wird es ein Ende haben. Daran führt kein Weg vorbei. Und auch keine sechste Runde Schafkopf. Aber ich spiele sie geduldig mit.

»SCOTLAND THE BRAVE« –
THE ROYAL EDINBURGH MILITARY TATTOO

Christine, freust du dich auf dein nächstes Festival? – Ja, ich will viel nackte Haut mit abgefahrenen Tattoos und Schusswaffen dazu sehen! Komische Kombi …

Manchmal, da stelle ich mir die Welt einfach zu logisch und einfach vor. Oder was denkt ihr, was einen beim Military & Tattoo Festival erwarten könnte? Ich denke mir das so: Einerseits sieht man alle möglichen Sachen, die irgendetwas mit Militär zu tun haben, Waffen, von der Steinzeit bis zur Neuzeit, Panzer, Rüstungen und Tarnhosen, und dazu die Tätowierungen von Häftlingen. Ich habe erst neulich eine Reportage über das illegale Stechen von Tattoos in Gefängnissen gelesen. Military Festival ist ja logisch, Tattoo Festival auch, nur bei der Kombination von beiden tue ich mir etwas schwer. Vielleicht gibt es auch unabhängig von der Militärausstellung eine Ansammlung von Menschen mit außergewöhnlichen Tattoos, die sich als Kunstwerk der Öffentlichkeit zeigen. Was die Körperkunst betrifft, habe ich dieses Jahr überdurchschnittlich viele halb nackte Menschen gesehen und zwangsläufig auch ihre Tätowierungen. Ich war geschockt, wie viele den Arschgeweih-Trend mitgemacht haben.

Meine Highlights waren: Dritter Platz: ein »Rammstein«-Tattoo direkt über der Brustwarze. Zweiter Platz: ein Mittelfinger hinter dem linken Ohr. Erster Platz: ein Wunderbaum unter der Achsel. Ja, ein Wunderbaum. In Rot. Duftnote Kirsche.

Die Schotten müssten sich wirklich einiges einfallen lassen, um mich mit Tattoos zu überraschen. Ich habe schon jedem ganz stolz erzählt, dass ich zu dem größten Bodyart-Festival der Welt gehe, mehr konnte ich allerdings nie dazu sagen. Das

Online: bit.ly/N6yBrS

Was, Wie und Wo blieb weiter offen. Mein straffer Festivalplan lässt mir kaum noch Zeit, mich richtig auf die Events vorzubereiten. Meistens weiß ich nur den Namen des Festivals und das Land, in dem es stattfindet. Und die Flugtickets habe ich.

*

Ich komme am Samstagmittag in Edinburgh an. Es regnet. So soll es sein. Alles nördlich von London muss grau und regnerisch sein. Zum ersten Mal bin ich eine vorbildliche Touristin und kaufe als Erstes fleißig Souvenirs ein – Ginger Shortbread, einen Pullover aus Schafwolle, eine Flasche Single Malt Whiskey und eine karierte Picknickdecke für Paul. Die Stadt ist übers Wochenende auf die dreifache Einwohnerzahl angewachsen. Es findet nicht nur das Military & Tattoo Festival statt, es gibt parallel auch noch drei weitere Festivals: das Edinburgh International Festival für Theater, klassische Musik, Tanz und Oper, das Edinburgh International Book Festival und das Edinburgh Festival Fringe, das größte Kulturfestival der Welt. Cabaret, Comedy, Theater, Musik, Künstler von der ganzen Welt kommen im August nach Schottland und die ganze Stadt verwandelt sich in eine Bühne.

Eine junge Frau sitzt auf dem Marktplatz und tippt auf einer Schreibmaschine rum. Vor ihr steht ein Schild auf dem Boden: »Poems on demand.« Weiter unten auf der Royal Mile spielt eine Theatergruppe einen Sketch und daneben sitzt eine Frau

mit Iro und bedient einen alten Webstuhl. Hinter jeder offenen Eingangstür verbirgt sich eine Überraschung. So sitze ich plötzlich, als ich eigentlich auf dem Weg zum Schloss bin, in einer romanischen Kirche mit kleinen Rundbogenfenstern, die mit allerlei Motiven bemalt sind.

»Good evening«, haucht eine recht freizügig gekleidete Dame mit ihrer rauchigen Stimme in das Mikrofon. »Let the show begin.« Die Tänzerin sitzt breitbeinig auf einem Holzstuhl. Sie rekelt sich einmal lasziv nach links und löst dabei die Satinschleife um ihren Oberschenkel. Dann rekelt sie sich nach rechts, legt ihre Federboa ab, schmeißt das Röckchen weg, zieht die Strümpfe aus, öffnet das Korsett und zum Vorschein kommen zwei wunderschöne silberne Nippelhütchen auf zwei wohlgeformten Brüsten, mit Quasten daran, die im Takt der Musik und zu ihren Körperbewegungen hin und her wackeln. Bin ich schon wieder in KaZantip? Jetzt zieht sie sich zwei Fackeln aus der Arschritze und zündet sie an. Die brennenden Flammen streicht sie sich über den Körper, vom Knöchel beginnend über die Waden und die Innenseite der Schenkel entlang. Ich glaube, das hier ist eine Burlesque-Show, zählt leider nicht als Festival, ist aber trotzdem hochinteressant zu beobachten. Dann schiebt sie sich die brennenden Fackeln in den Mund und bringt sie zum Erlöschen. Die Herren im Raum starren ganz gebannt auf die Bühne und aus manch einem Glas tropft weißer Bierschaum auf den Boden,

weil es vor lauter geistiger Abwesenheit und Unaufmerksamkeit seines Halters eine gefährliche Schieflage bekommen hat. Dann muss ich auch wirklich weiter, zu meinem eigentlichen Festival.

Um 23 Uhr sitze ich vor dem Schlossplatz auf einer schrägen Tribüne, die jedes Jahr extra für das Festival aufgebaut wird. Bis zu 8.600 Leute können hier sitzen. So viel weiß ich schon einmal. In zehn Minuten soll die Show beginnen. Ich nehme mein Handy, öffne den Internetbrowser und gebe »Military & Tattoo Festival« ein. Lieber spät als nie informieren, was eigentlich passiert:

Das Edinburgh Military Tattoo (von englisch tattoo = Zapfenstreich) ist das größte Musikfestival Schottlands. Es findet seit 1950 jedes Jahr im August auf dem Platz direkt vor dem Edinburgh Castle (der so genannten Esplanade) in der schottischen Hauptstadt Edinburgh statt.[14]

Wie? Was? Tattoo heißt auf Englisch Zapfenstreich? Nee, oder? Und dann marschieren sie auch schon ein. 180 Dudelsackspieler stehen vor mir und blasen mir den Marsch. Dazu kommen 80 Tänzer, die zu traditioneller schottischer Musik rumhüpfen, und die atemberaubende Kulisse der Burg, die via Videoprojektoren mit verschiedenen Motiven angestrahlt wird. Einmal fallen rote Rosen runter, ein anderes Mal fliegt Superman die Schlosswände hoch. So wie ich das verstehe, zeigen unterschiedliche Militärkapellen aus der ganzen Welt ihre Militärmusik-Performance.

Zum Abschluss gibt es einen Sieger und der Höhepunkt ist jedes Jahr der Massenauftritt aller 1.000 Teilnehmer, wobei beim Ausmarsch stets *Scotland the Brave*, die inoffizielle Nationalhymne Schottlands, erklingt.

Das ist also das Military Tattoo Festival, Stechschritt statt Stichkunst, wieder was gelernt.

*

Am nächsten Morgen kommt ein wunderschreckliches Comeback. Beim Frequency habe ich mich innerlich vom Ammoniakgeruch beim Augenaufschlag verabschiedet. Zu früh. Heute Morgen komme ich noch einmal in den Genuss des Ekels. Neben meiner krankhaften Verpeiltheit habe ich auch eine magische Anziehungskraft für Pech. Am Tag meiner Ankunft ist in Edinburgh eine Hauptwasserleitung gebrochen. Die ganze Hotelanlage hat schon seit 24 Stunden kein fließendes Wasser mehr. Die Rezeption bemüht sich zwar sehr und verteilt fleißig Wasserkanister, doch ohne Erfolg. Alle gehen schön weiter auf das Gemeinschaftsklo im Gang und keiner schüttet Wasser nach. So liegt am frühen Morgen ein Hauch von Urin im Flur, der sich unter der Türschwelle hindurch auch langsam in meinem Zimmer verbreitet. Ich drehe mich einmal auf die andere Seite. Super, alles wie immer, liegt sich nur weicher im Bett.

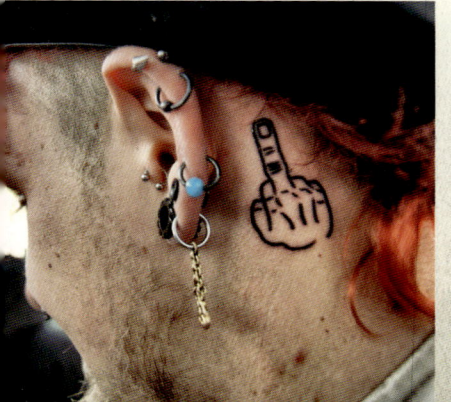
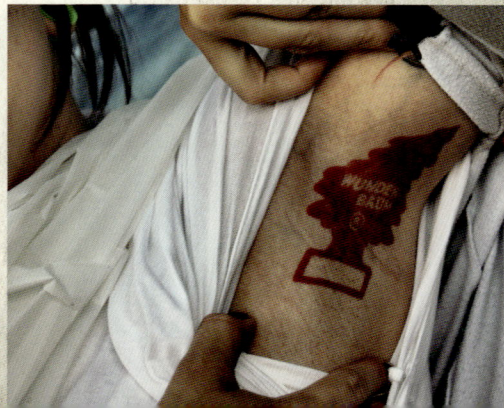

»I KNOW YOU GOT A GOOD FEELING« – LA TOMATINA

Christine, freust du dich auf dein nächstes Festival? – Ich sehe nur noch rot.

Endlich weiß ich, was ich bekomme. 120 Tonnen überreife Tomaten in 60 Minuten in einem Zehntausend-Seelen-Dorf namens Buñol, das von 40.000 Verrückten besucht wird. Und obendrauf noch die ganze Gefühlspalette von heiter bis (s) panisch.

*

Es fängt mit der Vorfreude an, die mir sagt, dass heute etwas total Beklopptes passieren wird. Vom 16 Grad kalten Edinburgh geht es mit dem Flieger ins 36 Grad heiße Valencia. Hier starte ich gegen 8 Uhr morgens mit dem Auto in das 40 Kilometer entfernte Buñol, in dem jeden letzten Mittwoch im August La Tomatina, die Tomatenschlacht, stattfindet. Wie vor jedem Festival ist die Ungewissheit da: Wie komme ich hin? Finde ich alles? Wie geht es da zu? Was passiert? Wo und wie und wann und was und warum?

Ich passiere das Ortsschild von Buñol mit meinem Mietwagen, finde einen Parkplatz und bin erleichtert. Ich bin angekommen. Jetzt können die direkten Vorbereitungen für die Tomatenschlacht beginnen. Natürlich habe ich mich vorab schon gut informiert. Alte Klamotten habe ich an. Erst wollte ich einen ollen BH und einen hässlichen String anziehen. Dann habe ich gelesen, dass fremde Männer einem gerne mal die Kleider vom Leib reißen, und habe mich doch für einen Bikini entschieden. Festes Schuhwerk ist außerdem sehr wichtig. Natürlich trage ich die gleichen Schuhe wie immer. Nach der Schlammschlacht auf dem Wacken habe ich sie eine Woche lang nass in der Plastiktüte vergessen. Seitdem riechen sie nach modrigem Unterholz. Dieser Geruch wird sich gleich mit Tomatensaft vermischen – und dann sind sie reif für die Tonne. Als ich mein Klebeband aus dem Kofferraum hole, kommen auch schon die ersten Idioten zu meinem Auto.

»Hey, können wir uns vielleicht ein bisschen von deinem Klebeband leihen, um unsere Flipflops an den Füßen festzubinden?«

Da hat sich jemand kein bisschen informiert, weil er sonst wüsste, dass man mit Flipflops sofort ausrutscht und sie verliert. Auf die Tomatina in Flipflops zu gehen, ist wie im Bikini in den Skiurlaub zu fahren.

Ich spiele Krankenschwester und verbinde den Idioten Füße und Flipflops mit Gaffaband. Dann klebe ich meinen Autoschlüssel, den ich zuvor noch mit dem Schlüsselring durch mein Bikinihöschen gezogen habe, an meinen Oberschenkel. Man sollte nur das Nötigste dabeihaben, weil man es entweder verliert oder es komplett nass wird. Ein bisschen Geld und meinen Ausweis, falls ich im Krankenhaus aufwache und keiner weiß, wer ich bin, stecke ich in ein Plastiktütchen und klebe es mir an die Fußsohle, bevor ich in Socke und Schuh zurückschlüpfe. Eine Schwimmbrille habe ich nicht. Dafür eine Unterwasserkamera, um das Spektakel zu fotografieren, und eine wasserdichte Hülle für mein iPhone.

Außerdem habe ich mir natürlich Gedanken darüber gemacht, wie ich den Mietwagen unversehrt zurückgeben kann. Über die Sitze ziehe ich große gelbe Müllsäcke, den Kofferraum lege ich mit Küchenrolle aus und ein paar Feuchttücher für die grobe Reinigung habe ich auch dabei. Geduscht wird dann gründlich zu Hause. Ich frage mich, wie das die Leute machen, die mit dem Bus oder Zug hierherkommen?

Ab jetzt ist alles ganz einfach zu finden. Ich folge den Menschen mit den selbst geschnitzten Wassermelonenhelmen, laufe an den Sangria-Ständen vorbei in Richtung Plaza del Pueblo. Hier beginnt um 10 Uhr das Schinkenstürmen. Die Schlacht findet nicht im ganzen Dorf statt, sondern nur in einer schmalen, aber langen Gasse. Die Tomaten kommen erst, wenn der Schinken erfolgreich gestürmt wurde. Auf dem Platz steht ein sieben Meter hoher, gewachster Holzpfahl, an dessen Spitze sich ein Schinken befindet, den es zu berühren gilt. Ich schaffe es nicht mehr, bis zum Pfahl durchzukommen, um mir das Schinkenstürmen von Nahem anzuschauen, weil ich um halb zehn schon viel zu spät dran bin. Echte Freaks kommen morgens um sechs hier an. Jetzt stehen alle Schulter an Schulter und Arsch an Arsch wie die Sardinen in der Büchse.

Es fühlt sich gut an, hier zu sein. Ich bin ganz geblendet von den vielen strahlenden Augen, in die ich schaue, und den weißen Zähnen, die überall aus lachenden Mündern blitzen. Dazu kommt ein warmer Wasserschauer von oben. Die Bewohner von Buñol haben es sich zur Tradition gemacht, die tobende Menge in den Gassen von ihren Balkonen aus mit Gartenschläuchen zu besprenkeln oder einfach volle Wassereimer aus den Fenstern zu kippen. Hunderte Hände gehen in der spanischen Sommerhitze in die Höhe und schreien nach »Agua!«. Spanier, Deutsche, Niederländer, Franzosen, sogar Japaner und Australier haben La Tomatina in ihren Europa-Urlaub eingebaut. Es hat noch gar nicht angefangen und schon sind alle komplett aus dem Häuschen. Jeder möchte unter dem Wasserstrahl stehen. Das tut so gut. Das ist wie ein wunderschöner

warmer Sommerregen. Das Wasser läuft über die Haare in das Gesicht, die Lippen schmecken salzig vom Schweiß und man fühlt die Freiheit. Das Wasser scheint alles wegzuspülen. Alle Sorgen, Probleme und Ängste des Alltags. Pure Euphorie.

Plötzlich spüre ich einen Hieb gegen meine Hüfte. Mein Nachbar, Typ total besoffener Australier, der schon seit 15 Minuten im Stehen schläft, mit verschränkten Armen und den Kopf von einer Hand gestützt, beugt sich nach vorne und fängt an zu würgen. Oh mein Gott. Hysterie bricht in mir aus. Ich springe zur Seite, um nicht vom Kotzestrahl erwischt zu werden, und direkt in die Arme eines schleimigen Typen im quasi nicht vorhandenen Badeanzug à la Borat, der die Gelegenheit gekonnt ausnutzt und mir sein Glied an die Arschkerbe presst. Der Australier ist fleißig am Kotzen, seine Freunde klopfen ihm aufmunternd auf den Rücken, damit es besser fließt, und dann, als er fertig ist und sich wieder aufbäumt, applaudiert die Masse. Erst möchte keiner die Region mit dem Erbrochenen betreten, doch dann hört man einen Knall und es geht los. Jemand hat den Schinken berührt. Ich habe keine Ahnung, was jetzt genau passiert.

Die ersten zehn Minuten nicht viel. Ein paar Tomaten kommen zusammen mit dem Wasser von den Balkonen der Einheimischen, auf denen sich zahlreiche Fotografen und Kamerateams positioniert haben.

Das ist ein wunderschöner Kontrast: der knallblaue Himmel und die feuerroten Tomaten. Aber das kann doch nicht alles gewesen sein. Es wird immer enger und enger in der Gasse. Die Masse bewegt sich wie ein Blatt im Wind. Erst alle nach vorn, dann wieder zurück. Es ist überall glitschig vom Wasser. Wenn ich jetzt hinfalle, komme ich nie wieder hoch. Ich kralle mich am T-Shirt eines bulligen Kerls fest und die Euphorie schlägt in Angst um, denn automatisch kommt mir die Loveparade in den Sinn.

Bitte bleibt alle ruhig! Bitte! Es darf jetzt keiner durchdrehen. Sonst entwickelt sich daraus eine unkontrollierbare Kettenreaktion und keiner weiß mehr, was richtig und was falsch ist. Jeder möchte nur eins: überleben, koste es, was es wolle. Die Straße hier ist maximal zehn Meter breit und 40.000 Menschen wollen dabei sein. Es gibt absolut keine Chance, irgendwohin zu fliehen, falls etwas Unvorhergesehenes passiert. Man ist gefangen. Eingequetscht. Ich spüre ein Kameraobjektiv, das sich langsam immer tiefer in meinen Brustkorb bohrt und mir die Luft zum Atmen nimmt. Verdammt.

Dann sieht man den Grund für das Gedränge. Ein Lkw versucht, durch die schmale Gasse zu fahren. Oben auf dem Anhänger stehen lachende Menschen und schmeißen die Tomaten herunter. Der Wagen kommt kaum durch. Jeweils ein Meter

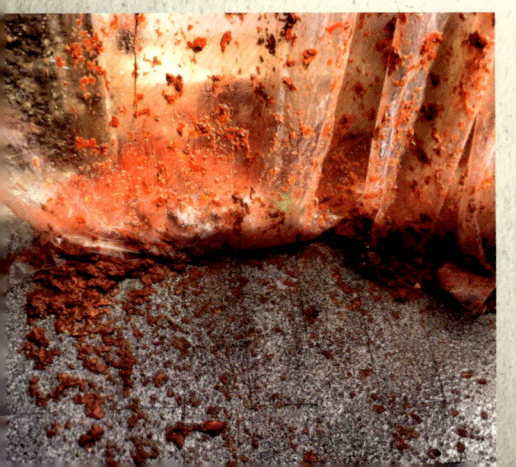

links und ein Meter rechts zur Hauswand ist Platz. Wo sollen denn die ganzen Menschen hin? Sicherheitskräfte drücken sie an die Hauswand, damit der Lkw durchfahren kann. Es ist irre, es ist total irre.

Ehe ich nachdenken kann, was ich jetzt tun soll, werde ich an die Seite gedrückt und der Laster fährt an mir vorbei. Meine Nasenspitze berührt den Wagen, meine Füße sind zehn Zentimeter von den Rädern entfernt. Zehn Zentimeter bin ich von einem 60 Tonnen schweren Gefährt entfernt, das meine Füße in Tomatenmark verwandeln kann. Wenn mich jetzt einer von hinten schubst und ich das Gleichgewicht verliere … Die Angst ist in Panik übergegangen. Ich habe aufgehört zu atmen. Ich stehe starr da, schaue mit weit aufgerissenen Augen auf den Boden und fange an zu flehen. Bitte, bitte, lieber Lkw, fahr nicht über meine Füße. Das erste Rad ist vorbei, das zweite auch. Es drückt jemand von hinten und ich knalle mit dem Kopf gegen den Laster. Nur nicht die Füße bewegen. Auf keinen Fall die Füße bewegen. Das dritte Rad ist vorbei und das vierte. Geschafft. Es ist vorbei. Geschafft. Der Lkw ist vorbei. Die Menschen stürmen in die Mitte der Straße.

Ich stehe wie angewurzelt da, immer noch auf den Boden starrend, bis mir eine Tomate direkt gegen die Wange fliegt und mich aus meinem Schockzustand holt. Ich fange an zu realisieren, was gerade um mich herum passiert. Das ist ein zum Himmel schreiender, verrückter Anblick. Es ist endlich Platz in der Gasse, der Lkw ist vorbei, die Tomaten fliegen, es geht los. Die Menschen bücken sich, sammeln Tomaten, schmeißen sie durch die Luft, zerdrücken sie auf Köpfen, stecken sie in Ausschnitte und bewerfen sich. Ich reibe mir kurz die schmerzende Wange. Da hat sich wieder ein Idiot nicht informiert. Bevor man die Tomaten wirft, soll man sie leicht anquetschen, damit sie nicht steinhart gegen den Körper prallen.

Es ist eine riesengroße Sauerei. Es ist der größte Spaß, den ich je gesehen habe. Diese Losgelöstheit der Menschen. Die kindliche Energie. Wahnsinn. Natürlich habe ich auch ein schlechtes Gewissen. 120 Tonnen Tomaten werden hier verschwendet und anderswo hungern die Menschen. Aber angeblich handelt es sich um eine Sorte, die man gar nicht essen kann.

Ich habe, glaube ich, auf keinem Festival so viele euphorische Gesichter auf einmal gesehen. Warum eigentlich?

Für die meisten steht ganz klar der Spaß im Vordergrund, alles Rationale ausschalten und etwas völlig Absurdes machen, gepaart mit der Neugier, wie La Tomatina wohl wirklich ist, nachdem man unzählige Bilder im Internet gesehen hat. Für einige hat die Essensschlacht aber noch etwas anderes Faszinierendes. Es ist der Kick, dass jeden Moment etwas passieren kann. Oder

der Kick, derjenige zu sein, der den Schinken berührt, egal, wie gefährlich es ist, da hochzuklettern. Ja, diesen Kick wollen einige. Ich kann gut darauf verzichten.

Es folgen noch drei weitere Lkws mit Tomaten. Diesmal drücke ich mich rechtzeitig gegen die Hauswand, um nicht in der ersten Reihe zu stehen. Lieber erdrückt werden, als vom Lkw überrollt. Es ist ein ständiger Wechsel zwischen der Panik, keine Luft mehr zu bekommen, weil es einfach zu viele Menschen sind, und Euphorie. Die gute Laune. Die Farben. Das Wetter. Das Wasser. Die Sonne. Spanien. Am Anfang hebt man nur einzelne Tomaten vom Boden auf. Allmählich wird alles weicher und irgendwann schmeißt man nur noch den Tomatenmatsch, der jede Ritze des Körpers erreicht. Der Saft läuft in die Schuhe, Tomatenstücke landen in der Ohrmuschel, die Kerne rutschen bis in die Unterhose.

Ich muss ganz kurz wieder an meinen kotzenden australischen Nachbarn denken und daran, dass sein Erbrochenes jetzt irgendwo zwischen den Tomaten durch die Gegend fliegt. Na, Mahlzeit! Aber auch irgendwie witzig. Zum Glück kommt immer wieder mal von oben ein Wasserstrahl, der einem den Tomatensaft vom Gesicht spült. Dann, nach 60 Minuten, knallt es erneut und die Erschöpfung setzt ein. All das Bücken und Werfen, das Spannunghalten, um nicht hinzufallen, macht sich bemerkbar. Gliederschmerzen. Die Tomatenschlacht ist vorbei und ich bin von Kopf bis Fuß einbalsamiert.

Keiner darf jetzt mehr werfen. Ehrenkodex. Das Wasser der Reinigungskräfte rinnt schon wenige Minuten später den Bordstein entlang und verbindet sich mit den Tomatenresten zu einer roten Suppe, die in die Kanallöcher läuft. Mit ihr schwimmen Hunderte Schuhe und zerrissene Kleidungsstücke. Die Bewohner von Buñol sind natürlich keine Anfänger mehr

und wissen, was sie zu tun haben. Viele Häuser wurden schon vor der Schlacht in Plastikfolie eingepackt, um sie danach schneller säubern zu können. Alle anderen Hausfassaden erinnern an den Metzelfilm *The Texas Chain Saw Massacre* und werden nun mit Hochdruckreinigern abgespritzt und mit Bürsten sauber geschrubbt.

Die Einheimischen duschen die Besucher mit ihren Gartenschläuchen ab und amüsieren sich dabei prächtig. Selbst die Sicherheitsleute kratzen letzte Tomatenreste von der Straße und hauen sie mir noch einmal liebevoll über den Schädel. Danke! Vielleicht freuen sich auch alle einfach nur riesig, weil ihr kleines Dorf dank La Tomatina mal eben an die 300.000 Euro eingenommen hat.

Ich bleibe noch ein bisschen in der Gasse stehen und schaue mich um, soweit ich überhaupt noch sehen kann. Die Tomatensäure reagiert ganz schön heftig mit meiner Bindehaut und ich sehe wie durch Milchglas. An einer Ecke steht eine ältere Dame in adrettem Hauskleid und mit Dauerwelle auf einem Hocker, um eine Tomate zwischen Regenrinne und Hauswand rauszupulen, und immer wieder sieht man verzweifelte Menschen, die in der Suppe rühren und ihr Handy, ihren Haustürschlüssel oder ihr zweites Paar Schuhe suchen. Während die meisten schon zu den öffentlichen Duschen oder den Anwohnern mit Gartenschläuchen strömen, blicke ich der roten Brühe hinterher, wie sie im Abwasserkanal verschwindet. Eine warme Zufriedenheit macht sich in mir breit.

Die Tomatenschlacht ist vorbei, aber die Party fängt jetzt erst richtig an. Überall im Dorf wird Musik gespielt, unter der Sprenkelanlage getanzt, spanischer Schinken gegessen und Sangria getrunken. »I know you got a good feeling«, plärrt Flo Rida aus den Boxen. Tanzen unter freiem Himmel bei 36 Grad in der Mittagssonne. Yes, I've got a good feeling!

»LETZTE REISE« – SPECTACULUM NOVUM CASTRUM

Christine, freust du dich auf dein nächstes Festival? – Gegenfrage: Was rülpset und furzet Ihr nicht, hat es Euch nicht geschmacket?

Liebes, kann ich Euch helfen?« Ein Typ in weißem Baumwollhemd, einer Lederschnürung am Ausschnitt und mit Filzmütze auf dem Kopf beugt sich zu mir herunter und schaut durch die Fensterscheibe. Ich bin an Pissau und Rötz vorbeigefahren, habe den Kfz-Friedhof passiert, ebenso die »Ferien auf den Bauernhof«-Plakate und das »Pferdefreundliche Gemeinde«-Schild mit einem braunen Gaul als Werbemodell. Nun bin ich im Zieldorf Neunburg vorm Wald.

»In unserm Dorfe steht Ihr verirret da«, meint der Filzhut und er hat recht.

»Können Sie mir vielleicht sagen, wo es zum Novum Castrum geht?«

»Holde Maid, Ihr müsst dem festen Pfade folgen, dann werdet Ihr finden die Hôchgezît.

»Wen?«

»Das rauschende Fest.«

»Aha. Vielen Dank, Knappe.«

Ich kurbele das Fenster wieder hoch und brause davon. Keine Ahnung, ob das ein Knappe war, aber das ist die einzige männliche altdeutsche Bezeichnung, die mir gerade spontan eingefallen ist. Ich parke mein blechernes Pferd um die Ecke und laufe die schmale Dorfgasse zur Burg hinauf. Nach ein paar Metern beginnt schon das bunte Markttreiben. Rustikale Stände, die mit Schaffellen verkleidet sind, reihen sich in der schmalen Gasse aneinander. Ich gehe in einen kleinen Hinterhof und sehe einen Grünstreifen, um den ein Zaun aus Seilen gespannt ist und an dessen Ende eine ramponierte Holztafel steht: »Hier könnt Ihr Eure Fertigkeit im Axtwerfen

prüfen, damit Ihr Euer Hab und Gut sowie Euer Weib, die Kinder und die Alten vor den Bösen schützen könnt. 3 Äxte werfen auf die Scheibe macht 1 Taler.« Ich hole meine Kamera raus und möchte zwecks Recherche ein Foto von dem so nett in altdeutscher Sprache verfassten Schild machen, als schon ein Gewandeter auf mich zukommt.

»Seid mir willkommen, reizende Jungfer. Lasset mich wissen, wie ich Euch helfen kann.«

Warum nennt der mich Jungfrau?

»Ich wollte mich nur einmal umschauen und dieses Schild fotografieren.«

»Ihr wollt miner geistig Eigentum mit Eurem magischen Seelenfänger lastern?«, fragt mich der Kerl.

»Ähm, ja. Ich würde gerne ein Foto machen.«

»Da müsst Ihr mir erst kundtun, warum Ihr das wünschet.«

»Ich recherchiere hier auf dem Mittelaltermarkt, um darüber zu schreiben.«

»Und dafür müsst Ihr mein Schildwort klauen.«

»Ich klaue nicht, ich fotografiere nur, um mich später an den Wortlaut zu erinnern. Und wenn ich ihn wiedergebe, dann in einem künstlerischen Kontext, sodass ich befugt bin, ihn zu verwenden. Ich kann Sie auch gerne als Quelle nennen.«

»Nun gut, hohe Vrouwe, weil Ihr ein Antlitz habt so voller Sueze, sullt ihr ein Abbild miner Schildwort han.«

Na, also. Wäre ja noch schöner gewesen, wenn ich mich mit einem Mittelaltermenschen über Copyright-Fragen hätte streiten müssen. Was Copyright wohl auf Altdeutsch heißen würde?

Der Gesell, Gewandete, Knappe, was auch immer, zeigt mir anschließend noch sein

Hab und Gut, das er zum Verkauf anbietet – Holzschwerter für die angehenden Knappen, Schmiedegeschmeide, Edelsteine, Schaffelle –, und während er das tut, regt er sich über die EU-Kommission auf, die ihm verbietet, weiterhin Tierdärme als Trinkgefäße zu verkaufen. Dann kommt auch schon die nächste Kundschaft, die er wohlwollend begrüßt: »So schauwet Euch vil rehte an, was ich Euch also bieten kann.« Ich verdünnisiere mich derweilen. Ich schlendere weiter zwischen den Marktständen entlang und muss nicht lange warten, bis sich ein weiterer Herr, in Schnabelschuhen, Pumphose und mit zweizipfeliger Mütze, um mein Wohlbefinden kümmert. Ich glaube, der ist ein Gaukler.

»Wie vermag es um Euch stân? Ob ich Euch wol helfen kan?«

»Danke, ganz gut. Und Ihnen?«

»Setzet Euch zu mir auf den Afterballen, accomodiert Euch und trinket einen Schluck mit mir.«

Ich ergattere den Platz neben dem Spanferkel, an dem es schön mollig warm ist.

»Was haben Sie denn so im Angebot?«, will ich wissen.

»Ein Dutzend Sorten feinsten Mets sowie allerlei anderer Gaumenfreuden. Bedürfet Ihr eines Rates?«

»Haben Sie vielleicht eine Karte?«

Der Gaukler reicht mir ein Stück Leder, auf dem das Getränkeangebot eingeprägt ist: Druidenwurz aus Kräutermet, Feengold aus Kiwi und Kaktusfeige, Koboldfeuer aus Wildrosenwein, dazu Pferdebuletten für 8 ½ Taler.

Ich entscheide mich für ein warmes Liebeselixier und hoffe, dass ich danach nicht gleich einem Knappen vor Geilheit um den Hals falle. Ich bezweifle es aber stark. Ehrlich gesagt, finde ich das hier alles ziemlich unsexy. Vor allem die Männer. Die Frauen sehen ganz nett aus in ihren langen Mittelalterkleidern und mit den geschnürten Dekolletés, die Brust optisch zwei Körbchen größer gedrückt. Dazu tragen die meisten eine Haube auf dem Kopf und haben schöne geflochtene Haare. Aber die Männer in ihren schwarzen Samtum-

hängen, den geschnürten Lederhosen und den Kettenhemden finde ich sehr fragwürdig. Aber lieber noch ein Kettenhemd am Leib als eine weiße Rüschenbluse.

»Habet Ihr Eure Wahl schon getroffen?«, fragt mich der Gaukler erneut. Ich dachte immer, Gaukler reißen nur Witze und bedienen nicht.

»Ja, das Liebeselixier, bitte.«

»Das ist uns leider ausgetrunken worden. Wünschet Ihr einen anderen Trunk?«

»Dann nehme ich den Hexenspritz.«

Zwei Minuten später steht ein braunes Tongefäß vor mir auf dem Holztisch mit einer roten Flüssigkeit darin. Ich hole mein Handy raus, um mir die Getränkebegriffe von der Lederkarte abzuschreiben. Erscheint mir zeitgemäßer und unproblematischer, als den Fotoapparat rauszuholen.

»Was tippt Ihr denn da in Euren sprechend Knochen?«, will der Gaukler wissen.

»Was ich gerade trinke.« Ich grinse ihn an. »Ich finde es amüsant, was man sich so für Namen ausdenkt für moderne Geräte und Getränke.«

Er grinst zurück.

»Sind Sie jedes Wochenende auf einem Mittelaltermarkt?«, will ich wissen.

»Ja. Das ist aber ein ganz kleiner hier. Nächste Woche ist im Fichtelgebirge Europas größtes Mittelalter-Festival. Da ist vom Glasbläser bis zur Laternenmacherei alles dabei.«

Oh, der Gaukler kann ja plötzlich zeitgenössisch reden. Ich glaube, er hat gemerkt, dass ich vorher nicht sonderlich beeindruckt war.

»Mal ganz ehrlich, warum dieses ganze Verkleiden und Altdeutschreden? Ist Ihnen das nicht auch manchmal zu doof?«

»Das ist unsere Show. Wenn man es mal genau nimmt, dann ist das hier nichts anderes als ein Karneval oder eine Motto-Party«, sagt der Gaukler ganz abgeklärt und nimmt dabei einen Schluck aus seinem Tonkrug. Er erzählt weiter, dass sich die unterschiedlichsten Leute an seinen Tisch setzen. Ärzte und Professoren genauso wie Bauarbeiter. Doch alle haben eine Gemeinsamkeit, sie wollen ein Wochenende

raus aus dem täglichen Trott. Manchen fällt es leichter abzuschalten, wenn sie sich verkleiden, Wein trinken, der Drachenblut heißt, und eine andere Sprache sprechen. Erwachsene können nicht mehr so schnell ihre Rollen wechseln. Je älter man wird, desto schwieriger ist das. Aber in ihrer Mittelalterkluft sind sie plötzlich wie ausgewechselt und bewegen sich ganz anders. Hier gibt es für jeden die passende Rolle: die des Burgfräuleins, das begehrt wird, des Gauklers, der unterhalten möchte, oder des Ritters, dem Ehrfurcht und Respekt gebühren. Das Mittelalter mit all seiner Einfachheit ist der perfekte Gegenpol zum sich heutzutage so rasend schnell verändernden Alltag. Damals gab es nicht den Satz: »Wenn man will, kann man alles.« Da wurde man als Bauer geboren und ist auch als Bauer gestorben. Und da war noch Zeit für Magie und Aberglauben.

Über die Missernten, Hungersnöte und Seuchen, die es auch gab, will in Neunburg vorm Wald keiner reden. Wahrscheinlich würde niemand, der hier ist, nur einen einzigen Tag im echten Mittelalter verbringen wollen. »Ich bin von Beruf Psychologe, deswegen verstehe ich ein bisschen, was hier passiert. Der eine geht ins Stadion zum Fußball, der andere zum Karneval, obwohl der Pech hat, weil es den nur einmal im Jahr gibt, und wieder ein anderer auf Mittelalter-Festivals, wo er sich als Gaukler verkleidet und Met verkauft.« Wir stoßen an, die Tonkrüge scheppern und der Hexenspritz läuft den Rachen hinunter. »Wünschet Ihr noch eine weitere Information, Weib?«, der Gaukler zieht die Augenbrauen hoch und schaut mich fragend an. »Nein. Aber vielen Dank.« Das war interessant. Ein Met verkaufender Gaukler, der die Leute im normalen Leben nicht an seinen Tisch, sondern auf seine Couch bittet.

Ich muss nun ins Dorf gehen, wenn ich bei einem Weltrekord dabei sein will. 40 Festivals in 40 Wochen und ein Weltrekord. Leider konnte ich so schnell nicht lernen, wie man brennende Pois kreisen lässt, sonst hätte ich nicht nur zuschauen, sondern auch mitmachen können. Pois sind Wurfwerkzeuge, die Akrobaten verwenden. Kurz nach 21 Uhr ist die Innenstadt für drei Minuten hell erleuchtet. Ameno Signum, ein Verein, will die größte Feuershow der Welt aufstellen und hat zu diesem Zweck in zwei Trainingseinheiten über 200 Teilnehmern den Umgang mit den Pois beigebracht. Der Rekord liegt bisher bei 117 Leuten. In Neunburg vorm Wald schwingen 250 Menschen drei Minuten lang brennende Pois und lassen sich das vom anwesenden Notar beglaubigen.

*

Nach diesem Spektakel steigt das Weib wieder in ihre modisch stinkende Kutsche und fährt davon, zurück ins 21. Jahrhundert. »Nebel und Rauch steigen auf von kalten Feldern. Aus der Ferne klingt Hörnerschall«, singen Ingrimm. Es ist gut, dass es die unterschiedlichsten Wege gibt, um abzuschalten und rauszukommen aus dem Alltag – aber ich bin dabei gerne noch ich selbst. Ich möchte weder 100 Gramm chemischen Scheiß in meinem Körper haben, noch ein wunderliches Wesen aus einer längst vergangenen Zeit sein. Vielleicht bin ich auch einfach zu emanzipiert, um eine Zeit gut zu finden, in der sich die Frau dem Mann unterwerfen musste und ihm von Geburt an unterlegen war.

Es ist schon seltsam, dass sich so viele von diesem schrecklichen Zeitalter unserer Geschichte begeistern lassen und es abfeiern. Ich glaube, ich werde nicht wieder auf ein Mittelalterfest fahren. Ich möchte auch nicht die Herrin des Hauses sein. Ich strebe lieber folgenden Titel an: Christine Neder, Zarin der Zelte.

»SLOW AND STEADY« – BERLIN FESTIVAL

Christine, freust du dich auf dein nächstes Festival? – Ja, endlich mal ein Flughafen, über den sich keiner beschwert.

Da bin ich, in meiner eigenen Welt, im 21. Jahrhundert. Ich wache in meinem eigenen Bett auf, gehe in mein eigenes Badezimmer, koche mir in meiner eigenen Küche einen Kaffee und bin dabei ganz eigen. 35. Festival – Berlin Festival. Heimspiel. Alles ganz wunderbar aber trotzdem so schwer. Es kostet die größte Überwindung, das eigene Bett zu verlassen und vom eigenen Küchentisch aufzustehen. Ja, das Bedürfnis, einfach mal drei Tage lang im Bett zu liegen, ist da und schreit immer lauter nach Erfüllung. Zum Glück bin ich verabredet, sonst wäre das heute ein wirklich blutrünstiger Kampf zwischen der Mission und dem inneren Schweinehund.

Dreimal umsteigen und 40 Minuten später stehe ich vor ihm. Majestätisch und prächtig ragt er aus der Erde. Der Flughafen Tempelhof, die jährliche Location für das Berlin Festival. An den ehemaligen Check-in-Schaltern sitzen Angestellte in süßen Steward- und Stewardessenoutfits, um die Tickets gegen Bänder zu tauschen. Nach dem Security-Check winkt einem ein Fluglotse mit Ohrenschutz, Warnweste und Leuchtstäben den Weg und dann ist man auch schon auf dem Festivalgelände.

Ich war schon zweimal beim Berlin Festival, 2011 und 2010, als ich gerade mitten in meinem *90 Nächte, 90 Betten*-Projekt steckte. Es nennt sich zwar Festival, aber es fühlt sich nicht so an. Es ist vielmehr eine große Party mitten in der Hauptstadt. Nach einer Runde über das bereits bekannte Terrain bin ich damit beschäftigt, Rede und Antwort zu stehen. Mein Projekt neigt sich dem Ende zu. Nachdem Simon mir für *DASDING.tv* eine Einführung in das Festivalleben gegeben hat, will nun Steffen für *in.puncto* wissen, wie es mir die letzten Wochen so ergangen ist.

Christine, heute ist das 35. Festival. Wie geht es dir körperlich und mental?

Heute war es wirklich schwer aufzustehen. Zum einen weil die ganze Zeremonie gefehlt hat, das Packen, Einkaufen gehen, Route berechnen, ein letztes Mal ordentlich duschen und rasieren und alles drum herum. Das gibt einem immer so einen Vorfreude-Adrenalin-Kick. Aber ansonsten geht es mir sehr gut! Mental noch besser als körperlich.

Was macht für dich die Faszination Festival aus?

Mich fasziniert am meisten der Mensch, wie er plötzlich tickt und funktioniert in einer Welt, die er sich teilweise selbst erschafft. Man trifft hier auf Gesellschaftsschichten, denen man im normalen Leben nicht so einfach begegnen würde. Obwohl alle so unterschiedlich sind, ist man doch eine große Familie, in der man akzeptiert wird, auch wenn man drei Tage lang nur im Campingstuhl sitzt und das Alphabet furzt. Mich fasziniert dieser Raum, in dem alle miteinander funktionieren. Mich fasziniert, wie sich Menschen verwandeln, wenn sie plötzlich machen können, was sie wollen, und mich fasziniert auch immer wieder die unglaubliche Kreativität, die bei Künstlern und Besuchern auf Festivals zum Vorschein kommt.

Worauf hast du heute als Erstes geachtet, als du auf das Gelände gekommen bist?

Als Erstes kommt immer der Klo-Check. Wo sind sie und wie lange brauch ich hin. Außerdem habe ich mir das Line-up besorgt und markiert, was ich hören will.

Miike Snow, Little Dragon, Sizarr, Tocotronic, Frittenbude, Bonaparte, Grimes ... Und dann habe ich noch geschaut, wo ein guter Treffpunkt ist, weil ich mich später noch mit Freunden treffe. Das ist das Tolle am Berlin Festival, alle gehen hin!

Wie hast du das alles organisiert und die einzelnen Festivals gefunden?

Das war ganz schön viel Arbeit. Ich habe erst einmal wild auf allen Festivalübersichtsseiten im Internet gesucht, was es so gibt und was mich interessiert. In Deutschland habe ich die Festivals dann direkt angeschrieben und gefragt, ob sie mich mit einem Ticket bei dem Projekt unterstützen. Wenn ich auf ein Festival im Ausland wollte, hatte ich PR-Agenturen, die mir geholfen haben. Einerseits mit Infos, welches Festival wann ist, aber auch mit Transferkosten und Übernachtungsmöglichkeiten. Ohne diese Hilfe hätte ich das finanziell nicht geschafft. Einen Sponsor habe ich leider nicht gefunden, weil mal wieder keiner daran geglaubt hat, dass ich das wirklich durchziehe.

Wie geht es deinem Rücken mittlerweile?

Besser als meiner Lunge.

Was war das Schockierendste, was du erlebt hast?

Ich habe mal einen echt fertigen Typen gesehen, der sich vollgeschissen und alle seine Körperfunktionen verloren hat. Das fand ich wirklich krass, wie man sich so zurichten kann. Daraufhin hab ich auf der Fusion das Drogenseminar von der Eclipse besucht, um zu lernen, wie man mit solchen Leuten umgeht. Die Eclipse ist eine

drogenakzeptierende Beratungsstelle vor Ort, zu der man hingehen kann mit seinen Tütchen und Pillen und die einen beraten, wie viel man wovon nehmen sollte, um eine bestimmte Wirkung zu bekommen. Das fand ich auch irgendwie krass. Ein Drogenscout hat uns beim Seminar die ganzen unterschiedlichen Drogen erklärt, stabile Seitenlage, Mund-zu-Mund-Beatmung und wie man mit dem trippenden Hans-Peter umgeht, der einen Badtrip auf LSD hat und überall Monster sieht.

Gab es eine Zeit, wo du nicht mehr konntest und aufgeben wolltest?

Letzte Woche hatte ich meine dritte Bronchitis. Da habe ich wirklich überlegt, ob es das immer wieder wert ist. So ein Zeltleben ist schon oft nass und kalt. Aber was soll ich sagen, ja, es ist es immer wieder wert. Gibt ja gute Sprays gegen den Husten.

Was war deine beste Erfahrung bis jetzt?

Ich tue mich ganz schwer mit den schlimmsten, verrücktesten, anstrengendsten und auch besten Erfahrungen. Es wäre traurig, wenn ich bei 40 Festivals nur die eine beste Erfahrung gehabt hätte. Es gab so viele, manchmal auch einfach nur kleine, wunderbare Momente, wenn man im Kornfeld stand und den krassesten Regenbogen seines Lebens gesehen hat. So ein Moment kann für einen wunderschön sein oder wenn man eine Gänsehaut vor der Bühne bekommt, weil der Song so grandios ist. Aber eine wunderbare Erfahrung, die ich bei fast jedem Festival gemacht habe – beim Feiern ist es egal, welcher Nationalität oder welcher sozialen Schicht man angehört.

Was war dein Festival-Schlüsselerlebnis?

Stell dich nie an den Rand eines Schlamm-Moshpits, weil du denkst, du kannst da mal kurz ein Erinnerungsfoto machen und unversehrt abhauen. Es wird einer kommen und dich reinschmeißen und dein Gesicht tief in den Schlamm drücken.

Auf welche Festivals würdest du wieder mal gehen – und auf welche garantiert nicht?

Punkrock ist gar nichts für mich. Metal zwar auch nicht, aber die Leute auf Wacken waren so nett und witzig, dass ich wieder hin würde, obwohl es für mich eine musikalische Qual ist. Ich würde auf viele Festivals wieder gehen, wenn ich mich jetzt auf drei beschränken müsste, was ich jetzt mal tue, weil ich sonst 20 aufzähle, wären es die Fusion, weil man einfach fünf Tage rumlaufen kann und immer wieder was Neues entdeckt und weil es das geilste Essen gibt – nur vegetarische Stände, ein Traum für mich. Dann würde ich wieder auf das Appletree Garden Festival, weil ich da die geilsten Bands entdeckt habe, die ich vorher gar nicht kannte. Und dann nach KaZantip und zum Sziget, aber auch zum Burg Herzberg und Musikschutzgebiet und zum Elderflower Fields Festival und zum Melt!, und am Strand von Miami Beach hat man es auch ausgehalten. Ach Mist, ich kann mich nicht auf drei beschränken.

Wenn du selbst ein Festival organisieren könntest, wie würde es aussehen?

Da habe ich richtig Bock drauf! Ich würde wahnsinnig gerne mein eigenes Festival organisieren. Es heißt dann »40

Festival« (englisch ausgesprochen), dauert 40 Stunden und hat 40 Überraschungen. Es wäre das Beste aus allen Festivals, die ich besucht habe. Ich habe schon mein Line-up im Kopf. Ich brauche nur noch einen Booker, die Location und jemanden, der mir ein bisschen Geld in die Hand drückt.

Was macht für dich das Festival-Feeling aus?

Es ist der Ausnahmezustand, eine Mischung aus Freude, Leichtigkeit, Freiheit und Scheiß-drauf-Gefühl. Ein Wochenende lang für keinen anderen funktionieren zu müssen, sondern nur für sich selbst. Es ist schön, das Wissen zu haben, dass es solche Orte noch gibt, und zu sehen, wie friedlich die Menschen doch miteinander leben können.

Dein Fazit zum Berlin Festival?

Es ist perfekt für Leute, die einfach nichts mit Zelten anfangen können. Ich bin überrascht, wie es in den letzten Jahren immer mehr zum Jahrmarkt mutiert. Kreative Köpfe können sich ihren eigenen, superindividuellen Jutebeutel bemalen, Gesichter schminken oder versuchen, ihre Beine in der megaengen Skinnyjeans möglichst weit zu spreizen, um den elektronischen Bullen zu reiten. Das mit dem Jahrmarkt ist nicht negativ gemeint. So kann man sich die Zeit vertreiben, wenn es regnet oder man gerade keine Lust auf die Band hat. Für ein Stadtfestival hat es auch einfach eine endgeile Location und die Leute sind wirklich wegen der Musik hier.

Was ist der schönste Moment auf einem Festival?

Wenn die Sonne aufgeht. Wenn man kaum noch stehen kann, tausend Blasen an den Füßen und dazu Rückenschmerzen hat, aber es so geil ist, die Musik, die Stimmung, die Farbe des Himmels, dass man einfach nicht gehen kann. Eher bricht man auf der Tanzfläche zusammen. Diese völlige Kraftlosigkeit und Müdigkeit macht einen auch irgendwie schwerelos.

Gibt es Erfahrungen, die du in deinem weiteren Leben auf keinen Fall mehr missen möchtest?

Wie sich echte Freunde anfühlen.

Die Frage kann ich dir nicht ersparen: Welche drei Sachen gehören unbedingt mit auf ein Festival?

Ein Buch. Nicht nur zum Lesen. Man kann es in Kombination mit einem Taschentuchpaket zum Kissen umfunktionieren oder unerwarteten Krabbeltier-Besuch damit töten oder sich vor der Bühne draufsetzen. Ein Haargummi, es gibt fast nichts Unangenehmeres, als seine Haare aus einer fremden Zahnspange zu pulen. Einen Push-up! Schützt das weiche Gewebe, kann man aber auch Nudeln draus essen. Und natürlich die Küchenrolle.

Noch fünf Festivals und dann?

Dann mach ich mir gemütlich eine Dose Bier auf, setze mich auf meinen Campingstuhl und schaue, was so vorbeiläuft. Und wenn mir was gefällt, stehe ich auf und laufe mit. »I move slow and steady.« Ich muss jetzt los, mir Of Monsters and Men anschauen. Die habe ich mir auch markiert. War schön mit euch. Tschüssi, bis zum nächsten Mal.

»IN LOVING MEMORY« – ELECTRONIC BEATS

Christine, freust du dich auf dein nächstes Festival? – Christine?

Es ist meins. Ganz allein meins! Ohne Kamera, ohne Notizbuch, ohne Beobachten, ohne alles. Nur ich. Ich, mein Puls und die Beats. Meine Kür heute, dass ich einfach nur da bin, ohne zu denken, ganz ohne einen Schluss zu ziehen. Menschen Menschen sein lassen.

Was kommt beim Denken schon groß raus? Immer das Gleiche: Wir wollen leer sein. Mein Herzschlag fährt zu Nicolas Jaar auf 60 bpm runter. Mein Kopf wird schwer. Das tut gut. Endlich Ruhe da oben. Körper und Geist schwerelos. Ich schwebe. Mit jedem Lied lässt die Erdanziehung ein Stück nach. Langsam und sanft werde ich von den Druckwellen aus den Verstärkern hin und her geschoben, wie ein Stück Holz im Wasser. Hände hoch. Untergehen. Nächster Act Modeselektor. Blickkontakt zu den anderen. Ja, findet ihr das auch? Ich lache. Fantastische Wellen, die uns treiben, die uns runterziehen und wieder ausspucken. Alles super so. Bestens! Völlig versunken schwerelos vor sich hin schweben. Nichts denken. Nie mehr denken. Hohl wie Holz sein. Wie schön. Ich habe es geschafft. Ich bin leer.

»ALWAYS LOOK ON THE BRIGHT SIDE OF LIFE« – ZERMATT FESTIVAL

Christine, freust du dich auf dein nächstes Festival? – Ja, jeder verdient eine zweite Chance!

Ich musste einfach noch einmal hierherkommen, schon allein für den optischen Orgasmus, den man hier jedes Mal beim Anblick der Bergkulisse mit Matterhorn bekommt. Das sieht so wunderwunderschön aus. Außerdem hat jeder eine zweite Chance verdient, auch ein Dorf.

Am Freitagmittag fliege ich also von Budapest über Berlin nach Zürich. Recht entspannt, aber dennoch mit einem leichten Kater, was irgendwie dazugehört, wenn man den Tag davor feiern war. Zu dem Kater gibt es noch einen unstillbaren Brand. Dagegen hilft keine Flüssigkeit der Welt, sondern nur Eis. Vanilleeis mit Schokosauce, das ich mir gleich nach der Ankunft in Zürich gönne. Heute nimmt mich leider keine Band im Tourbus mit, sondern ich muss mich ganz allein mit dem Zug auf den Weg nach Zermatt machen.

Doch dann passiert es wieder. Déjà-vu. Meine Knie werden weich, mein Herz rast vor Aufregung und mein Kopf spult in der Endlosschleife den immer gleichen Satz ab: »Das kann doch nicht wahr sein!? Das kann doch nicht wahr sein!? Das kann doch nicht wahr sein!?« Da steh ich wieder. Ich stehe vor dem trostlosen, grauen Fließband und warte auf meinen roten Koffer. Er kommt nicht. Ich nehme es gelassen. »Some things in life are bad. They can really make you mad«, sang schon Monty Pythons Jesus am Kreuz und den hat es wirklich schlimmer getroffen.

Nicht nur hat jeder eine zweite Chance verdient, sondern es sind auch aller guten Dinge drei. Ich hoffe, auch aller schlechten Dinge sind drei und das Ganze hat endlich ein Ende! Als ich gegen Mitternacht, bekleidet mit einem leichten Strickjäckchen, aus dem Zug steige und mir die Zermatter Luft mit Temperaturen um den Gefrierpunkt entgegenschlägt, ist es aber doch schnell dahin mit meiner Gelassenheit.

*

Ich habe dieses Mal meine Schwester mitnehmen können, da ich eine Einladung für zwei Personen hatte. Mein Bruder durfte mit mir beim Burg Herzberg durch den Schlamm waten, meine Schwester darf mit mir klassische Musik hören. Das passt, davon hat sie nämlich genausowenig Ahnung wie ich. So ein Tag auf einem Klassik-Festival fängt ganz nach meinem Geschmack an.

Erst einmal wird gemütlich im Warmen und Trockenen ausgiebig gefrühstückt, danach versuchen wir, mich für unter 300 Euro den Temperaturen entsprechend neu einzukleiden, und verbringen den Tag auf 2.200 Metern Höhe mit Rivella und Hobelkäse. Für den anstehenden Konzertabend wollte ich mir eigentlich genug Zeit für ein ausführliches, angemessenes Styling nehmen. Nach Monaten des gammligen Dahinvegetierens, in denen ich mich vor jedem Festival beim Kofferpacken gefragt habe, auf welches Kleidungsstück ich am ehesten verzichten kann, wenn es kaputtgeht (und es sind sehr, sehr viele kaputtgegangen), hätte ich hier endlich wieder die Chance gehabt, hohe Schuhe und ein hübsches Kleid zu tragen.

Das Vorhaben ist mit dem Koffer im unendlichen Universum des Luftraums verschwunden. So trage ich Jeans und gehe zur Konzertvorbesprechung, um wenigstens gut vorbereitet zu sein – wenn ich schon optisch keine Chance mehr habe, ein Klassiker zu sein, so soll nicht auch noch mein völliges Unwissen das allgemeine Niveau senken. Während ein junger Mann mit schweizerisch-französischem Akzent versucht, den Zuhörern die Tanzsuite des 18. Jahrhunderts näher zu bringen, schaue ich mir die Leute an. Durchschnittsalter des Publikums: 50 aufwärts. Die Männer tragen Anzughose mit Hemd, manch einer hat eine Weste darüber, die Frauen tragen Blazer und Bundfaltenhosen oder lange Röcke. Tweed, Samt und Seide regieren. Dazu eine Tigerbrosche über der Brust oder einen Haarreif auf dem Kopf. Ich hätte mir den Dresscode spießiger vorgestellt, alles ganz in Schwarz und zugeknöpft bis zum Hals. Deshalb bin ich angenehm überrascht, dass es ein »Casual Concert« ist und ich mit meiner dunklen Jeans, die ich schon seit 48 Stunden anhabe, nicht weiter auffalle. Tolerante Festivalwelt, auch hier in Zermatt.

Nach der Konzertbesprechung, die ich persönlich sehr unterhaltsam fand, weil sie durch ein monotones Schnarchen aus der ersten Reihe begleitet wurde, das die Besucher empört tuscheln und mich fast vor Lachen platzen ließ, laufen wir zur Dorfkirche, in der das Konzert selbst stattfindet. Erste Regel eingehalten. Wir sind pünktlich, wenn nicht sogar überpünktlich, und haben noch genug Zeit, uns umzuschauen. Heute hören wir Jo-

hann Sebastian Bach mit seiner Kantate *Ich habe genug* BWV 82, aufgeführt vom Scharoun Ensemble Berlin gemeinsam mit dem klassischen Nachwuchs, dem Zermatt Festival Orchestra. Jedes Jahr im September kommt das Berliner Kammermusik-Ensemble für zwei Wochen in das wunderschöne Zermatt und arbeitet mit den begabtesten Musikstudenten aus der ganzen Welt zusammen.

Über 150 Studenten haben sich beworben, 33 wurden ausgewählt, aus 17 verschiedenen Ländern sind sie angereist und doch sprechen sie alle die gleiche Sprache – die der Musik. Wir sitzen in der kleinen Kapelle und ich fühle mich bereit. Handy ist aus, Kaugummi entsorgt, Fotoapparat weggepackt. Vorab habe ich mir ein paar Konzert-Benimmregeln durchgelesen. Unbedingt zu vermeiden ist Folgendes: Flatulenz durch den übermäßigen Genuss von Bohnen und Kohl, Nahrungsaufnahme während des Konzertes, Geräuscherzeuger in Form von Hund, Baby oder Handy, stechende Gase aus dem Mundraum, verursacht durch Tzazki oder Knoblauchbrot, dem Nachbarn zuliebe, Seitenblicke – die fallen auf und zeigen Desinteresse, also möglichst immer nach vorne schauen, Vollrausch, weil man in die Gefahr kommt, einzuschlafen und dabei Geräusche zu erzeugen, Mitbringen von Genussmitteln – Chipstüte und Dosenbier finden keinen Anklang beim Publikum, der Gang aufs Klo – lieber halb verdursten, als sich durch die engen Sitzreihen rausdrängeln zu müssen. Zwar gibt es meistens eine Pause zwischen

den Stücken, doch dann wollen alle Damen sich erleichtern und bei einem großen Konzertsaal können das gerne mal tausend Frauen sein. Eintausend Frauen auf sechs Damenklos in 20 Minuten. Dann hätte jede Frau 7,2 Sekunden. ERROR! ERROR!

Der Beifall ist durch ein striktes, aber einfaches Applausregime geregelt: nur klatschen, wenn alle anderen klatschen. Beifall gibt es nur nach dem ganzen Stück und nicht nach jedem Satz. Natürlich hat man als Laie keinen blassen Schimmer, wann ein Satz oder das Stück zu Ende ist. Deswegen orientiert man sich einfach an dem erfahrenen Publikum. Sobald diese zucken, sollte man seine eigenen Hände in Klatschbereitschaft halten. Und dann auch bitte den letzten Ton vollständig verklingen lassen, aber diesen sensiblen Einsatz überlässt man sowieso, wie bereits gesagt, dem ansässigen Klassik-Profi.

Grundsätzlich gilt: Beweg dich nicht und gib ja keinen Mucks von dir, sei ein Nichts oder höchstens nur Ohr, das reicht als Benimm völlig. Wenn man sich danach mit Kennern unterhalten und irgendetwas Intelligentes fragen möchte, eignet sich folgender Satz immer sehr gut: »Wie fanden Sie diesen absolut wunderbaren Trugschluss gegen Ende der Exposition?«
Es geht los. Die Musiker betreten mit ihren Instrumenten die Bühne. Die erste halbe Stunde beobachte ich den Ersten Geiger. Er wippt mit dem Oberkörper im Schwung der Melodie dynamisch nach vorne und hinten, links und rechts, als hätte er Hummeln im Rücken. Die Klarinettisten laufen knallrot an, auf ihrer Stirn bilden sich Schweißtropfen vom heftigen Blasen und die jungen Cellospielerinnen sehen aus wie kleine Elfen – wunderschöne filigrane Wesen mit zarten Locken und elfenbeinfarbener Haut.

Dann schwenkt meine Aufmerksamkeit zu den Besuchern, die entweder gebannt auf die Bühne schauen und dabei den Kopf leicht schräg halten, im Takt mitnicken oder die Augen geschlossen haben und selig lächeln. Ich finde das wirklich rührend, wie die Besucher hier in Stille und Andacht aufblühen. Ohne Alkohol, ohne rumzuschreien oder sich in irgendeiner Art zu bewegen. Hier feiert man auch, aber anders. Kultiviert und besinnlich. Irgendwie in sich gekehrt, ohne große Gefühlsausbrüche nach außen (aber gehören gerade diese nicht zu einem Festival dazu?).

Ich finde das sehr nett. Ich mag das. Man kann bequem sitzen und zuhören, sich wirklich auf das Hören von Musik konzentrieren, den Takt mitzählen und fachsimpeln, ob das jetzt Dur oder Moll ist. Nachdem es nichts mehr zum Gucken gibt, schließe auch ich die Augen, versuche, das Fagott herauszuhören, mache mir eine geistige To-do-Liste für morgen, überlege, ob ich später lieber Raclette oder Käsefondue essen soll, und denke darüber nach, wie ich jetzt eigentlich wieder an meinen Koffer komme.

Einige Zeit später, wie lange ich dagesessen und nachgedacht habe, weiß ich gar nicht, werde ich aus meiner kleinen Gedankenwelt gerissen. Die Zuschauer neben und vor mir stehen mittlerweile alle und ich hüpfe auch schnell hoch. Sie klatschen euphorisch in die Hände und lachen wie kleine Honigkuchenpferde. Dabei rufen sie: »Bravo! Bravo!«

Da ist er doch noch – der Gefühlsausbruch, das richtige Festival-Feeling. Glühende Gesichter und kleine Funken, die aus den Augen springen. Ja, das gehört einfach zu einem Festival. Ich wäre enttäuscht gewesen, wenn es das bei der klassischen Musik nicht gibt. Aber bitte Contenance bewahren und nicht auf die Idee kommen zu pfeifen. Ich habe festgestellt, das schickt sich nicht …

OFF-VENUE: MÜNCHEN-HAUPTBAHNHOF

Hektisches Gewusel. Koffer klappern, Menschen plappern und Lautsprecher schreien irgendwelche Infos durch das Gebäude. Alles ist in Bewegung. Nur ich stehe still vor der digitalen Anzeige am Berliner Ostbahnhof. In der rechten Hand den Griff meines Koffers, über der Schulter meine Kameratasche und hinten drauf meinen Rucksack. Um 11.29 Uhr geht mein Zug nach Zell am See.

38. Festival – das Käsefestival in Kaprun. Fahrzeit: zehn Stunden und 18 Minuten inklusive dreimal umsteigen. Vom Ostbahnhof fahre ich nach Nürnberg und weiter nach München. In München muss ich von Gleis 22 auf 13, um den Zug nach Schwarzach-St. Veit zu bekommen, wo ich ein letztes Mal umsteigen muss. Nach sieben Stunden erreiche ich München. Ich gehe aber nicht zum Gleis 13. Ich gehe zur S-Bahn-Station, um zum Marienplatz zu fahren. Dort nehme ich die U-Bahn zur Giselastraße. Drei Minuten laufe ich, 3.000 Mal schlägt mein Herz und dann liege ich drei Tage lang in Pauls Armen.

»BAYERN DES SAMMA MIA. JAWOI!« – VIEHSCHEID

Christine, freust du dich auf dein nächstes Festival? – Ich will heiße Oben-ohne-Hirten!

Du musst dir das wie im Kindergarten vorstellen. Da bekommt die Kindergärtnerin eine Gruppe Kinder, auf die sie aufpassen muss, und die sie irgendwann wieder heil den Eltern übergeben soll. So ist das auch mit dem Hirten. Der bekommt eine Gruppe Rinder, auf die er hundert Tage lang auf der Alp aufpassen muss, und dann bringt er sie wieder runter und übergibt sie ihren Besitzern«, erklärt mir Andrea, meine Kindergärtnerin vom Tourismusverband, die mich heute an der Hand nimmt und mir den Viehscheid zeigt.

Es ist kurz nach neun und die erste Gruppe Rinder trifft in Thalkirchdorf ein. Vorneweg läuft der Hirte mit der Kranzkuh. So viel weiß ich schon: Wenn die erste Kuh mit einem Blumenkranz geschmückt ist, dann ist während des Sommers kein Herdentier gestorben. Die zwei sind ein so schöner Anblick, dass meine Augen vor Freude ganz feucht werden. Das Tier trägt ein wunderschönes Gesteck aus Disteln und Hagebutten, das sich von den Augen bis zum Maul schlängelt. Ruhig und gelassen trottet es an der Leine neben dem Hirten in Lederhosen her und scheißt alle zehn Meter ziemlich wässrig auf die Straße.

Das kann ich nachvollziehen. Die Kuh hat mein größtes Verständnis. Das ist bestimmt alles furchtbar aufregend für sie. Nach hundert Tagen auf der Alp muss die Gute erst stundenlang mit einer fünf Kilo schweren Glocke um den Hals durch Wälder und über Wiesen laufen, dann kommt sie an und muss an etwa 10.000 Menschen vorbei, die links und rechts am Wegrand stehen und am liebsten alle ein Foto mit ihr möchten. Da hätte ich auch Durchfall vor Aufregung. Hinter der Kranzkuh kommt der Rest der Herde mit weiteren jungen Burschen in Lederhosen und ab und zu auch einer Frau im Dirndl.

Ein bisschen nervös bin ich auch. Ich weiß nämlich gar nicht, wie ich mir das vorstellen soll. Natürlich habe ich vorher ein bisschen recherchiert. Das Einzige, was hängen geblieben ist, sind die Bilder von einem halb nackten, muskulösen Hirten, der sein Vieh einen Abhang hinuntertreibt und dabei ziemlich gut aussieht.

Jetzt bin ich schon ein bisschen enttäuscht, dass alle angezogen sind. Trotzdem sehen sie fesch aus, die kurzen Lederhosen und die Träger mit der Edelweiß-Stickerei. Eigentlich wollte ich schon letztes Wochenende hier sein, um den Oberstaufener Viehscheid mitzuerleben, aber das hat nicht in meinen Festivalplan gepasst. Da im September aber fast jede Woche irgendwo das Jungvieh abgetrieben wird, habe ich eben den Thaler Viehscheid genommen. Nach den ganzen Geschichten über Oberstaufen bin ich fast froh, dass es nicht geklappt hat. Dort sieht man pinkfarbene Lacklederdirndl zu aufgespritzten Lippen, die an Aperol-Spritz-Gläsern schlürfen, und Männer, die nie eine Kuh zu Gesicht bekommen haben, dafür aber den Inhalt von acht Maßkrügen. Akustisch untermalt wird das Ganze vom Dauersound der Sirenen, da im Zehn-Minuten-Takt der Krankenwagen vorfährt und die Alkoholleichen abtransportiert. »Da laufen mehr zweibeinige Rindviecher als echte rum«, bestätigt mir Andrea. In Thalkirchdorf ist alles ruhiger und traditioneller.

»Haben die Hirten eigentlich immer die gleichen Kühe?«, frage ich Andrea.

»Nein, das ist auch wieder wie im Kindergarten. Da kommen jüngere Kinder dazu und ältere gehen und wenn du den Arbeitsplatz wechselst, dann hast du wieder ganz neue Kinder.«

Alle 15 Minuten kommt eine neue Alp auf dem Scheidplatz an. Mal mit 35, mal mit 100 Rindern, mal haben sie 45 Minuten Fußmarsch hinter sich, mal acht Stunden. Jedes Mal rollen große Viehtransporter und kleine Pferdeanhänger hinterher. Die Rinder werden dann in Weideboxen getrieben, vom Hirten und der Herde geschieden – deshalb auch »Viehscheid« und »Scheidplatz« –, und dem Besitzer übergeben. Der Besitzer bekommt sein Jungvieh und der Hirte sein Fest. Sigbert, ein kräftiger Mann mit orangefarbener Trachtenweste und nach oben gebogenem Schnauzer ist ein Arbeitskollege von Andrea und selbst Alpbesitzer, er moderiert das Event.

»Alpe Kuhschwand is im Onmarsch«, kündigt er durch sein mobiles Mikrofon an. Ein Gewusel und Gerenne. Kühe, Menschen, Transporter, dazwischen kleine Yorkshire Terrier. Und dann stehe ich plötzlich neben dem Herrn Bürgermeister und darf ihn mit Fragen löchern. Der Herr Bürgermeister sieht sehr nett aus, hat graue Haare, einen Schnauzer, wie jeder zweite hier, und trägt natürlich eine Tracht. Seit 40 Jahren ist er jedes Jahr auf einem Viehscheid und kennt sich bestens aus.

»Ich kann mich noch gut an meine erste in Thalkirchdorf erinnern«, sagt er. »Vor 28 Jahren, da saßen wir noch im Freien und konnten nicht einmal Bier trinken, weil es so kalt war. Da gingen nur Schnäpse runter. Das war noch richtig gemütlich. Aber jetzt ist es auch schön, weil immer mehr Leute kommen, da macht das den Hirten auch mehr Spaß.«

Damit das Ganze nicht ausartet, mit ersten Alkoholleichen um 10 Uhr morgens, läuft erst mal keine Schunkelmusik im Festzelt. Neben zahlreichen Touristen kommt das gesamte Dorf, Schulklassen mit selbstgebastelten Schildern, auf denen »Alp 4a« steht, Kuhbesitzer, Alpbesitzer

und Altbauern, die jetzt sicher gerade an ihre eigenen Almabtriebe zurückdenken. Ich blicke lieber in die Zukunft. Ob das etwas für mich wäre? Hundert Tage auf der Alp? Hört sich eigentlich ziemlich verführerisch an. Kühe hüten, Käse produzieren, Wanderer bewirten. Das sollte ich vielleicht nach der Karriere als Hutdesignerin als Plan C auf meine Karriereliste schreiben: Hirtin. Aber nur auf einer Alp mit Hot Spot.

Gegen 11 Uhr hat sich das Treiben etwas gelegt. Viele sitzen schon im Festzelt, wo die Musikkapelle Thalkirchdorf »Bayern des samma mia. Bayern und des bayerische Bier!« von Haindling spielt. Bei der Bühne hängen elf Kränze und darüber zwölf Schellen. Mittags ist die Schellenverlosung. Jeder Hirte darf sich eine aussuchen und mit nach Hause nehmen, zusammen mit dem Kranz seiner Kuh. Nur ein Hirte geht ohne Kranz nach Hause, weil ein Rind zwischen zwei Bäumen hängen geblieben ist und sich das Genick gebrochen hat.

Inoffiziell wird außerdem der Hirte mit dem schönsten Hunderttagebart gekürt.

Ich sitze mit Andrea, dem Herrn Bürgermeister und dem Landrat am Tisch und fühle mich ein bisschen wie beim *Bullen von Tölz*. Während ich mit einem Auge die Ankunft der letzten Alp auf der Videoeinwand verfolge, poste ich das Bild von mir und der Kranzkuh, das ich vorhin machen durfte. Ich bin wirklich begeistert. Videoübertragung, WLAN im Festzelt und dann fragt mich auch schon Oberstaufen über Twitter, wie mir der Scheid gefällt. Lederhose und Laptop passen wirklich gut zusammen. Dann gibt es vielleicht auch eine Alp mit Hotspot?

»Magste a was?«, fragt mich der Herr Bürgermeister und hält mir ein Kästchen hin.

»Ist das Schnupftabak?«

»Ja.«

Der Herr Bürgermeister reicht das Kästchen seinem Nachbarn, der sich den ganzen Unterarm mit dem braunen Pulver einpudert und kräftig daran schnüffelt.

»Ich dachte immer, Schnupftabak sei weiß«, sage ich zum Herrn Bürgermeister.

Er lacht. »Was du meinst, ist Koks.« Er nimmt meine linke Hand und platziert ein

erbsengroßes Häufchen auf meinem Daumenansatz. Auf dem Oktoberfest war der wirklich immer weiß, der Schnupftabak alias Wiesnkoks.

»Das ist mit Menthol und macht den Kopf frei«, verspricht mir der Herr Bürgermeister.

Oh ja, das bläst alles einmal schön durch. Ein bisschen merkt man aber schon, dass man auf dem Dorf ist. Die Leute vom Nachbartisch mustern mich nicht sehr unauffällig. Was ist das für eine, mit den komischen Fetzen am Arm, die mit dem Bürgermeister schnupft und nicht einmal ein Dirndl trägt?

Um zwölf muss ich das Zelt kurz verlassen, weil ich ein Date mit Rainer vom Lifestyle-Magazin *SCENE Oberstaufen* habe. Themengebiete: Golf, Events und Horoskope. Leserschaft: Alle Feriengäste, die Geld nach Oberstaufen bringen. Rainer mit der rauchigen Stimme weiß bestens Bescheid, wer mit wem in Bubi's Bar feiert, was im Ponyhof, der Edeldisco in den Bergen, abgeht und wer gerade welches Handicap beim Golfen hat.

Als ich um 13 Uhr wieder ins Zelt komme, stehen die Ersten auf den Bierbänken und fast alle reservierten Plätze für die Hirten und die Alp sind besetzt. Wer unter den ganzen Männern nun Hirte ist, kann man nicht mehr sagen, das erkennt man höchstens noch an der Länge der Bärte. Ich ziehe noch eine Schnupftabak-Line, während der Landrat die Blaskapelle dirigiert und der Herr Bürgermeister Posaune spielt.

Und dann erkenne ich ihn, obwohl er angezogen ist: den ABSOLUT-Hirten aus dem Internet. Ich möchte mich am liebsten sofort neben ihn setzen und ihn fragen, wie es ihm nun geht, zurück in der Zivilisation nach hundert Tagen Einsamkeit. Aber dann lasse ich es doch lieber bleiben. Er schaut etwas verstört in die Gegend, kaut an seiner Schinken-Käse-Seele rum und trinkt brav sein Bier. Heute geht es ihm bestimmt wie der Kranzkuh. Er muss erst einmal auf die ganzen Menschen um sich herum klarkommen. Da will ich ihn nicht auch noch belagern. Ich wünsche ihm nur, dass er nicht vor Aufregung den gleichen schrecklichen Durchfall bekommt wie seine Kranzkuh.

»HEUT IST SO EIN SCHÖNER TAG, LA-LA-LA-LA-LA« – OKTOBERFEST

Christine, freust du dich auf dein nächstes Festival? – Dirndl ist schon eingepackt und kommt mit über den Teich!

Das ist total absurd. Ich sitze zehn Stunden im Flugzeug, bin 7.700 Kilometer von München entfernt in einem anderen Land auf einem anderen Kontinent – und sehe genau das Gleiche. Die Straßen haben Namen wie »Tannenweg« oder »Edelweißgasse« und sind gesäumt von Fachwerkhäusern mit Dreiecksgiebeln und Türmchen auf dem Dach, überall hängen blauweiße Flaggen, es gibt Souvenir-Shops mit Maßkrügen und aus jedem Lautsprecher kommt Blasmusik.

Ich bin in Helen, Georgia, in den Vereinigten Staaten von Amerika. Ich wollte mal ein anderes Oktoberfest sehen, nicht immer nur das Schützenzelt und die Ochsenbraterei in München, und dachte mir, um es trotzdem so authentisch wie möglich zu erleben, weil ich das Original ja schon sehr gerne mag, muss ich in ein Dorf, das bayerisch aussieht. Am Strand von Miami Beach wäre ich definitiv nicht in Wiesnstimmung. Auch nicht in New York oder Los Angeles. Aber hier in Helen sieht auf den ersten Blick alles aus wie in Bayern. Helen war ursprünglich ein ganz normales Dorf, bekannt für seine Orbit-

Kaugummi-Manufaktur, aber sonst nur ein Ort, durch den man durchgefahren ist, um zum eigentlichen Ziel zu kommen – den Bergen. 1968 überlegten die Anwohner, was Helen attraktiver machen könnte.

Der Maler John Kollock hatte seine Militärzeit in Bayern verbracht und warf die Idee in den Raum, den Gebäuden passend zu den Bergen einen alpinen Look zu verleihen. Ein Jahr später setzte man Kollocks Idee um, baute Giebel auf die Dächer, bemalte die Häuser mit Bergkulissen und eröffnete besondere Geschäfte und Galerien. Die Anziehungskraft der Berge sollte so auf das Dorf abstrahlen, die Leute angeregt werden, in Helen zu verweilen, statt nur durchzufahren.

Der Plan funktionierte. Mittlerweile kommen jedes Jahr rund 1,2 Millionen Besucher. Neben Fachwerkhäusern, einem Hofbräuhaus und einer Almkapelle, in der man sich trauen lassen kann, braucht ein quasi-bayerisches Dorf auch ein zünftiges Oktoberfest. Und das Oktoberfest in Helen ist nicht nur das längste, sondern laut *ABC News* auch eines der acht besten der USA.

Ich schmeiße mich also in mein Dirndl und drehe eine Runde durch das Dorf, bevor ich zum Festsaal gehe. Anders als in München öffnen die Zelte nicht schon früh, sondern erst um 18 Uhr. Ich schaue

mich in der *Bergland* Shopping Mall um, werfe einen Blick in die *Hansel & Gretel Candy Kitchen*, wundere mich, was ein Holländischer Importladen für Windmühlen in einem alpinen Dorf zu suchen hat, und lege einen kurzen Stopp bei Hofer's Bakery – »German Food« – ein.

Ich finde es nicht nur unglaublich interessant, wie Reiseführer ausländischen Touristen Deutschland erklären, sondern auch, was man im Ausland als deutsche Spezialitäten anpreist: Pumpernickel, russisches Brot, Schokolade von Milka und Ritter Sport, Maggi aus der Flasche, Knödel aus der Packung, Tchibo-Kaffee, süßen Senf und Currywurst als Saucenmischung. An der Wursttheke gibt es frische Gelbwurst, auf der Kuchentheke steht eine monströse fünfstöckige Schwarzwälder Kirschtorte. Was ich dagegen gar nicht begreife: Warum liegt im Regal »Schlumpfsuppe«?

Nach dem Lebensmittelgeschäft will ich auch wissen, was man in den ganzen Souvenir-Shops bekommt. Da tummeln sich Räuchermännchen aus dem Erzgebirge neben German-Polka-Party-CDs. Von einem Porzellanteller lächelt mir Prinzessin Diana entgegen. Was hat Lady Di mit Deutschland zu tun? Dazu liegen gehäkelte Tischdecken aus und Kuckucksuhren hängen an der Wand. Neben Lederhosen sind die hier der größte Verkaufsschlager. 21 Stück werden im Durchschnitt in einer Oktoberfestwoche verkauft, jeweils für einen Preis zwischen 400 und 4.000 Dollar, erzählt mir der Verkäufer. Am liebsten würde ich in dem Laden bleiben, da passe ich rein, da fühle ich mich wohl. In das Dorf passe ich auch, rein optisch. Trotzdem schauen mich die Leute wegen meines Dirndls wie ein kleines Zootier an und wollen Fotos mit mir machen. Fehlt nur noch, dass sie mich mit Sauerkraut füttern. Vielleicht denken

sie auch, ich mache das beruflich. So wie in Disneyland Micky Maus rumläuft, hat Helen sich seine eigene Dirndlfrau geholt. Ich sollte mir ein Schild umhängen, »Photo 1$«, dann könnte das noch ein ertragreicher Nachmittag für mich werden.

*

Es ist so weit, die Tore der Festhalle öffnen sich und das 42. Oktoberfest in Helen kann beginnen. Ich bin ganz aufgeregt, doch schon nach zwei Sekunden bleibt mir der Mund vor Entsetzen offen stehen. Hier gibt es keine Bierbänke. Die Besucher sitzen auf Klappstühlen. Auf Plastikklappstühlen. Erst traue ich meinen Augen nicht, doch bald wird klar, warum diese »Alternative« hier aufgebaut ist. Das Durchschnittsalter der Besucher liegt bei 60 plus, da kann einen der Hüftschaden oder die Fettleibigkeit schon mal daran hindern, die Beine über eine Bierbank zu heben. Einige bewegen sich nur noch im Trippelschritt vorwärts oder mit ihrem Rollator. Was sie trotzdem alle können, ist tanzen. Wie junge Hüpfer.

Ganz anders als beim echten Oktoberfest, wo man sich zum Tanzen einfach auf die Bierbank stellt, gibt es hier eine Tanzfläche, auf der von der ersten Minute an Frauen hin und her geschleudert werden. Dazwischen kommen das bekannte »Prosit der Gemütlichkeit« und der Schlachtruf »Zickezackezickezack hoi hoi hoi« in astreinem Deutsch. Während Jim Horzen aus Florida sein Programm an Volksliedern

abspult, kann man hier lange auf eine kräftige Bedienung mit Monsterbusen und Popeye-Oberarmen warten, an deren kleinen Fingern zehn Maßkrüge hängen. Hier ist Selbstbedienung.

Ich gehe zur Theke, die man wegen der zahlreichen Leuchtreklamen fast mit dem Las Vegas Strip verwechseln könnte. »Pilsener Urquell« blinkt es grün neben den »Fosters«- und »Miller Lite«-Schildern. Daneben hängt die Speise- und Getränkekarte. Pretzels, Popcorn, Hotdogs, German Choc Cake und Strudel. Ich entscheide mich für die Brezel, die angeblich aus München importiert ist, und natürlich für ein Bier. Die Frau hinter der Theke reicht mir einen 0,5-Liter-Plastikbecher, der mit Bier gefüllt ist. Ein Plastikbecher auf dem Oktoberfest? Ich versuche, der Bedienung verständlich zu machen, dass ich mein Bier gerne in so einem Tonkrug hätte, der da rumsteht. Den müsste ich aber gleich für 15 Dollar käuflich erwerben. Ich nehme also meinen Plastikbecher, denn ich hatte dann doch nicht vor, amerikanische Bierkrüge nach München zu importieren, beiße von der Brezel ab, deren Konsistenz der Kaufähigkeit der Durchschnittsbesucher angepasst ist, und nehme einen großen Schluck vom Bier, das auch sicher nicht nach dem Reinheitsgebot gebraut wurde. Dann entdecke ich ganz hinten in der Halle die Extra-Essensausgabe mit den »bayerischen Spezialitäten«. Wurst oder »Leberkase«, »Knockwurst«, Sauerkraut und Bratwurst, die in ein Hot-Dog-Brötchen gelegt und

mit Gurken garniert wird. Fusion Cuisine at its best.

Alles Wichtige scheint also da zu sein. Es fehlen nur noch hysterische Japaner, Lebkuchenherzen mit Sprüchen darauf und kotzende Menschen, die in irgendwelchen Ecken rumliegen. Dafür gibt es jede Menge grauer Dauerwellen, kahle Köpfe und ein paar Menschen in Tracht, was mich wirklich schwer beeindruckt, jedoch daran liegen mag, dass sich der Deutsch-Amerikanische Stammtisch hier trifft und daher vielleicht tatsächlich ein paar Leute mit deutschen Wurzeln anwesend sind. Es weht ein frischer Wind von den Deckenventilatoren, dazu wird geschunkelt und ich höre mein erstes Alphorn. Das ist wirklich absurd. Ich höre mein erstes Alphorn auf einem Oktoberfest in Helen, Georgia.

Die Band aus Florida singt: »Bayerisch, bayerisch, bayerisch wollen wir sein.« Das wollen sie wirklich, aber so recht klappen tut das nicht. Nur fällt wahrscheinlich niemandem auf, dass das hier alles nicht so ganz wie beim Original abläuft.

Die Band fordert nun die Herren auf, eine Dame der Wahl zur Tanzfläche zu führen. Ich mache mich ganz klein auf meinem Klappstuhl, rutsche tiefer und tiefer, bis ich fast unter dem Tisch liege, und versuche, in meinem Plastikbecher zu versinken, aber das Unvermeidliche tritt ein. Einer der älteren Herren möchte seiner Reisegruppe zeigen – die meisten Besucher werden von Veranstaltern angekarrt –, dass er noch fit genug ist, mit

einer jungen Dame wie mir das Tanzbein zu schwingen. Da kann ich dann doch nicht Nein sagen und werde zu *Herzilein* und *La Paloma* einmal durch die ganze Rentnergruppe gereicht, bis mir total schwindlig von den vielen Drehungen ist.

Was ich da gerade erlebe, ist aber auch irgendwie beruhigend. Wenn ich alt bin und Spaß haben möchte, dann setze ich mich in den Flieger nach Helen. Und just in diesem Moment, als ich mir das so vorstelle, wie ich mit 70 hierher fliege und abtanze, spielen Terry Cavanaugh und der Alpine Express das *Fliegerlied* von Tim Toupet und an die 20 Besucher tanzen dazu in einer Reihe vor dem restlichen Publikum entlang. »Heut ist so ein schöner Tag, la-la-la-la-la.«

Eigentlich ist es egal, wie abartig die Brezel schmeckt, ob man das Bier aus Plastik trinkt und ob man die Bratwurst im Hotdog-Brötchen serviert bekommt. Vielleicht war ich am Anfang etwas zu kritisch. Schließlich wollte ich doch ein anderes Oktoberfest – und das habe ich bekommen. Außerdem muss ich zugeben: Ich habe mich selten so gut auf einem Festival unterhalten gefühlt wie von der Alpine Express Band hier auf dem Oktoberfest. Der krönende Höhepunkt ist der Rentner-Ententanz, bei dem ich nach der Hälfte die Kamera vor Lachen nicht mehr halten kann. Die sind wirklich witzig und auf ihre Art total sympathisch.

Die Freude muss echt sein, das ist das Wichtigste, dann ist alles gut! Und hier ist alles gut. Oans, zwoa, drei gsuffa!

»LIFE GOES ON« – MULE DAY CELEBRATION

Christine, freust du dich auf dein nächstes Festival? – Ich weiß nicht, ob ich mich freuen kann. Danach ist ja schon alles vorbei …

Bei guten Reportagen gibt es am Ende oft eine Szene, eine Art Pointe, die sich wieder auf den Anfang bezieht, etwas, was das Ganze rund macht. Das wollte ich auch für meine Geschichte. Und da bin ich. In den Vereinigten Staaten, wo vor 40 Wochen alles mit dem Erdbeerfestival im provinziellen Plant City begann. Mein letztes Festival steht vor der Tür oder besser gesagt im Stall: die Mule Day Celebration. Nach dem doch etwas surrealen Wannabe-Bayern Helen möchte ich noch einmal das echte Amerika besuchen – und das findet man angeblich in Westmoreland. Seit drei Jahren feiert man hier das Maultier-Festival. Ich muss schon sagen, die Amerikaner haben uns Europäern einiges voraus, was Festivals zum Thema Flora und Fauna betrifft.

Ein Maultier, auch liebevoll Muli genannt, ist die Kreuzung aus Pferdestute und Eselhengst. Vom Pferd unterscheiden kann man es eigentlich nur an den längeren Ohren. »Außerdem ist es viel gutmütiger und trittsicherer und kann bis zu einer Neigung von fast 80 Grad bergab laufen«, erzählt mir Mike von der Reese Brother Farm. 80 Mulis hat er im Durchschnitt, die er ein- und verkauft. An Privatleute, an Ranches beim Grand Canyon, die Touristentouren mit Mulis anbieten, und an das amerikanische Militär, das die Tiere nach Afghanistan schippert, damit sie dort Soldaten durch die Berge tragen. Zum Maultier-Festival kommen außer Muli-Vereinen aus ganz Amerika auch so ziemlich alle Einwohner Westmorelands zusammen.

Viele von ihnen haben sich sich an der Hauptstraße im Dorf versammelt, wo gleich die alljährliche Parade entlangkommt. Die Zuschauer sitzen, ganz wie es sich für ein Festival gehört, auf ihren mitgebrachten Campingstühlen, schlürfen Limonade, essen Burger und warten auf die Mulis und ihre Besitzer. Als diese am Anfang der Straße zu sehen sind, wird erst einmal innegehalten und – Hand aufs Herz – die Nationalhymne gesungen. »And this be our motto: In God is our trust.« Das habe ich schon gemerkt. Ich bin die letzten Tage stundenlang durch Georgia und Tennessee gefahren und konnte wirklich nicht glauben, wie viele Kirchen es hier gibt. Fast genauso viele wie Supermärkte.

Nach der Nationalhymne darf nacheinander jeder Verein mit seinen Reitern und Gespannen die Straße entlangdefilieren und den Applaus der Besucher genießen. Damit die auch wissen, wer da gerade kommt, moderiert ein hagerer Mann mit eingefallenem Gesicht das Geschehen: »Hier haben wir Bill Snoditch aus Texas! Applaus für Bill und seinen Zweispänner.« Eine weiße Hochzeitskutsche rollt vorbei. Die Zuschauer jubeln und die Gäste aus Texas winken von ihrem Wagen herab.

Wenig später ist auf dem Festivalgelände das Programm schon in vollem Gange. Anstelle von Schweinen treten hier dressierte Minimulis auf, die vor einer Jury möglichst elegant über Stangen laufen oder sich im Wagenrennen miteinander messen müssen. Frida, die Frau des Bürgermeisters, hat mich unter ihre Fittiche genommen und schleppt mich über das Gelände. Sie stellt mich allen Menschen vor, die irgendeine exekutive Aufgabe in Westmoreland haben, und ehe ich michs versehe, hat sie organisiert, dass ich auf einem der Wagen mitfahre.

So zuckele ich also mit einem Bauern und dessen Hund Stink durchs Dorf. Der Bauer sieht wie ein Cowboy aus. Er trägt spitze Stiefel, einen Westernhut, ein rotkariertes Hemd und ausgeblichene Bluejeans, wie sie sich in Berlin die Hipster bei Urban Outfitters kaufen. Leider kann ich nicht mit dem Bauern / Cowboy kommunizieren, weil ich seinen Southern Accent nicht verstehe. Also sitze ich einfach da, streichle Stink, der seinen Namen zu Recht hat, und während ich auf die Pobacken des Mulis schaue, die sich gleichmäßig im Wechsel hoch und runter bewegen, laufen wie im Zeitraffer die Bilder in meinem Kopf ab: Frittierte Erdbeeren, steife Brustwarzen, Kleeblätter, Iros, Palmen, Dixis, Champagner, Strand, Schottenröcke, Iron Maiden, Hirten, Maultierkot … 40 Festivals in 40 Wochen. Es ist vorbei. Ich habe es geschafft.

*

Wenn ich nicht jeden Morgen die Festivalbänder um mein Handgelenk sehen und mittlerweile auch riechen könnte, würde ich das selbst nicht glauben. An die 2,2 Millionen Menschen habe ich dieses Jahr gesehen, wenn ich alle Besucher meiner Festivalauswahl zusammenzähle. Die Mehrheit dieser Menschen besucht Musikfestivals, weil sie was erleben wollen.

Früher, zu Woodstock-Zeiten, da ging man noch auf Festivals, um zu protestieren gegen Krieg, Ungerechtigkeit, die Elterngeneration und alles, was gerade so angefallen ist. Heute haben die wenigsten ein revolutionäres Anliegen. Der einzige Protest ist der, dass man den Gegnern von Facebook und Co. zeigt, dass man im Web-2.0-Zeitalter nicht zu Hause vereinsamt, sondern immer noch rausgeht und den persönlichen Kontakt schätzt. Es geht auch nicht unbedingt um die Musik, sondern auch um das ganze Drumherum (sonst könnte man einfach warten, bis die Lieblingsband in die örtliche Stadthalle kommt): Die Festivalgänger frieren, schwitzen, sind verkatert, finden sich teilweise selbst peinlich, aber sind glücklich dabei.

Manche würden gern für immer in diesem Paralleluniversum bleiben, doch das Leben kann keine Dauerparty sein. Das habe ich selbst gemerkt. Wenn man die Party zu einem Dauerzustand macht, fühlt sich das Feiern nicht mehr wie Feiern an.

Um das genießen zu können, muss man definitiv das Notizbuch und die Kamera weglegen und das Gehirn ausschalten. Wenigstens teilweise. Am besten lässt man sich dazu animieren, sich so wenig wie möglich zu benehmen. Nichts muss funktionieren außer Spaß. Denn darum geht es. Sein, wie man sein möchte, sagen, was man denkt, anziehen, was einem gefällt, hören, auf was man Lust hat, und tun, was man fühlt. Feiern ist fühlen. Sich selbst fühlen. Den Job loslassen, die Verantwortung abgeben und sich nur noch um Grillfleisch und kühles Bier kümmern, bewusst die Kontrolle verlieren und sich treiben lassen. Aber nicht allein. Es ist auch eine Flucht von der zunehmenden Individualisierung.

Es ist einiges von den Anfängen des Festivalkults der 60er-Jahre übrig geblieben und es gibt viel, was das Web-2.0-Zeitalter beigesteuert hat. Die Hände gehen vor der Bühne immer noch in die Höhe, nur haben sie keine Henna-Tattoos und formen nur noch selten das Peace-Zeichen, sondern bedienen den Auslöser einer Kamera oder eines Smartphones. Die Bilder werden getwittert und gepostet, was auch der Grund für den extremen Festival-Boom der letzten Jahre ist – die Verbreitung in den digitalen Medien.

Das ist interessant und das ist neu. Die digitale Welt vereint mit dem Woodstook-Spirit. Außerdem werden Festivals heute professioneller organisiert und sind dadurch auch teurer geworden. Im Durchschnitt muss man 80 Euro für ein Ticket hinlegen. Ein geplanter Kurztrip, der oft schon seit Januar im Kalender steht. Man flieht aus dem streng getakteten Alltag in den streng getakteten Festivalablauf. Ein Wochenende lang geregelte Anarchie.

Wenn ich zurückdenke, muss ich feststellen, dass ich in den letzten 40 Wochen die meiste Zeit überdurchschnittlich glücklich war. Vielleicht, weil ich von der Außenwelt kaum etwas mitbekommen habe. Ich lebte in meiner eigenen Welt, umgeben von tausend fröhlichen Menschen. Wenn man selbst gut drauf ist, ist das fantastisch. Aber man kann nicht ein Jahr lang in Dauereuphorie leben. Es gab auch Momente, in denen ich richtig schlecht gelaunt war, und dann reichte das Tief bis zum Erdmittelpunkt und die ganzen fröhlichen Menschen haben es nur noch schlimmer gemacht. Aber sie haben mich auch wieder rausgeholt. Ich habe den Wahnsinn von 40 Festivals ausgehalten, weil mich die Begeisterung der anderen immer wieder erreicht und angesteckt hat.

Während der 40 Wochen habe ich herausgefunden, wie ich am liebsten feiere – nämlich bewusst, wenn ich Bock habe. Wenn die Rahmenbedienungen für mich stimmen. Dazu gehören Freunde, gute Musik, und offene Menschen. Mein Herz schlägt für die kleinen, feinen Veranstaltungen, nicht für das massenkompatible Feierprogramm. Und bitte kein Handy-Empfang, denn beim Feiern ist das Hier

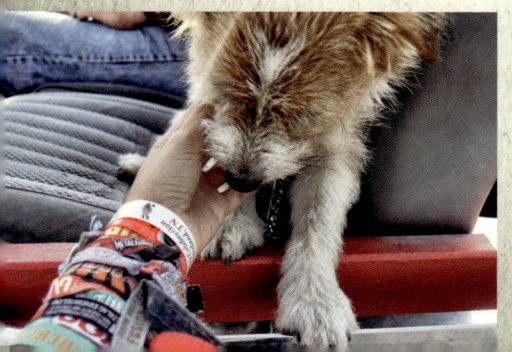

und Jetzt alles und das muss man ohne Ablenkung auskosten. Darum geht es. Ums Spielen, Quatschmachen, darum, einmal die W-Fragen stecken zu lassen und die Leichtigkeit des Seins zu genießen.

Das Beste am Festival ist doch das Feeling, das, was viele als »grenzenlose Freiheit« beschreiben. Um dieses Feeling zu bekommen, muss jeder selbst herausfinden, was er zum Feiern braucht. Der eine will seinen Alkohol, der andere seine Drogen, der Dritte gute Musik und der Vierte ein bisschen Liebe. Das ist das Schöne an der Festivalwelt. Es ist für jeden etwas dabei. Es gibt für jede Musikrichtung vom Bluegrass bis zum Jodeln ein Festival – und man sollte das nicht mal nur auf Musikfestivals reduzieren. Man kann auch in Japan Penisse feiern, in Finnland drei Tage lang Luftgitarre spielen oder in Thailand Affen anbeten. Egal, was und wie und wo, bei einem Festival treffen Menschen zusammen, die alle eine Leidenschaft teilen, die sie gemeinsam zelebrieren – das schweißt zusammen. Dabei zu sein ist wunderbar. Ein Gefühl, das man nicht downloaden kann.

*

Als ich von meiner Kutschfahrt zurückkomme, werde ich bereits von Barry, meinem Betreuer vor Ort, erwartet. Er wird mir einen besonderen, letzten Wunsch erfüllen. Wir fahren 20 Minuten in Barrys gemütlichem Jeep übers Land. Es ist ein wunderschöner Tag, der Himmel so blau, das Land so weit, die Sonne so warm. Wir parken das Auto, steigen aus, laufen auf eine große Rasenfläche zu und biegen in den ersten Weg links ein. Es geht eine kleine Anhöhe hoch. Der Kies knirscht bei jedem Schritt unter den Füßen. Links und rechts auf dem Rasen sehe ich quadratische Kupfertafeln mit Namen darauf, daneben meist eine Vase, in der Plastikblumen stecken, und eine kleine amerikanische Flagge. Am höchsten Punkt haben wir unser Ziel erreicht: Mit einer schwarzen Marmorplatte bedeckt liegt dort *sein* Grab, still und friedlich neben dem seiner Frau. Ich habe es mir spektakulärer vorgestellt, mit einer Gitarre als Grabstein oder einem Notenschlüssel neben dem Schriftzug. Sein Todestag, der 12. September, liegt erst zwei Wochen zurück. Es liegen Blumen auf dem Grabstein, links hat jemand eine kleine Gitarre darangelehnt und einen Brief hat man ihm geschrieben: »Dear Mr. Johnny Cash, thanks for all the songs«, beginnt er.

Das ist der perfekte Abschluss. Am Grab von Johnny Cash stehen und Abschied nehmen von *40 Festivals in 40 Wochen*.

That's Enough.

Aber ich kann es mir schwer vorstellen.

That's All Over.

Wirklich? Nicht vielleicht doch

Just One More?

44 Festivals statt 40? Nein, man sollte von jeder Feier verschwinden, wenn sie am schönsten ist, um sie in guter Erinnerung zu behalten.

Life Goes On.

Keine Ahnung, wo und wie, aber

I Still Miss Someone.

Und da muss ich jetzt hin.

SCHLUSS.

Es ist Sonntag. Serienabend. Paul schaut *Navy CIS* und danach *Criminal Minds*. Ich liege mit meinen Wollsocken auf seinem Schoß und röchele leise vor mich hin, während er mir die Haare hinter mein Ohr streicht und mir die Nase putzt. Ich bin krank geworden, wie immer, wenn die Spannung nachlässt. Ich schaue dieses *Navy CIS* auch nur mit an, weil ich momentan zu schwach bin, um dagegen zu protestieren, und weil ich versuche, Paul damit meine Dankbarkeit zu zeigen.

Ganz ehrlich, ohne Paul wären die 40 Festivals nicht möglich gewesen. Ich wäre verloren gegangen. Ich wäre irgendwo und irgendwann einfach nicht mehr aufgestanden und samt Zelt auf der Mülldeponie gelandet, wo ich jetzt, von der Schreddermaschine zerstückelt, schön gleichmäßig vor mich hinfaulen würde. Ich glaube, ich kann die Freiheit nur genießen und immer wieder in die Welt hinausziehen, weil ich weiß, wo ich eigentlich hingehöre und wo meine Grenzen sind. Ich gehöre genau hierher, mein Kopf genau auf diesen Schoß, auf dem er gerade liegt und in den er so perfekt reinpasst. Jeder Kopf hat seinen Schoß, davon bin ich überzeugt. Diesen zu finden ist großes Glück.

Während ich mir über die Liebe und das Leben Gedanken mache, läuft noch immer das Piff-Paff-Puff-Zeugs im Fernsehen. Ich schaue die weiße Wand an, lange und intensiv, und denke nach. Ich weiß, er will es nicht hören, aber ich muss es ihm sagen.

»Du, weißt du was?«

»Nein, weiß ich natürlich nicht. Aber du wirst es mir bestimmt gleich sagen.«

»Du, ich glaube, ich habe da so eine neue Idee ...«

JOHN R
CASH
FEB. 26, 1932
SEPT. 12, 2003

PSALM 19:14

VIDEOS UND BILDMATERIAL ZUM BUCH

Für jedes Festival gibt es weiteres Video- und Bildmaterial auf meinem Blog *www.lilies-diary.com.*

1. Strawberry Festival – Video zum Festival: www.lilies-diary.com/fakten-zum-festival-strawberry-festival

2. Winter Party Festival – Video zum Festival: www.lilies-diary.com/winter-party

3. St. Patrick's Festival – Video zum Festival und zu Dublin: www.lilies-diary.com/dublin-sehenswurdigkeiten

4. Pogorausch – Video zum Festival: www.lilies-diary.com/punks

5. Punk & Disorderly – Piercing-Fotostrecke: www.lilies-diary.com/piercings-und-tattoos

6. Zermatt Unplugged – Video zum Festival und Zermatt: www.lilies-diary.com/zermatt

7. sound:frame – Video zum Festival: www.lilies-diary.com/sound-frame

8. Saint Lucia Jazz – Video: Die schönsten Orte der Karibik: www.lilies-diary.com/karibik-saint-lucia

9. Sani Gourmet Festival – Video zum Frustfressen: www.lilies-diary.com/gourmet-festival-in-griechenland / Video zum Sani Resort: www.lilies-diary.com/luxushotel

10. Springfestival – Video zum Festival: www.lilies-diary.com/springfestival

11. Elderflower Fields – Video zum Festival: www.lilies-diary.com/i-wanna-be-a-hippie

12. Rock am Ring – Video: Wie ernährt man sich gesund: www.lilies-diary.com/wie-ernahrt-man-sich-gesund
Video von *DASDING.tv*: www.youtube.com/watch?v=gXsp4Lu_mg0

13. Rock im Park – Video: Wie benutzt man ein Trockenshampoo: www.lilies-diary.com/trocken-shampoo

14. Musikschutzgebiet – Video zum Festival: www.lilies-diary.com/musikschutzgebiet

15. Midnight Sun Film Festival – Video zum Festival und zu Finnland: www.lilies-diary.com/midnight-sun-finnland

16. Metaltown – Video zum Festival: www.lilies-diary.com/heavy-metal-festival

17. Royal Ascot Race – Video zum Festival: www.lilies-diary.com/royal-ascot

19. La Notte Rosa – Video zum Festival: www.lilies-diary.com/notte-rosa-urlaub-in-rimini

21. Sanfermines – Video: Ich reite den elektrischen Bullen: www.lilies-diary.com/elektrischen-bullen

22. Bilbao BBK Live – Video Challenge: Bookspringen: www.lilies-diary.com/bockspringen

23. Melt! – Video: Wie reinigt man ein Dixi Klo? www.lilies-diary.com/wie-reinigen-sie-ein-dixi-klo

26. Appletree Garden – Video Challenge: Blockflöte spielen: www.lilies-diary.com/festival-tipp

27. WACKEN OPEN AIR – Video: Die nettesten Dorfbewohner: www.lilies-diary.com/die-nettesten-dorfbewohner-in-wacken
Video zum Festival: www.lilies-diary.com/wacken-open-air

28. Sziget Festival – Video zum Festival: www.lilies-diary.com/sziget-festival-2012-in-motion

29. KaZantip – Video zum Festival: www.lilies-diary.com/republik-kazantip

30. Frequency Festival – Fotosstrecke: Tattoos: www.lilies-diary.com/edding-tattoos

31. Highfield Festival – Video zum Festival: www.lilies-diary.com/highfield-festival

32. The Royal Edinburgh Military Tattoo – Video zum Festival: www.lilies-diary.com/festivals-in-schottland

33. La Tomatina – Video zum Festival: www.lilies-diary.com/la-tomatina-die-tomatenschlacht-in-spanien

35. Berlin Festival – Video mit *in.puncto*: www.youtube.com/watch?v=TJAwFbqe2s4

37. Zermatt Festival – Video zum Festival: Die schönsten Orte in Zermatt: www.lilies-diary.com/die-schonsten-orte-in-zermatt-imagefilm

38. Viehscheid – Video zum Festival: www.lilies-diary.com/viehscheid

39. Oktoberfest – Video zum Festival: www.lilies-diary.com/bier-aus-plastikbechern-aber-echte-deutsche-volksmusik-oktoberfest-in-helen

40. Mule Day Celebration – Video zum Festival: http://www.lilies-diary.com/maultierfestival-in-amerika-westmoreland/

DANKSAGUNG

Als Allererstes möchte ich Melanie Dörschel, Thekla Bartels und Lars für die viele Mühe und Zeit danken, die sie in die Korrektur meiner Texte gesteckt haben, sowie meiner Lektorin Uta Alder. Außerdem danke ich: *Strawberry Festival & Winter Party Festival:* Agentur Mikulla Goldmann: Anja Mikulla, Anita Goldmann und Wiebke Flegel-Wulf. Janette Carter von Visit Tampa Bay, The Don Vicente de Ybor Hotel, Red Ros Inn Hotel, Beaccn Hotel, Berit Naatz vom The Anglers Resort, Anja Kocherscheidt von Visit Miami und Bridget Pietsch. – *Pogorausch:* Master Brille – *Punk & Disorderly:* Johanna und Marc von M.A.D. Tourbooking. – *Zermatt Unplugged:* Germanwings, Sandra Halbeisen, Christoph Spicher, Romano Zoppi und Dabu Fantastic, Heinz Julen vom Hotel Vernissage, Gerrit Starczewski und ganz besonders Helge von Giese. – *sound:frame:* Bea Röttgers von Visit Austria, Eva Fischer, Wien Tourismus und Lea Hajner. – *Saint Lucia Jazz Festival:* Petra Schildbach von Visit Saint Lucia, Marion Heinz von der Agentur piroth.kommunikation, Karolin Troubetzkoy für die Einladung nach Jade Mountain und Anse Chastanet und dem Bay Garden Beach Resort & Spa. – *Sani Gourmet Festival:* Agentur Mikulla Goldmann: besonders Jenny Türnau, dem Sani Resort und Christina Metentzi. – *Springfestival:* Bea Röttgers von Visit Austria, Tim Ertl, Stefan Urschler und dem Hotel Wiesler. – *Elderflower Fields Festival:* Agentur KPNR: Sarah Dederichs von Visit Brighton. Maria, Anita, Stuart, Nigel und Dax vom Elderflower Fields Festival, The Claremont Hotel und The Rash für die wunderbare Musik. – *Rock am Ring:* Steffen König sowie Simon Bus und Musti von DASDING. tv – *Rock im Park:* Stefanie Scharpf und Klaus Fischer. – *Musikschutzgebiet:* Philipp, Stefan, Steffen Björn, Steffy, Julia, Hubertus, Matthias und allen netten Menschen vor Ort. – *Midnight Sun Film Festival:* Agentur Mikulla Goldmann: besonders Jenny Türnau und Alexandra Dexel, Virpi Aittokoski von Visit Finland und dem Hotel Glo. – *Metaltown:* Häberlein und Mauerer, besonders Julia Schulz, Lena Larsson und Emelie Persson von Göteborg, und dem Hotel Flora. – *Royal Ascot Race, BBK live, Military Tattoo und St. Patrick's Festival:* Dem Reiseveranstalter Contiki, besonders Nicholas Halsall. Sarah Brodie Tucker, Eerrie Boyland und Shannon O'Dowd. – *La Notte Rosa:* Agentur Wilde & Partner: besonders Juliane Fischer. Der DB für den Nachtzug und das Europaspezial von München nach Bologna, Nicholas Montemaggi und Claudia Valentini, – *Melt!:* Ilka Plewnia, Raphael Schmidt und Michael Ludes. – *Burg Herzberg:* Meinem Bruder Jürgen, Gunther Lorz vom Burg Herzberg und Klara Zelenka für ihre Vision. – *Sunrise:* Markus Kavka für die gute, schnelle und sichere Fahrt und die nette Unterhaltung. – *Appletree Garden Festival:* Torben vom Appletree Garden Festival. – *Wacken:* Den Facebookmädels, Britta Kock vom Wacken Open Air, Philipp und Jens, den besten Nachbarn, Frank Schäfer und seinen netten Metallerjungs und allen Dorfbewohnern. – *Sziget:* Air Berlin, Bernadett Gyuricza vom Ungarischen Tourismusverband, Charlotte Blaha von HostelBookers, der Agentur PRco und dem Four Seasons für die Geburtstagstorten. – *KaZantip:* Präsident Nikita, Außenminister Oleg und Clare Dover. – *Frequency:* Bea Röttgers von Visit Austria, 25hours Hotel und Christoph Käfer von Frequency. – *La Tomatina:* Hedda und Boris. – *Novum Castrum:* Mike Holland. – *Berlin Festival:* Der netten Truppe: Amy&Pink Marcel, IamNoSuperman Janosch, Electru Thang, Paul Paulchen, PonyDanceJulia plus Zwilling und Steffen König plus dem in.Puncto-Team – *Electronic Beats:* Pierre Türkowsky und Matze Hielscher von Mit Vergnügen, Electronic Beats by Telekom, Spiegeleule, Yeah Sara, LesMads Maike, den Typen vom Lowdown und vom Vice Magazin und Jens von W. – *Zermatt Festival:* Grand Hotel Zermatterhof, Helge von Giese, Giovanna Panese, Alexander Kriegler für die Heimfahrt und meiner Schwester Silke. – *Viehscheid:* Rainer und Stefan vom Hotel Platzhirsch, Andrea Presser und Bianca Kaybach vom Tourismus Oberstaufen, Rainer Frenzel vom SCENE Magazin Oberstaufen und dem Herrn Bürgermeister. – *Oktoberfest und Mule Day Celebration:* Wolfgang Streitbörger, Georgia, Tennessee, Tom Adkinson, Ruth Dyal, Jerry Brown, Inn at Christmas Place, Ashley Adams von Dollywood, Peer Voelz, Barry Young, Amicalola Falls Lodge und Armour's Hotel. – Außerdem danke ich Martin Lippert und Thomas Albustin für ihr Voraburteil, der Intro und dem Festivalguide, Beate Krämer, Udo vom Tonspion, Oliver Bartelt, Verena Frost, Boris Arnold, Michael Mahler von Radio Fritz sowie dem MyEntdecker-Team. Und ich danke allen, die ich vergessen habe, für ihr Nachsehen. – Zum Schluss möchte ich noch meinen Eltern für ihre Gelassenheit danken. Und Jorge Cojones.

EINZELNACHWEISE

1 http://2012.soundframe.at/festival-2012/substructions/. Eingesehen: 25.09.2012, 14:06 Uhr.

2 Programmheft Fusion 28.06. - 01.07. 2012, Stichpunkt: »Fusionella«.

3 http://archiv.fusion-festival.de/2012/de/ 2012/festival/was-ist-die-fusion/. Eingesehen: 16.10.2012, 16:33 Uhr.

4 http://archiv.fusion-festival.de/2012/de/2012/hinweise/polizeikontrollen. Eingesehen: 16.10.2012, 16:35Uhr.

5 Programmheft Fusion 28.06. - 01.07. 2012, Stichpunkt: »NO GHB / Liquid Ecstasy!«

6 http://archiv.fusion-festival.de/2012/de/2012/hinweise/infos-von-a-bis-z/#c1461. Eingesehen: 22.10.2012, 16:38 Uhr.

7 http://archiv.fusion-festival.de/2012/de/2012/festival/was-ist-die-fusion/. Eingesehen: 09.10.2012, 16:42 Uhr.

8 http://archiv.fusion-festival.de/2012/de/2012/hinweise/infos-von-a-bis-z/#c1479, Stichpunkt: »Presseakkreditierungen«. Eingesehen: 16.10.2012, 16:44 Uhr.

9 http://archiv.fusion-festival.de/ 2012/hinweise/polizeikontrolle/. Eingesehen: 16.10.2012, 16:32 Uhr.

10 http://www.burgherzberg-festival.de/index_d.html. Eingesehen 08.10.2012, 16:45 Uhr.

11 www.burgherzberg-festival.de/index_d.html. Eingesehen 08.10.2012, 16:47 Uhr.

12 http://kazantip-republic.com/de#/de/about/, Stichpunkt: »Strafgesetzbuch«, Artikel 1. Eingesehen: 16.10.2012, 17:09 Uhr.

13 www.allschools.de/news/entry/1305122. Eingesehen: 16.10.2012.

14 http://de.wikipedia.org/wiki/Edinburgh_Military_Tattoo. Eingesehen: 16.10.2012, 16:55 Uhr.

IMPRESSUM

Christine Neder: 40 FESTIVALS IN 40 WOCHEN
Von einer, die auszog, das Feiern zu lernen
ISBN 978-3-86265-195-5

KATALOG
Wir senden Ihnen gern kostenlos unseren Katalog.
Schwarzkopf & Schwarzkopf Verlag GmbH
Kastanienallee 32, 10435 Berlin
Telefon: 030 – 44 33 63 00
Fax: 030 – 44 33 63 044

INTERNET
www.schwarzkopf-schwarzkopf.de

E-MAIL
info@schwarzkopf-schwarzkopf.de